风电、光伏项目开发与管理实务

何勇健　宿凤明　万江洪　主编

Practice of Development
and Management of
Wind and Photovoltaic Projects

机械工业出版社
CHINA MACHINE PRESS

为了确保风电、光伏项目投资得以顺利实施,投资者一方面需要全面了解政府对风电、光伏项目投资管理的有关政策与流程,确保项目投资的合规性;另一方面,又需要对项目投资的关键技术、经济指标进行深入分析与科学评估,确保项目投资的经济性。本书聚焦于此,全方位介绍风电、光伏项目投资在政策、技术与经济性方面的核心要点,为相关从业者提供一本实用且全面的项目开发手册,助力其在项目投资决策与实施过程中高效应对各种复杂情况,实现项目的稳健推进与可持续发展。

图书在版编目(CIP)数据

风电、光伏项目开发与管理实务 / 何勇健, 宿凤明, 万江洪主编. -- 北京:机械工业出版社, 2025.8.
ISBN 978-7-111-79033-4

Ⅰ. TM614; TM615

中国国家版本馆 CIP 数据核字第 2025BC6088 号

机械工业出版社(北京市百万庄大街 22 号　邮政编码 100037)
策划编辑:朱鹤楼　　　　　责任编辑:朱鹤楼　章承林
责任校对:梁　园　薄萌钰　责任印制:刘　媛
北京利丰雅高长城印刷有限公司印刷
2025 年 9 月第 1 版第 1 次印刷
169mm×239mm・15 印张・1 插页・203 千字
标准书号:ISBN 978-7-111-79033-4
定价:88.00 元

电话服务　　　　　　　　　网络服务
客服电话:010-88361066　　机 工 官 网:www.cmpbook.com
　　　　　010-88379833　　机 工 官 博:weibo.com/cmp1952
　　　　　010-68326294　　金 书 网:www.golden-book.com
封底无防伪标均为盗版　　　机工教育服务网:www.cmpedu.com

本书编写组

组　长： 何勇健
副组长： 宿凤明　万江洪

成　员：（按姓氏笔画排列）
王金鹏　王赵国　王聚博　王慧洁　宁莎莎
刘　璇　孙　硕　苏　洋　李昊澎　杨晓伟
何丹丹　陈占富　陈达衢　赵　鹏　赵迦勒
姚志伟　贺　坤　高　亮　高天龙　萨仁高娃
曹正良　龚春鸣　程　颖　褚旭川

前 言

工业革命以来，全球已累计消费化石能源超过 6000 亿 t 标准煤，化石能源的使用不仅造成了严重的环境污染，而且其存储量在不断下降，远远不能满足人类社会持续发展的需求。1973 年的世界石油危机，使得人类可持续发展系统性风险剧增，能源转型已迫在眉睫。迫于常规能源告急和全球生态环境恶化的双重压力，大力发展可再生能源，降低化石能源消费，减少二氧化碳排放，已经成为全球共识。目前，全球已有多个国家提出了"零碳"或"碳中和"的气候目标，以风电、光伏为代表的可再生能源正在快速发展。

与其他新能源相比，风电、光伏有着分布广、无污染、储量丰富等优势，从而得以在全世界范围内迅速发展起来。2023 年，国际能源署发布的报告显示，2023 年全球风电新增装机容量为 117GW，同比增长 50%；光伏发电新增装机容量约为 375GW，同比增长超 30%。

党的十八大以来，我国可再生能源实现跨越式发展，装机规模已突破 1000GW 大关，占全国发电总装机容量的 36% 以上。其中，水电、风电、光伏发电、生物质发电装机规模分别连续 17 年、12 年、7 年和 4 年稳居全球首位，风电、光伏等产业链的国际竞争优势凸显。中国作为负责任的大国，习近平总书记在第七十五届联合国大会一般性辩论上发表的重要讲话中指出，中国将提高国家自主贡献力度，采取更加有力的政策和措施，二氧化碳排放力争于 2030 年前达到峰值，努力争取 2060 年前实现碳中和。2023 年 11 月 15 日，生态环境部公布了中美关于加强合作应对气候危机的阳光之乡声明。声明提到，在 21 世纪 20 年代这关键十年，两国支持二十国集团领导人宣言所述努力争取到 2030 年全球可再生能源装机容量增至三倍，并计划从现在起到 2030 年在 2020 年水平上充分加快两国可再生能源部署，以加快煤油气发电替代。在双碳目标的引导下，我国 2023 年新增风电装机容量为 75.9GW，风电累计装机容量规模达 440GW；新增光伏并网装机容量为 216.88GW，累计光伏并网装机容量超过 600GW。光伏和风电新增和累计装机容量均为全球第一，新增装机容量占全球年新增装机容量近 60%，可再生能源总装机容量占全球的总装机容量已经接近 40%，我国已经成为世界清洁能源发展的主要力量。

"十四五"时期是我国开启全面建设社会主义现代化国家新征程、向第二个百年奋斗目标进军的第一个五年，也是我国加快能源绿色低碳转型、落实应对气候变化国家自主贡献目标的攻坚期。《"十四五"可再生能源发展规划》提出，"十四五"时期可再生能源要实现高质量跃升发展，可再生能源发电量增量在全社会用电量增量中的占比超过 50%，风电和太阳能发电量实现翻番等目标，并明确 2025 年可再生能源消费总量达到 10 亿 t 标准煤左右。资源储量大、建设场址灵活、单位造价低的风电、光伏发电无疑是实现上述目标的主力军，预计风电、光伏的发展将进一步换挡提速，呈现大规模、高比例、市场化、高质量发展的新特征。然而，在风电、光伏产业强劲的发展势头下，不断增加的规模和更加活跃的市场也产生了一系列问题，平价上网、市场交易、人才短缺等，给处于快速发展的风电、光伏项目开发和项目管理提出了新的挑战。如何规避投资风险，在项目全寿命周期范围内科学、高效地实现对项目的决策、经营、管理，这对于后续更大规模地开展项目建设有极大的指导意义。而且，风电、光伏的快速发展也促进了相关专业人才

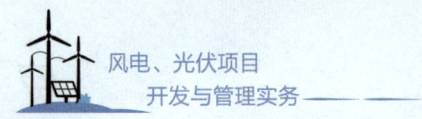

跨行业流动，许多跨行业人员对风电、光伏建设运营相关知识不甚了解，给风电、光伏项目开发带来很多不可预见的风险，成为行业高质量快速发展的制约因素之一。

笔者所在单位多年来在新能源项目特别是风电、光伏项目的资源评估、可行性研究、经济性评价、投资后评价、技术尽职调查、资产交易风险评估、交易策略咨询等领域不断拓展和持续深耕，积累了大量项目投资开发经验和项目数据资源。为帮助新能源行业中从事风电、光伏建设相关的从业人员更好地了解风电、光伏项目从开发到经营的全流程，提高企业产业投资与管理水平，我们组织长期从事风电、光伏投资开发建设的专业人员，编写《风电、光伏项目开发与管理实务》一书。本书首先对我国风电、光伏产业现状与发展趋势进行了介绍，并根据项目投资开发的实践经验总结了有关政策要求与开发流程，帮助从业者快捷地了解项目投资开发的程序与相关文件的准备要求；紧接着介绍了风光资源分布和评估内容及流程；其次从项目投资决策角度出发，重点介绍了项目经济性测算主要内容和股权投资项目关键环节——资源分析与项目经济性评判的常用方法；再次对项目开发中的商业模式、应用场景以及项目开发中常见的风险进行了全面介绍；最后从投资闭环的角度介绍了项目投资后评价的目的、工作流程、作用与意义，为后续的项目投资开发提供参考借鉴。

围绕提高项目开发效率和经济性，以及投资决策科学性和项目投资后评价工作，本书内容按如下结构编写。

第1章，风电、光伏产业发展现状。本章介绍我国风电、光伏产业装机增长情况、产业政策改革、电价改革历程、成本造价以及电力消纳等情况变化趋势，为从业者快速、全面了解我国风电、光伏产业的发展现状与特点提供快捷指南。

第2章，风电、光伏项目政策要求及开发流程。本章主要介绍国家和地方关于风电、光伏项目的政策，预测未来项目开发方向，介绍自主开发和股权投资典型流程，为从业者快速熟悉我国风电、光伏项目开发工作提供参考。

第 3 章，风光资源分布与评估。资源分析是项目投资经济性评价考虑的第一步。本章以可视化图、表等形式配文字的形式，直观展示全国各省市风能、太阳能资源的分布以及实际项目开发中风光资源的利用情况，同时也介绍了风光资源评估的常用方法与工具，为投资者进行资源分析、项目地址选择提供参考与帮助。

第 4 章，风电、光伏项目评判与决策。风电、光伏项目因项目类型不同，评判与决策的重点也不尽相同。本章主要介绍自主开发项目经济性评判方法与决策中需重点关注和考虑的指标参数，并购投资项目技术尽职调查、法律尽职调查、资产评估和财务审计工作的要点及注意事项，同时提供典型项目的经济性测算案例，为投资者在财务测算方面提供参考。

第 5 章，风电、光伏项目开发商业模式。经过项目经济性评判，确定进行项目开发后，采取何种商业模式就成为考虑的重点。本章阐述风电、光伏项目的常见商业模式，并介绍以风电、光伏项目为基础场景，配套开发储能、治沙、农业、渔业、制氢等多领域的"风电、光伏+"项目商业模式，并辅助实际案例揭示各场景的特点，为从业者选择合适的开发模式提供参考。

第 6 章，风电、光伏项目开发风险。本章通过案例，全面分析总结风电、光伏项目开发过程中可能遇到的政策风险、市场风险、建设风险、经营风险、资产交易以及典型性问题，为从业者规避项目开发中所涉及的各种风险提供指引。

第 7 章，风电、光伏项目后评价。本章从项目开发闭环管理角度，全面阐述项目后评价的目的、作用、方法和工作流程，通过案例分析归纳风电、光伏项目投资中的共性问题，为后续项目投资开发提供借鉴。

第 8 章，风电、光伏投资经济性评价工具。项目经济性评价是风电、光

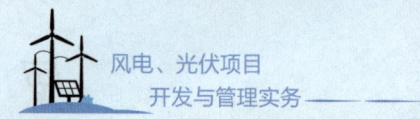

伏项目投资决策的主要依据,由于项目开发模式和应用场景日益多样融合发展,对项目经济性进行评价的难度与复杂性不断增强。笔者单位在多年的风电、光伏项目开发投资实践中,开发了专业的新能源技经平台和技经造价相关工具。本章重点介绍平台的架构、基本功能与使用方法,以助项目投资开发者提高投资决策的效率和水平。

  鉴于编者理论水平有限,书中难免存在一些错误与疏漏,真诚希望业内同行、读者朋友提出宝贵意见!

编 者

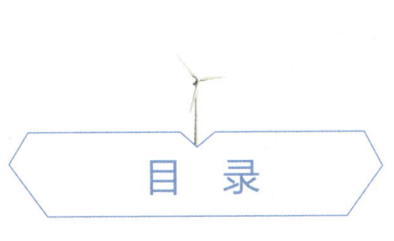

目 录

前言

第1章 风电、光伏产业发展现状 ……………………………… 1

1.1 风电、光伏发展阶段 ……………………………… 2
1.2 风电产业发展现状 ……………………………… 3
1.2.1 风电产业发展过程 ……………………………… 3
1.2.2 风电产业发展特点与市场趋势 ……………………………… 8
1.3 光伏产业发展现状 ……………………………… 18
1.3.1 光伏产业发展过程 ……………………………… 19
1.3.2 光伏产业发展特点及市场趋势 ……………………………… 22

第2章 风电、光伏项目政策要求及开发流程 ……………… 31

2.1 项目开发政策要求 ……………………………… 31
2.1.1 大基地项目 ……………………………… 32
2.1.2 海上风电项目 ……………………………… 35
2.1.3 常规光伏和风电项目 ……………………………… 38
2.1.4 竞争性配置项目 ……………………………… 42
2.1.5 配置储能项目 ……………………………… 43

2.2 自主开发项目流程 ·· 44
2.2.1 项目资源获取 ·· 44
2.2.2 投资企业项目立项 ······································ 46
2.2.3 项目建设指标申报 ······································ 46
2.2.4 项目主要支持文件办理 ·································· 47
2.2.5 可行性研究报告编制与审查 ······························ 51
2.2.6 项目投资决策 ·· 52
2.2.7 项目其他支持性文件办理 ································ 52
2.3 股权投资项目流程 ·· 55
2.3.1 项目前期调研与风险评估 ································ 56
2.3.2 项目初步估值与意向确认 ································ 56
2.3.3 项目全面尽职调查 ······································ 57
2.3.4 最终定价与投资决策 ···································· 58
2.3.5 股权转让协议签订 ······································ 58
2.3.6 股权交割与转让 ·· 59
2.3.7 公司运营与运维 ·· 59

第3章 风光资源分布与评估 ·· 60
3.1 我国风光资源分布特点及其开发情况 ·························· 60
3.1.1 风能资源分布特点和近几年资源变化 ······················ 60
3.1.2 太阳能资源分布 ·· 73
3.2 风光资源评估内容及流程 ···································· 80
3.2.1 风资源评估内容及流程 ·································· 80
3.2.2 光资源评估内容及流程 ·································· 87
3.2.3 案例分析 ·· 92
3.3 常用风光资源评估工具 ······································ 95
3.3.1 风资源评估软件 ·· 95
3.3.2 光资源评估软件 ·· 97

目 录

3.3.3　GIS 软件及地形图……………………………………… 98

第 4 章　风电、光伏项目评判与决策………………………………… 100

4.1　自主开发项目………………………………………………… 100
    4.1.1　项目资源评价……………………………………… 102
    4.1.2　项目经济性评价…………………………………… 105
    4.1.3　案例分析…………………………………………… 113

4.2　股权投资项目………………………………………………… 116
    4.2.1　技术尽职调查要点………………………………… 117
    4.2.2　法律尽职调查要点………………………………… 122
    4.2.3　资产评估调查要点………………………………… 124
    4.2.4　财务审计调查要点………………………………… 127
    4.2.5　案例分析…………………………………………… 129

第 5 章　风电、光伏项目开发商业模式……………………………… 134

5.1　风电、光伏项目开发商业模式与案例分析………………… 134
    5.1.1　风电、光伏项目商业模式………………………… 136
    5.1.2　案例分析…………………………………………… 142

5.2　"风电、光伏 +" 项目开发商业模式与案例分析…………… 145
    5.2.1　风电、光伏 + 绿色生态…………………………… 146
    5.2.2　风电、光伏 + 绿色化工…………………………… 153
    5.2.3　风电、光伏 + 储能………………………………… 157
    5.2.4　综合智慧能源……………………………………… 162
    5.2.5　案例分析…………………………………………… 169

第 6 章　风电、光伏项目开发风险…………………………………… 172

6.1　项目政策风险………………………………………………… 172
    6.1.1　土地政策风险……………………………………… 172

    6.1.2 生态环保政策调整风险 ·············· 173

    6.1.3 税收政策风险 ························· 174

  6.2 项目市场风险 ································· 174

    6.2.1 上网电价和电力消纳风险 ·············· 175

    6.2.2 设备价格波动风险 ····················· 175

  6.3 项目建设管理风险 ···························· 177

    6.3.1 工程勘察设计管理引发的施工风险 ······ 178

    6.3.2 项目招标和合同管理风险 ·············· 178

    6.3.3 项目工期违约和未批先建风险 ·········· 179

    6.3.4 送出工程与电站建设进度不匹配的风险 ·· 180

  6.4 项目经营风险 ································· 180

    6.4.1 现金流风险 ···························· 181

    6.4.2 电力营销风险 ························· 182

    6.4.3 运行管理风险 ························· 183

  6.5 股权交易风险 ································· 184

    6.5.1 交易对手合规风险 ····················· 184

    6.5.2 股权交易风险 ························· 185

    6.5.3 尽职调查风险 ························· 186

    6.5.4 资产估值风险 ························· 186

    6.5.5 并购协议风险 ························· 187

  6.6 案例分析 ······································· 188

第7章 风电、光伏项目后评价 ················ 190

  7.1 后评价概念、原则及方法 ··················· 190

  7.2 后评价工作管理流程 ························ 192

  7.3 后评价主要内容 ······························ 194

    7.3.1 自主开发项目 ························· 195

　　　　7.3.2　股权投资项目 …………………………………… 196
7.4　后评价成果的应用 ……………………………………… 197
7.5　风电、光伏项目后评价发现的典型问题 ……………… 199
　　　　7.5.1　自主开发项目 …………………………………… 199
　　　　7.5.2　股权投资项目 …………………………………… 200
　　　　7.5.3　成功案例分析 …………………………………… 202
　　　　7.5.4　失败案例分析 …………………………………… 203

第 8 章　风电、光伏投资经济性评价工具 ……………… 205

8.1　风光资源在线普查系统 ………………………………… 207
8.2　能效评价系统 …………………………………………… 209
8.3　投资项目经济性评价系统 ……………………………… 210
　　　　8.3.1　新能源项目动态经济性评价系统 ……………… 211
　　　　8.3.2　新能源并购经济性评价系统 …………………… 213
　　　　8.3.3　零碳能园经济性评价系统 ……………………… 215
　　　　8.3.4　独立储能经济性评价系统 ……………………… 218
8.4　新能源造价测算系统 …………………………………… 221
8.5　远程智能可行性研究报告审查系统 …………………… 222

附录　术语和释义 ……………………………………………… 224

参考文献 ……………………………………………………… 226

第1章 风电、光伏产业发展现状

随着化石能源带来的环境污染和全球变暖等问题日益严峻，人类可持续发展的系统性风险剧增，全球能源转型已迫在眉睫。大力发展可再生能源，降低化石能源消费，减少二氧化碳排放，已经成为全球共识。2023年，以风电、光伏为代表的可再生能源快速发展。全球光伏发电新增装机容量约为375GW，同比增长超30%；风电装机容量新增117GW，同比增长50%。

新中国成立以来，在党中央、国务院高度重视下，在《中华人民共和国可再生能源法》的有力推动下，我国可再生能源产业从无到有、从小到大、从大到强，走过了不平凡的发展历程。党的十八大以来，全国能源行业深入贯彻习近平生态文明思想和"四个革命、一个合作"能源安全新战略，推动可再生能源实现跨越式发展，取得了举世瞩目的伟大成就。截至2023年底，光伏发电累计装机容量约6.1亿kW，同比增长55.2%；风电累计装机容量约4.4亿kW，同比增长20.7%，风电、光伏发电装机已占发电总装机容量的36%。风电、光伏发电装机规模分别连续12年、7年稳居全球首位，风电、光伏等产业链国际竞争优势凸显。

"十四五"是我国开启全面建设社会主义现代化国家新征程、向第二个百年奋斗目标进军的第一个五年，也是我国加快能源绿色低碳转型、落实应对气候变化国家自主贡献目标的攻坚期。《"十四五"可再生能源发展规划》明确提出，"十四五"时期可再生能源要实现高质量跃升发展，到2025年可再生能源消费总量达到10亿t标准煤左右。"十四五"期间，可再生能源发电量增量在全社会用电量增量中的占比超过50%，风电和光伏发电量实现翻番，全国可再生能源电力总量和非水电消纳责任权重分别达到33%和18%左右。资源储量大、建设场址灵活、经济性好的风电、光伏发电无疑是实现上述目标的主力军，预计"十四五"期间风电、光伏的发展将进一步换挡提速，呈现大规模、高比例、市场化、高质量发展新特征。

1.1 风电、光伏发展阶段

根据我国风电、光伏发电产业的实际发展过程，可分为产业孕育阶段、引进起步阶段、规模化发展阶段、高质量发展阶段四个阶段。

产业孕育阶段。"八五"计划以前，在这一时期内，煤炭资源较为充足，政府对于风电、光伏产业有一定的前瞻意识，将攻克新能源技术列入国家科技战略，但由于财力不足及政策重心聚焦快速恢复经济，所以对技术研究的支持经费很有限。

引进起步阶段。"九五""十五"期间，以第三次石油危机为背景，随着环境问题的日益严峻，风电、光伏产业发展得到全球重视，联合国决议首先让发达国家承担起减排任务，我国也意识到了新能源产业发展的重要性，通过国际合作、技术引进等手段逐步建立起了风电、光伏发电产业基础，政策倾斜力度明显，资金投入也随之增大。

规模化发展阶段。"十一五""十二五"期间，随着《中华人民共和国可再生能源法》的制定和实施，财政补贴、税收优惠、融资支持、鼓励技术创新等产业扶持政策接踵而来，推动了风电、光伏发电产业的迅速发展，项目数量、装机容量、并网规模等实现了巨大的量变，从产业规模角度看，后发优势产生的发展效果明显。

高质量发展阶段。"十三五"以来，随着我国社会经济发展趋于稳定，风电、光伏产业的发展速度有所降温。随着平价上网、绿证交易、竞价上网等市场化政策的出台，风电、光伏产业发展进入平稳过渡期。

1.2 风电产业发展现状

伴随风电技术的不断创新进步，中国风电产业逐渐居于全球领先地位，这其中离不开国家政策的大力扶持。风电建造成本的不断降低，促使其度电成本低于燃煤标杆电价，经济性凸显。中国新增风电装机规模已连续多年居世界首位，风电成为可再生能源发电不可或缺的部分。目前，风电在全球能源结构中的地位日益重要，市场规模不断扩大。技术进步和政策支持为行业的发展提供了有力支撑。风电技术在过去几年中取得了显著进步，单机容量不断提高，制造成本持续下降，使得风电在全球范围内更具竞争力。下文分别从风电产业发展过程和风电产业发展特点及市场趋势两部分进行阐述，涵盖政策、装机、造价、电价及消纳等方面的内容。

1.2.1 风电产业发展过程

早期探索阶段（2004年以前）。我国风电发迹于20世纪50年代，主要为海岛及偏远地区解决用电难的问题，随着1986年5月山东马兰风电场建成投产，我国风电产业正式拉开了序幕。随后的十年间，风电产业发展主要通过引进和吸收海外技术，政策主要集中在资金支持上。风电产业依托于国外捐赠及"七五""八五"专项资金在福建、新疆等试点省份建设风电项目，积累了一定经验。1996年国家计委推出"乘风计划"，鼓励

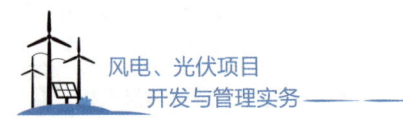

国内企业和国外企业成立合资公司，引进机组制造技术；1997年国家经贸委利用双加技改贷款支持9万kW的风电建设项目，2000年国家经贸委实施国债风电项目，安排建设国家示范风电场项目。电价方面，由政府审批定价调整为审批电价和招标并存。2003年之前，风电上网电价由各地价格主管部门批准，2003年开始国家组织大型风电场采用招标的方式确定电价，而在省、市、区级项目审批范围内的项目，仍采用审批电价的方式。特许权项目招标共进行了5次，平均中标电价为0.49元/（kW·h），普遍低于核准电价。

快速发展阶段（2005—2010年）。这一阶段主要是政策鼓励促进行业发展，开始出台一系列鼓励风电开发的政策，产业实现了快速发展。2006年《中华人民共和国可再生能源法》正式实施，提出了总量目标、强制上网、分类上网电价、费用分摊、专项资金以及信贷和税收优惠等方面的政策要求，鼓励和支持可再生能源并网发电。

在总量目标上，强调规划引领，开展大基地建设，开始海上风电示范。2007年8月，国家发改委《可再生能源发展中长期规划》，在广东、福建、江苏、山东、河北、内蒙古、辽宁和吉林等具备规模化开发条件的地区，进行集中连片开发，建成若干个总装机容量在200万kW以上的风电大省。建成新疆达坂城、甘肃玉门、苏沪沿海、内蒙古辉腾锡勒、河北张北和吉林白城6个百万千瓦级大型风电基地，并建成100万kW海上风电。电价方面，进行了改革，从特许招标改为固定标杆上网电价补贴方式，2009年《国家发展改革委关于完善风力发电上网电价政策的通知》出台，风电电价按照全国四类风能资源区制定相应的风电标杆上网电价，继而固定了补贴标准。财税支持方面，2008年财政部发布《风力风电设备产业化专项资金管理暂行办法》，对满足支持条件的风电设备生产制造企业的首50台风电机组，中央财政按600元/kW的标准予以补助，税收优惠方面，2008年对风电开发企业实施所得税"三免三减半"的优惠，对利用风力生产的电力实现的增值税实行"即征即退 50%"的政策。上述政策的实施，使得我国的风电安装容量呈井喷式增长，到 2010 年已经超过当时雄踞第一的美国，成为世界第一的风电装机大国。

规范整合阶段（2011—2013 年）风电投资开发过快，出现风电设备产能过剩、风机质量难以保证、电网建设滞后消纳难等一系列问题，产业政策开始调整。一是调整风电项目审批权限。2011 年 8 月，国家能源局印发《风电开发建设管理暂行办法》，明确陆上风电项目申请流程和管理要求，收回 5 万 kW 以下风电项目地方独立审批权，风电审批纳入国家统一规划，同时对风电场工程项目核准后的开工建设时限提出明确要求。项目核准后 2 年内不开工建设的，项目核准机构可按照规定收回项目。二是开始控制风电开发节奏。2011 年 6 月国家取消风电整机厂商的补贴，产业开始进入整合阶段，新增装机开始下降。2011 年 7 月，国家能源局印发《关于"十二五"第一批拟核准风电项目计划安排的通知》，量化各省新建风电指标，未列入计划中的项目将不得核准，不能并网，也不享受可再生能源电价附加补贴。2012—2015 年连续又下达了四批核准计划，核准要求越来越高。第一、第二批核准计划内项目可以转结到下一年度完成核准，个别不具备建设条件的项目可以向国家能源局申请调整进行置换；第三、第四批核准计划内项目可以转结到下一年度完成核准，不具备建设条件的项目申请取消，不得置换；第五批核准计划内项目当年完成核准，未核准的项目将取消核准计划，不得置换。三是对行业的过热发展进行规范和整治。2011 年 7 月，国家能源局发布《风电场功率预测预报管理暂行办法》明确规定，所有已并网运行的风电场必须建立起风电预测预报体系和发电计划申报工作机制；2011 年 7 月国家能源局发布《大型风电场并网设计技术规范》等风电产业发展急需的 18 项重要技术规定，加强对风电行业的管理。四是重视消纳问题。连续发布若干通知，要求相关部门要以引导、监管等方式提高风电的消纳能力。2013 年 2 月国家能源局印发《国家能源局关于做好 2013 年风电并网和消纳相关工作的通知》，要求全国更加高度重视风电的消纳和利用，认真分析风电限电原因，尽快消除弃风限电；加强资源丰富区域的消纳方案研究，加强风电配套电网建设，做好风电并网服务工作。2013年5月国家能源局印发《国家能源局关于加强风电产业监测和评价体系建设的通知》，要求加强风电产业信息监测和评价工作，建立健全全国风电产业信息监测体系。2013年7月国家能源局印发《国家能源局关于做好近期市场监管工作的通知》提出，加强可再生能源发电的并网消纳监管，对于弃风、弃光问题比较突出的地区，派出机构可开展约谈约访，要求电网企业采取有效举措，在更大范围内优化协调电量平衡方案，提升消纳风电、光伏发电的能力。

稳步发展阶段（2014—2018年）。由于国家出台系列规范政策，风电行业的过热发展得到了抑制，发展模式从重规模、重速度、重装机向重效益、重质量、重电量转变，风电产业进入稳步发展阶段。产业政策重点在于解决弃风、促进消纳，2014年国务院《能源发展战略行动计划（2014—2020年）》提出要提高可再生能源利用水平，切实解决弃风、弃水、弃光问题。2015年国家能源局印发《国家能源局关于进一步完善风电年度开发方案管理工作的通知》，不存在弃风限电情况的省（区、市），每年由各省（区、市）能源主管部门根据本省（区、市）风电建设情况和风电发展规划，按照平稳有序发展的原则，自主提出本年度的开发建设规模。出现弃风限电问题的省（区、市），须对本地区风电开发建设和并网运行情况进行深入分析评估，科学制定本年度风电开发建设的规模和布局。弃风限电比例超过20%的地区不得安排新的建设项目，且须采取有效措施改善风电并网运行情况，研究提出促进风电并网和消纳的技术方案，报我局作为对地方能源主管部门的建设和运行责任进行考核和监管的依据。2016年《风电发展"十三五"规划》提出到2020年有效解决弃风问题，三北地区全面达到最低保障性收购利用小时数的要求，建设重心由三北地区向中东部和南部地区转移。电价方面，标杆电价不断降低，并开始通过竞争方式配置和确定上网电价，开始平价上网示范。

2014年电价补贴下调引发了2015年的抢装潮，2016年电价补贴再次下调，新增装机量腰斩。2017年5月国家能源局印发《国家能源局综合司关于开展风电平价上网示范工作的通知》，请各省（市、区）、新疆兵团能源主管部门认真分析总结本地区风电开发建设经验，结合本地区风能资源条件和风电产业新技术应用条件，组织各风电开发企业申报风电平价上网示范项目。2017年8月，国家能源局印发《国家能源局关于公布风电平价上网示范项目的通知》批复了五个省（区）的风电平价上网项目共计70.7万kW。2018年5月，国家能源局印发《国家能源局关于2018年度风电建设管理有关要求的通知》，开启了我国风电项目的竞争性资源配置模式，拉开了风电平价上网时代即将到来的序幕。2018年12月，国家电投乌兰察布风电基地一期600万kW示范项目获核准，该项目实施和火电平价上网。消纳方面，建立监测预警机制，引导投资。2016年7月，国家能源局印发《国家能源局关于建立监测预警机制促进风电产业持续健康发展的通知》，风电投资监测预警机制正式启动。发布前一年度风电平均利用小时数低于地区设定的最低保障性收购小时数的，风险预警结果将直接核定为红色预警。2019年建立可再生能源配额制，国家发展改革委、国家能源局联合印发《国家发展改革委 国家能源局关于建立健全可再生能源电力消纳保障机制的通知》，明确按省级行政区域对电力消费规定应达到的可再生能源电量比重（包括可再生能源电力总量消纳责任权重和非水电可再生能源电力消纳责任权重），以及各省级行政区域必须达到的最低可再生能源电力消纳责任权重和按超过最低消纳责任权重一定幅度确定激励性消纳责任权重。此外，这一时期，政策还鼓励分散式风电发展和海上风电建设。国家能源局《2018年能源工作指导意见》有序建设重点风电基地项目，推动分散式风电、低风速风电、海上风电项目建设。《分散式风电项目开发建设暂行管理办法》鼓励各类企业及个人作为项目单位，在符合土地利用总体规划的前提下，投资、建设和经营分散式风电项目。在政策推动下，海上风电和分散式风电保持了高速发展。2018年海上风电新增装机

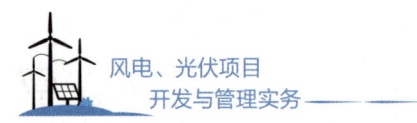

165 万 kW，同比增长 42%；分散式风电新增装机 14 万 kW，同比增长 15%。

平价化发展阶段（2019 年至今）。国家积极实施标杆电价改指导电价、平价上网试点和竞价上网等机制，全面进入平价发展的新阶段。国家发改委 2019 年印发《国家发展改革委关于完善风电上网电价政策的通知》中指出，自 2019 年 7 月 1 日起，将陆上风电标杆上网电价改为指导价，新核准的集中式陆上风电项目上网电价全部通过竞争方式确定，不得高于项目所在资源区指导价。2021 年印发的《国家发展改革委关于 2021 年新能源上网电价政策有关事项的通知》提出，2021 年起，新核准（备案）海上风电项目、光热发电项目上网电价由当地省级价格主管部门制定，具备条件的可通过竞争性配置方式形成，上网电价高于当地燃煤发电基准价的，基准价以内的部分由电网企业结算，在行业通识下，等价于新建项目保障收购小时数以内的发电量，上网电价继续按"指导价＋竞争性配置"方式形成。由此也引发了两次抢装潮。2020 年陆风全年新增装机超过 68GW，2021 年海风新增装机超过 14GW。2022 年国家发改委《关于 2022 年新建风电、光伏发电项目延续平价上网政策的函》提出，2022 年，对新核准的陆上风电项目、新备案集中式光伏电站和工商业分布式光伏项目，延续平价上网政策，上网电价按当地燃煤发电基准价执行；新建项目可自愿通过参与市场化交易形成上网电价，风电产业逐渐向市场化转变。

1.2.2 风电产业发展特点与市场趋势

随着全球对可再生能源重视程度的不断提高，风电因其清洁、可再生的特性而得到各国的推崇和重视。在中国，风电产业在政策推动和技术进步的驱动下，市场需求增长显著。下文分别从装机规模、技术进度、造价趋势、电价政策演进、消纳情况等几个方面对风电产业发展特点及市场趋势进行了阐述。

1. 风电政策扶持下，装机规模快速增长

1986 年 5 月，安装 3 台维斯塔斯（Vestas）公司 55kW 风机的山东荣成马兰风电场正式并网发电，这是我国首座商业示范性风电场，也是践行山东省政府和原航空工业部提出的"引进机组、学习经验、旨在实用和便于推广"的风能开发方针，其在中国风电发展史上具有划时代的里程碑意义。此后，新疆达坂城风电场于1989年10月并网发电，总装机规模为2.05MW，是当时亚洲最大的风电场，预示着中国风电发展的大幕就此拉开。

20世纪末至21世纪初期，中国风电由商业化探索转为商业化开发阶段，这个阶段国外风机制造商垄断国内市场，国内风电制造业整体学习追赶国外风机制造商，不断缩小与国外的技术差距，逐步实现风机设备自主国产化。1995年颁布的《中华人民共和国电力法》明确提出，国家鼓励和支持利用可再生能源和清洁能源发电，这为风电的开发提供了良好的政策环境。1999年国家计委启动"乘风计划"支持风电设备国产化发展，通过引进、消化、吸收国外先进的设计和制造技术，逐步实现风电设备国产化。"九五"期间，由金风科技与新疆风能公司、新疆风能研究所共同完成国家重点科技攻关项目"600kW 国产化风力发电机组研制"，先后制造国产化率分别达到33%、54%、78%和96%的600kW风机。"十五"期间，实现制造国家"863计划""兆瓦级失速型风力发电机组及其关键部件研制"，期末，中国已可以制造兆瓦级并网型风电机组，塔架、齿轮箱、刹车盘等零部件也基本实现国内制造。据中国可再生能源学会风能专业委员会的统计，2004年我国风电设备新增市场份额中，国产设备只占25%，进口设备占75%，而到2007年，在我国新增风电装机中，国产设备占比已达到55.9%，首次超过进口设备。

《中华人民共和国可再生能源法》于2006年正式实行，为新能源发展保驾护航，不仅催化中国风电产业政策大爆发，而且拉开了中国风电规模化发展的大幕。

在税收优惠政策方面，2008年颁布《中华人民共和国企业所得税法实施条例》和《财政部 国家税务总局关于资源综合利用及其他产品增值税政策的通知》，规定风电开发企业享受所得税"三免三减半"，对销售自产风电设备实

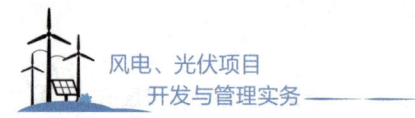

现的增值税实行"即征即退50%"的政策。条例和通知的实施提高了风电项目的盈利能力,激发了风电、光伏开发企业新一轮投资热情。同年,财政部印发《财政部关于调整大功率风力发电机组及其关键零部件、原材料进口税收政策的通知》,规定国内企业为开发、制造大功率风力发电机组而进口的关键零部件、原材料所缴纳的进口关税和进口环节增值税实行先征后退,所退税款作为国家投资处理,转为国家资本金,主要用于企业新产品的研制生产以及自主创新能力建设。此政策的颁布为风电整机研发制造企业减轻了负担。

在补贴政策方面,2006年国家发改委发布《可再生能源发电价格和费用分摊管理试行办法》,并开始对除农业生产外的电网出售电量征收 0.1 分/(kW·h)的分摊费用,标志着可再生能源电力费用分摊机制正式实施。2007年国家发改委发布《可再生能源电价附加收入调配暂行办法》,进一步完善了可再生能源发电费用分摊机制,之后历经5次调整提高到1.9分/(kW·h)。

在电价政策方面,2009年以前,国家先后实施了"发电成本+还本付息+合理利润"的审批电价政策、特许权招标和核准电价政策,之后国家实施标杆电价政策,2017年启动平价(燃煤标杆上网电价)示范项目建设,2019年启动低价(低于燃煤标杆上网电价)试点项目建设,印发《国家发展改革委关于完善风电上网电价政策的通知》,明确标杆电价变为指导电价并公布2019年和2020年指导电价,2021年新核准的陆上风电项目全面实现平价上网,开启陆上风电项目平价上网时代。

在装机规划方面,2007年我国出台第一个新能源装机规划政策——《可再生能源中长期发展规划》,明确到2020全国风电总装机容量达到3000万kW,为风电发展建设注入强心剂。中国风电于2010年在新增和累计并网规模上跃居世界第一,并保持至今已有14年,2021年中国海上风电累计装机容量也跃升至全球第一。2020年国家提出"碳达峰、碳中和"战略目标。2021年《国务院关于印发2030年前碳达峰行动方案的通知》提出,到2025年,非化石能源消费比重达到20%左右,到2030年,非化石能源消费比重达到 25% 左右。2022 年国家发改委国家能源局发布了《关于促进新时代新能源高质量发展的实施方案》，提出到 2030 年风电、光伏发电总装机容量达到 12 亿 kW 以上的目标，极大地激发了风电的投资热情。国家《"十四五"可再生能源发展规划》也提出，2025 年可再生能源在一次能源消费增量中占比超过 50%，消费总量达到 10 亿 t 标准煤左右；2025 年，可再生能源年发电量达到 3.3 万亿 kW·h 左右，在全社会用电量增量中的占比超过 50%，风电和光伏发电量实现翻倍。在上述政策的支持下，2023 年我国风电新增装机容量为 0.76 亿 kW，累计装机容量达到 4.41 亿 kW，继续全球领先。具体数据如图 1-1 所示。

图 1-1　2011—2023 年我国风电新增装机和累计装机容量情况（不含港澳台地区）

数据来源：国家能源局、中电联㊀。

2. 风机技术向"大功率、低风速"发展

风电设备的发展主要以风机大型化为主线展开的，我国风电设备的研发、设计、制造经历了引进、消化、吸收到独自创新的艰难过程。目前，我国风电技术已处于世界前列，不仅产业链齐全且有强大供给能力。在陆上风机方面，1997 年实现 600kW 风电机组国产化，打破风电机组基本靠进口的局面。2005 年，金风科技 1.2MW 永磁直驱式风电机组实现投运。2006 年，华

㊀ 中电联，即中国电力企业联合会，以下简称"中电联"。

锐风电首台 1.5MW 双馈式风电机组并网发电。兆瓦级风机不仅是我国风电机组技术发展的一个关键历史节点，也进一步促进了我国风电规模化开发。1.5MW 与 2MW 机型成为很长一段时间的主流机型，直至电价平价时代的到来才打破这一局面。2021 年后，平价电价促使风机加快大型化来降本，每年以兆瓦级速度跃升，2023 年已有 10MW 风机量产并逐步应用于三北大基地项目中，三一重能发布了目前全球陆上最大 15MW 风电机组。在低风速方面，主要通过增高塔筒、加长叶片来获得更高风速、更大扫风面积，以获取更多能量。2011 年，国内首座大型内陆低风速风电场，来安 50MW 风电场成功并网发电。之后伴随低风速风机技术的不断进步，低风速风场如雨后春笋般涌现。当前低风速风机多数采用钢混塔筒，中、东、南部低风速区塔筒高度已攀升到 160m 左右，且已经出现 185m 高塔筒；叶片也在不断地变长，特别是碳纤维等高强度材料应用于风电叶片制造，三一重能更是制造出 131m 陆上风电叶片，刷新了全球最长陆上风电叶片纪录。在海上风机方面，2009 年，华锐风电 3MW 海上风电机组并网。2012 年，我国首款 5MW 海上风电机组投运。2020 年，东方电气 10MW 样机并网，标志着我国具备了 10MW 级大功率海上风电机组自主研发、设计、制造、安装与调试的能力。2021 年以前，我国海上风机平均单机容量在 5MW 以下，也是在进入电价平价时代后，降本促使海上风机加速大型化。2022 年，金风科技 16MW 海上风电机组下线并于 2023 年完成安装与并网。2023 年，明阳智能推出了全球最大的 22MW 海上风电机组，为我国乃至全球推出的最大单机容量风电机组。近年来，我国新增陆上和海上风机平均单机容量如图 1-2 所示。

3. 技术进步推动风机价格不断下降

2005 年金风科技成功研制出 1.2MW 直驱永磁风机，标志着中国风机国产化步入兆瓦级。在"风电设备国产化率不低于 70%"政策的支持下，各大整机厂商纷纷加速国产化，风电新增装机国产化率由 2005 年的 30% 提升至 2010 年的 90% 以上，整机价格也从 2005 年的 7000 元/kW 一路降至 2011 年的 3900 元 /kW 左右，降幅达 44%。此后至 2020 年的 10 年间，我国新增陆上风机平均单机容量由 1.5MW 缓慢爬升至 2.6MW，整机价格虽因抢装潮有所波动，但一直在 3300～4350 元 /kW 之间浮动。

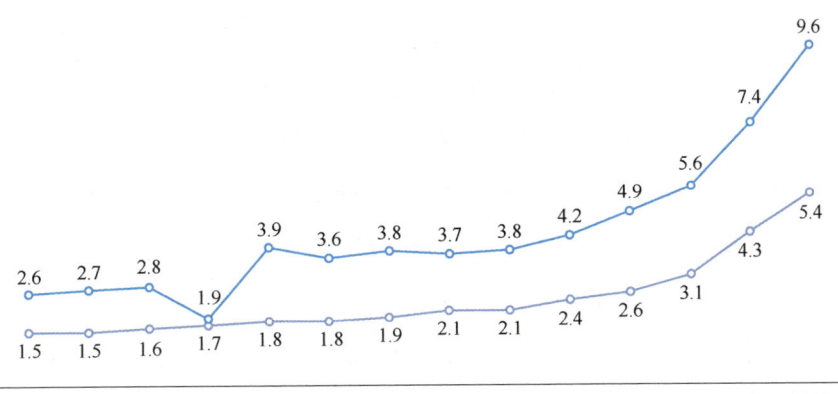

图 1-2　2010—2023 年我国新增陆上和海上风机平均单机容量（不含港澳台地区）
数据来源：中国风能协会。

2021 年风电进入"平价时代"，更低的度电成本才能保证风电场的投资收益。此时，风机整机大型化加速，2021 年主流机型从 3MW 跃升至 5MW～6MW，2022 年升至 6MW～7MW。在上述两个因素的共同驱动下，风电整机价格呈快速下降趋势。从 2020 年的 4000 元 /kW 直降至 2021 年的 2700 元 /kW，为近十年风机价格下跌速度最快的一年，2022 年降至 2200 元 /kW，而 2023 年降至 2000 元 /kW，风机价格接连创造历史新低。具体数据如图 1-3 所示。三年时间，风机价格拦腰斩半，而引领降价的主要为大基地使用的大型化风机，尤其是当下研发下线的 10MW 陆上风机，中标价格甚至已经到了 1300 元 /kW 左右。风机大型化已成为我国风电降本的重要途径，未来风机价格下降趋势仍将延续。

4. 风电上网价格由政府定价向市场化定价发展

我国风电电价与风电产业发展密不可分，陆上和海上风电电价都经历了不同的发展阶段，不同时期风电电价情况如表 1-1 所示。陆上风电方面，1994 年电力工业部决定将风电上网电价按发电成本加还本付息，再加合理利润原则确定；2001年国家计委对核算上网电价进行调整，明确发电项目按照经营期核算平均上网电价；2003年国家发改委推出风电特许权项目招标，以招标方式确定风电上网定价；2009年国家发改委出台分资源区陆上风电标杆上网电价原则；2021年至今国家实行平价上网和市场化价格。2019年5月国家发改委印发《国家发展改革委关于完善风电上网电价政策的通知》，明确自2021年1月1日开始，新核准的陆上风电项目全面实现平价上网，国家不再补贴。2021年至今，国家实行平价上网和市场化价格。当前电力市场正在如火如荼地进行改革，部分省份和地区新建陆上风电项目电量基本全部进入电力市场交易，电价完全由市场交易确定，如蒙西、山西等。海上风电方面，2018年以前基本采取上网标杆电价政策；2019—2020年采取上网指导电价政策；2021年以后国家放权，海上风电上网电价由各省独自确定。各省政策不同，电价为项目所在省燃煤标杆电价（或带补贴）或通过招标确定，如上海、福建的海上风电项目采取电价由招标确定。电力市场化是国家在电力领域重点推动的一项改革政策。根据国家要求，2025年将基本建设成全国统一电力市场，未来风电电价将完全由电力市场供需决定。与此同时，国家也在不断完善绿电、绿证交易机制，发现可再生能源的绿色环境价值，突出风电的环境效益。

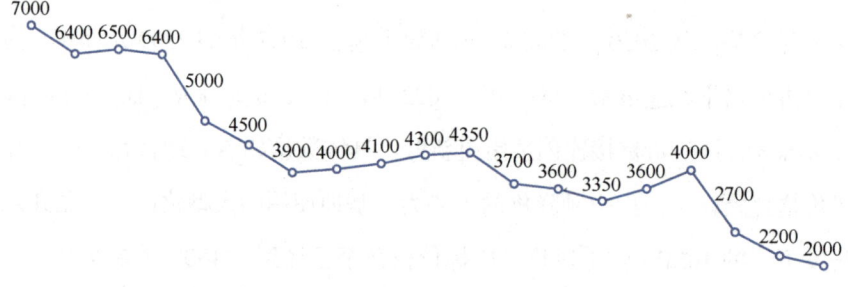

图1-3　2005—2023年我国风机价格变动情况（不含港澳台地区）

数据来源：国家电投科学技术研究院技经中心。

表 1-1 不同时期风电电价情况

类型	阶段	时期	上网电价							确定方式
陆上风电	完全竞争阶段	1986—1993 年	基本与燃煤电价持平，不足 0.3 元/(kW·h)							与电网签订购电协议并报物价部门核准
	审批阶段	1993—2003 年	0.38～1.2 元/(kW·h)							地方政府和国家物价管理部门批准和备案，上网电价 2001 年以前采用"发电成本＋还本付息＋合理利润"方法，以后采用经营期平均电价方法
	竞价与核准阶段	2003—2009 年	0.38～0.61 元/(kW·h)							特许权招标电价＋核准电价
	标杆电价与指导电价阶段	2009—2020 年	资源区	2009—2014 年	2015 年	2016—2017 年	2018 年	2019 年	2020 年	分四类风资源区确定电价，2009—2018 年为标杆电价，2019 年和 2020 年为指导电价，即最高电价
			Ⅰ类	0.51 元/(kW·h)	0.49 元/(kW·h)	0.47 元/(kW·h)	0.40 元/(kW·h)	0.34 元/(kW·h)	0.29 元/(kW·h)	
			Ⅱ类	0.54 元/(kW·h)	0.52 元/(kW·h)	0.50 元/(kW·h)	0.45 元/(kW·h)	0.39 元/(kW·h)	0.34 元/(kW·h)	
			Ⅲ类	0.58 元/(kW·h)	0.56 元/(kW·h)	0.54 元/(kW·h)	0.49 元/(kW·h)	0.43 元/(kW·h)	0.38 元/(kW·h)	
			Ⅳ类	0.61 元/(kW·h)	0.61 元/(kW·h)	0.60 元/(kW·h)	0.57 元/(kW·h)	0.52 元/(kW·h)	0.47 元/(kW·h)	
	平价与市场价阶段	2021 年至今	竞价或项目所在省燃煤标杆电价或电力市场价格							招标或核准电价或电力市场交易确定

（续）

类型	阶段	时期	上网电价	确定方式
海上风电	标杆电价	2014—2018年	近海：0.85元/（kW·h） 潮间带：0.75元/（kW·h）	核准电价
	竞价阶段	2019—2020年	近海：2019年不高于0.80元/（kW·h），2020年不高于0.75元/（kW·h） 潮间带：不高于所在资源区陆上风电指导价	招标电价且不高于指导电价
	平价与竞价阶段	2021年至今	各省燃煤标杆电价（或带有补贴）或招标电价	当地省级价格主管部门确定或招标电价

5. 风电消纳情况整体向好，但地区不平衡情况突出

根据国家能源局统计数据，我国曾出现两次弃风弃电高峰，峰值达到 17.1%，分别为 2012 年和 2016 年，两次皆因风电建设规模迅速扩张而本地消纳不足和部分地区配套电网建设与风电建设不协调等原因导致，三北地区尤为突出。2016 年，甘肃、新疆、吉林、内蒙古地区的弃风率分别达到 43%、38%、30% 和 21%。出现严重消纳问题之后，国家印发《国家能源局关于建立监测预警机制促进风电产业持续健康发展的通知》《国家发展改革委 国家能源局关于建立健全可再生能源电力消纳保障机制的通知》，建立风电投资监测预警机制和可再生能源电力消纳新机制，并积极建设可再生能源电力市场化交易、储能设施和能源基地外送通道等，以使弃风问题得到了有效缓解。2019 年弃风率下降至 4%，2020 年全国弃风率下降至 3.5%，全国风电"红色预警"地区清零。2021—2023 年全国弃风率分别为 3.1%、3.2% 和 2.0%，整体保持在较低水平且略有下降。具体数据如图 1-4 所示。在双碳背景下，风电装机规模在快速攀升，国家也因此出台了诸多政策和实行电力市场改革来保障风电、光伏电量的消纳，相信未来风电利用率维持在相对较好的水平，但受限于本地电力消纳能力弱和电网建设滞后等，三北地区仍然是风电利用率相对低的区域。

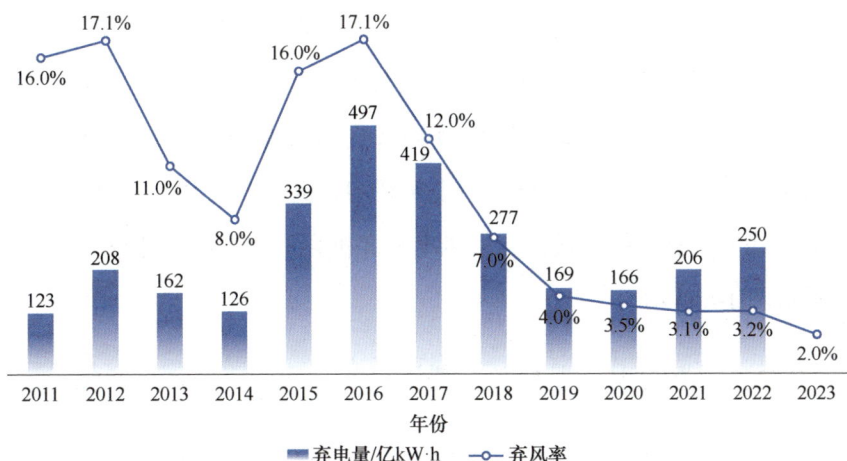

图 1-4 2011—2023 年我国风电弃风率和弃电量（不含港澳台地区）
数据来源：国家能源局、全国新能源消纳检测预警中心。

6. 海上风电与分散式风电装机不断扩大，占比不断提升

2017—2023 年，我国风电总装机容量从 16367 万 kW 增加至 44134 万 kW，增幅为 170%。其中，陆上风电总装机容量从 16088 万 kW 增加至 40484 万 kW，增幅为 152%；海上风电总装机容量从 279 万 kW 增加至 3650 万 kW，增幅为 1208%。海上风电装机容量占比不断提升，从 2017 年的 1.7% 提升至 2023 年的 8.3%。具体数据如图 1-5 所示。

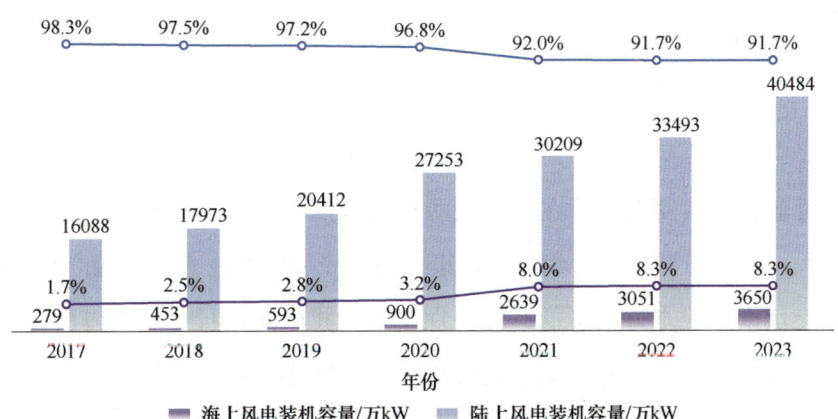

图 1-5 2017—2023 年我国陆上风电和海上风电总装机容量（不含港澳台地区）
数据来源：中电联。

《"十四五"可再生能源发展规划》明确提出实施"千乡万村驭风行动"。在此背景下，2021年我国分散式风电装机容量大幅提升。截至2022年，我国分散式风电总装机容量为1344万kW，占陆上风电总装机的4.0%；年新增装机容量为348万kW，占陆上风电年新增装机容量的10.6%。根据这一趋势，分散式风电总装机容量占陆上风电总装机容量的占比将进一步提升。具体数据如图1-6所示。

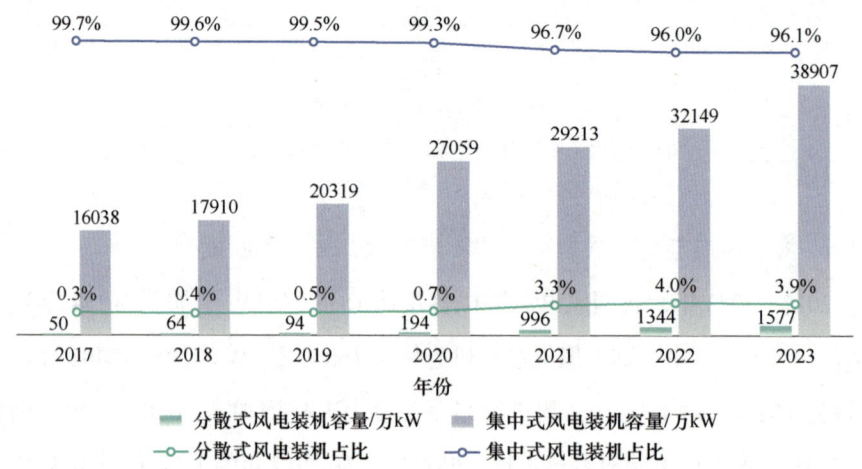

图1-6　2017—2023年我国陆上集中式风电和陆上分散式风电总装机容量（不含港澳台地区）
数据来源：中国风能协会。

1.3　光伏产业发展现状

目前，光伏发电行业在全球能源结构中的地位日益重要，市场规模持续扩大。近年来，我国出台多项政策，促进光伏发电技术进步和产业发展。随着光伏度电成本持续降低，经济性凸显，我国光伏行业发展得到有力支撑，持续快速发展，光伏新增装机规模已连续多年位居世界首位。光伏发电装机容量超越水电，成为我国可再生能源发电装机第一、全国第二大电源。过去几年，随着转换效率不断提高、制造成本持续下降，光伏发电在全球电力行业竞争力不断增强。下文分别从光伏产业发展过程和光伏产业发展特点及市场趋势两部分进行阐述，涵盖政策、装机、造价、电价及消纳等方面的内容。

1.3.1　光伏产业发展过程

根据光伏产业发展史，可以将光伏产业的发展分为以下 5 个阶段，光伏产业的发展同样经历了由政策驱动向市场驱动的转变过程。

试点起步阶段（2008 年以前）。1996 年 9 月在津巴布韦召开的世界太阳能高峰会议上提出了关于在全球无电地区推行"光明工程"的倡议，我国政府也做出了积极响应。1997 年国家计委提出并开始实施"中国光明工程"，提出利用光伏作为全国扶贫工作之一，通过国家和地方政府拨款以及部分国际上的赠款解决偏远地区供电问题。2002 年国家计委确定利用光伏实行送电到乡工程，解决西部边远贫困地区无电乡用电问题，从此揭开光伏发电序幕。2006 年《中华人民共和国可再生能源法》颁布，加快了光伏产业的发展，光伏开始进入全面扩张阶段。这一阶段项目以政府主导示范项目为主，政策特点主要是鼓励通过技术引进探索实现自主技术的突破。

全面扩张阶段（2008—2011 年）。商业化光伏电站建设起步，这一时期政策特点主要有两个。一是确定了光伏上网电价，2008 年起，国家发改委分批次核准了 4 个光伏项目，电价为 4 元/（kW·h）。为进一步激发光伏市场活力，2008 年和 2011 年国家组织实施了两批特许权招标光伏项目，采用低价竞标方式，光伏中标电价下降到 0.73～0.99 元/（kW·h）左右。二是开始实施装机补贴，2009 年国家开始实施金太阳示范工程，以及光电建筑配套相应财政补贴支持，大大促进了光伏产业的发展，到 2011 年底全国光伏装机达 212 万 kW。

重挫阶段（2012—2014 年）。2011 年开始美国、欧洲"双反"（光伏双反），我国光伏产业发展遭遇重挫。为抵御"双反"影响，相关政策密集出台。一是完善电价政策。2012年国家发改委印发《国家发展改革委关于完善太阳能光伏发电上网电价政策的通知》，对光伏发电项目实施全国统一的标杆上网电价。2013年8月，国家发改委发布《国家发展改革委关于发挥价格杠杆作用促进光伏产业健康发展的通知》，根据各地太阳能资源条件和建设成本，将全国分为三类资源区，相应制定光伏电站标杆上网电价。二是鼓励分布式光伏发展，2012年9月，国家能源局印发《国家能源局关于申报分布式光伏发电规模化应用示范区的通知》，在全国范围内组织分布式光伏发电应用示范区建设，大力推广分布式光伏发电项目。2013年11月，国家能源局印发《国家能源局关于印发分布式光伏发电项目管理暂行办法的通知》，进一步细化分布式光伏规模管理、项目备案、建设条件、电网接入和运行等内容，分布式光伏开始步入稳定发展。2014年9月，国家能源局印发《国家能源局关于进一步落实分布式光伏发电有关政策的通知》，鼓励开展多种形式的分布式光伏发电应用，进一步促进了分布式光伏发展。三是调整补贴方式，由装机补贴调整为度电补贴。2013年8月，国家发改委印发《国家发展改革委关于发挥价格杠杆作用促进光伏产业健康发展的通知》，对分布式光伏发电实行按照全电量补贴的政策，电价补贴标准为0.42元/（kW·h），补贴期限原则上为20年。

稳定发展阶段（2015—2018年）。一是针对光伏产品、市场发展等方面陆续出台相关规范或者标准。2015年国家成立光伏产品检测认证技术委员会，出台《光伏制造行业规范条件》《光伏发电企业安全生产标准化创建规范》，明确了光伏发电企业法律法规与安全管理制度等十三个方面的内容与要求，推进光伏行业规范化发展。二是下调标杆上网电价，开始实施补贴退坡，推动产业良性发展。2015年12月，国家发改委印发《国家发展改革委关于完善陆上风电光伏发电上网标杆电价政策的通知》规定，2016年以前备案并纳入年度规模管理的光伏发电项目但于2016年6月30日以前仍未全部投运的，执行2016年上网标杆电价，宣告"630"诞生。2018年5月31日，国家发改委、财政部及国家能源局印发《国家发展改革委 财政部 国家能源局关于2018年光伏发电有关事项的通知》规定，暂不安排2018年普通光伏电站建设规模，新投运的光伏电站标杆上网电价统一降低0.05元/（kW·h），俗称"531新政"，这直接导致光伏行业进入"低谷期"，装机规模急剧缩减。三是继续鼓励分布式光伏发展。2017年5月，国家能源局印发《国家能源局综合司关于报送可再生能源"十三五"发展规划年度建设规模方案的通知》，提出分布式光伏发电不受各地区年度新增建设规模限制。2017年10月，国家发改委和国家能源局印发《关于开展分布式发电市场化交易试点的通知》，开展分布式发电市场化交易试点，推动"隔墙售电"。2018年，国家发改委、财政部、国家能源局印发《国家发展改革委 财政部 国家能源局关于2018年光伏发电有关事项的通知》要求，积极推进分布式光伏资源配置市场化，鼓励地方出台竞争性招标办法配置除户用光伏以外的分布式光伏发电项目，鼓励地方加大分布式发电市场化交易力度。四是出台一系列光伏扶贫政策，大大促进全国范围内光伏扶贫的发展。2016年3月，国家发改委等五部委发布《关于实施光伏发电扶贫工作的意见》。2016年5月，国家能源局和国务院扶贫办印发《国家能源局综合司 国务院扶贫办行政人事司关于印发光伏扶贫实施方案编制大纲的通知》，全面准备实施光伏扶贫。2016年10月，国家能源局和国务院扶贫办印发《国家能源局 国务院扶贫办关于下达第一批光伏扶贫项目的通知》，全国范围内光伏扶贫正式落地。

平价化发展阶段（2019年至今）。2019年政策机制开始转型。一是强调高质量发展，建立可再生能源消纳保障机制。2019年5月，国家发改委和国家能源局印发《国家发展改革委 国家能源局关于建立健全可再生能源电力消纳保障机制的通知》，正式建立了可再生能源电力消纳保障机制。通过设定各省份的可再生能源电力消纳目标，要求各地区及用能企业必须按照一定比例消纳可再生能源电力，以促进能源结构优化和减少碳排放。二是开始实行竞争配置，推行平价上网。2019年1月，国家发改委和能源局印发《国家发展改革委 国家能源局关于积极推进风电、光伏发电无补贴平价上网有关工作的通知》，从 12 个方面提出了推进风电、光伏发电平价上网试点项目建设的有关要求和支持政策措施。2019 年 4 月，国家发改委印发《国家发展改革委关于完善光伏发电上网电价机制有关问题的通知》，明确将集中式光伏电站标杆上网电价改为指导价，对新增集中式光伏电站上网电价原则上通过市场竞争方式确定电价，并不得超过所在资源指导价。2019 年 5 月，国家能源局印发《国家能源局关于 2019 年风电、光伏发电项目建设有关事项的通知》，进一步明确实行全面竞价模式、明确项目分类，并规定各类项目补贴总金额的分配额度。2020 年 3 月，国家发改委印发《国家发展改革委关于 2020 年光伏发电上网电价政策有关事项的通知》，进一步压降补贴标准。2021 年 6 月，国家发改委正式印发《国家发展改革委关于 2021 年新能源上网电价政策有关事项的通知》提出，2021 年起，对新备案集中式光伏电站、工商业分布式光伏项目，中央财政不再补贴，实行平价上网。2021 年新建项目上网电价，按当地燃煤发电基准价执行；新建项目可自愿通过参与市场化交易形成上网电价，以更好体现光伏发电的绿色电力价值。这宣告中国光伏发电全面进入无补贴的平价时代。

1.3.2 光伏产业发展特点及市场趋势

随着全球对可再生能源重视程度的加深，光伏作为清洁、可再生的能源，市场需求正持续扩大。特别是在中国，光伏产业在政策推动和技术进步的驱动下，市场需求增长显著。下文分别从装机规模、技术路线、造价、电价政策演进和消纳情况等几个方面对光伏产业发展特点及发展趋势进行阐述。

1. 政策支持下，光伏装机规模快速增长

我国光伏产业的发展历程是一个从政府主导的示范项目向市场化运作机制转变的过程，其装机容量的变化历程体现了这一转变的脉络。

1958年我国开始研发太阳能电池,最初主要用于空间领域。1975—1976年,太阳能电池的应用开始从太空转向地面,但由于产品价格昂贵,市场较小,直到20世纪90年代,行业发展都几乎停滞。2000年以前,我国的太阳能电池技术处于从航空领域向民用领域过渡的阶段,光伏项目主要依赖国际援助和国内扶贫项目的支持。2000年德国颁布《可再生能源法》后,欧洲地面光伏市场兴起,我国开始出现光伏产业链的配套公司,地面光伏市场逐步发展起来。2002年无锡尚德投产第一条10MW多晶硅电池产线,标志着我国光伏产业全面国产化进程的开启。2002—2006年,我国采用初始投资补贴的方式,先后实施了一众光伏项目建设计划,这些项目基本是政府主导的示范性项目。这一阶段每年新增装机容量较为稳定。

2005年,无锡尚德在纽交所首次公开上市,带动了我国光伏产业的快速发展。2006年,我国颁布了《中华人民共和国可再生能源法》,进一步促进了可再生能源的开发利用。在这个阶段,我国光伏制造业迅速形成规模。2007—2008年,国家发改委核准了四个光伏电站项目,光伏项目的标杆电价为4元/(kW·h)开始,标志着采用标杆电价方式商业化运行光伏项目的开端,这一时期国内的年新增装机较之前有大幅提升。

2009年,财政部、科技部、国家能源局制定了《金太阳示范工程财政补助资金管理暂行办法》,综合采取财政补助、科技支持和市场拉动方式,加快国内光伏发电的产业化和规模化发展。在此阶段,国家能源局实施了两批特许权招标项目,推动了光伏装机容量的大规模提升。

2011年,国家发改委出台了我国第一个地面光伏电站的标杆电价政策,全国(以西部为主)开始了第一次抢装潮。当年新增装机达到约2GW,我国的光伏电站装机容量正式进入吉瓦量级时代。2013年,国务院提出了"分布式光伏发电"和"光伏电站"的分类,并制定了相应的电价和补贴政策,推动了中国光伏应用市场的快速发展,年新增装机容量达到近13GW。

2014年1月1日之后，我国根据各地太阳能资源条件和建设成本，将全国分为三类资源区，相应制定光伏电站标杆上网电价。2014—2018年的年新增装机容量在10GW～53GW。

2019年，国家发改委和国家能源局印发了《国家发展改革委 国家能源局关于积极推进风电、光伏发电无补贴平价上网有关工作的通知》，标志着光伏平价上网时代的开始，光伏行业开始进入提质增效的发展阶段，政策指导加快推动大型风电、光伏基地的建设。同年，国家能源局推出了全国性的竞争电价政策，光伏项目正式进入平价、低价上网时代。同年六月底，启动了广东、内蒙古、浙江、山西、山东、福建、四川、甘肃8个地区的电力现货市场模拟试运行。2019年国内的新增装机容量低于之前年份的平均水平。随各省电力现货市场建设进程的不断推进，2021年第一批现货试点省份完成了季度以上的结算试运行，2022年这些地区实现了长周期不间断试运行，同期装机容量呈稳步增长趋势。2023年，我国光伏新增装机容量为2.16亿kW，累计装机容量为6.10亿kW，稳居全球第一。我国历年光伏装机容量如图1-7所示。

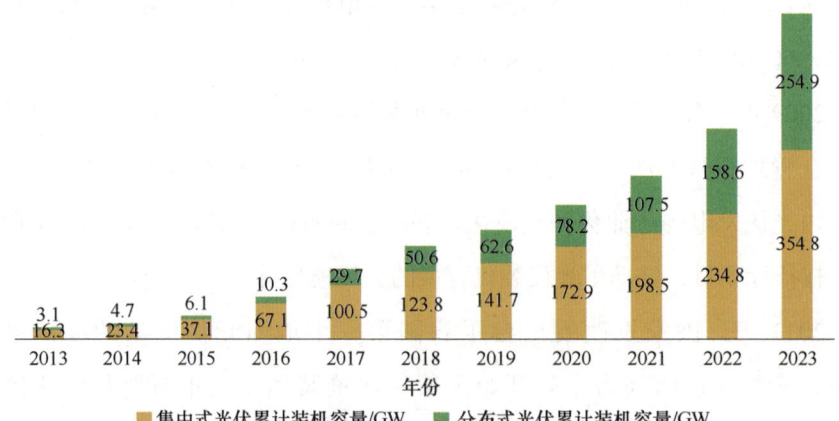

图1-7 2013—2023年我国光伏装机容量（不含港澳台地区）

数据来源：国家能源局。

2. 技术路线更加丰富

在光伏产业发展早期，多晶硅太阳能电池因其较低的成本而成为市场的主导技术。在2000—2015年，中国主要以Al-BSF（铝背场）的P型多晶硅电池为主。这一时期的电池光电转换效率一直无法突破20%，已接近技术极限。随着技术的进步和成本的降低，单晶硅太阳能电池开始逐渐获得市场的关注。2014年隆基攻克了RCZ单晶生长技术的产业化难题，同时金刚线切割技术的国产化也降低了单晶的成本，后随PERC（发射极钝化和背面接触）电池技术的引入进一步提高了单晶组件的性价比。2019年单晶硅片的产出及市场占比首次超过多晶，标志着单晶技术成为市场的主导力量。后保利协鑫等公司推出了铸锭单晶技术，这一技术的推出进一步推动了单晶技术的发展。P型组件经历了从传统Al-BSF到PERC技术的转变。PERC-P型单晶硅电池的转换效率在2022年达到了23.2%，但从技术层面来讲未来上升空间不大，随着P型PERC组件发展逐渐趋于成熟，其转换效率接近理论上的极限值。相比之下，N型组件的制备技术更为多样，包括TOPCon、HJT、PERT/PERL、BC等。这些技术不仅转换效率高，而且具有抗衰减、温度系数低等优点。尽管目前仍面临高成本的技术难题，但N型组件理论上的转换效率天花板远高于P型PERC组件，因此正迎来发展机遇，如图1-8所示。总体来看，中国光伏组件技术从多晶到单晶、从P型到N型的演变是一个不断追求更高效率和更好性能的过程。N型技术的发展虽然面临一些挑战，但预计将成为未来的主流技术。

3. 技术进步推动单位造价不断降低

在21世纪初，中国光伏产业的发展主要依靠政府的支持和补助。由于市场化运作机制的缺失，光伏项目的规模增长并不显著，而系统成本则从2002年的80元/W逐渐下降至2006年的60元/W。在此后的两年中，即2007—2008年，光伏系统的价格基本保持在50～60元/W的水平。然而，自2008年起，随着光伏装机规模的显著增加，系统价格开始出现明显的下降趋势，每年平均下降约30%，至2010年降至25元/W。2011年，受抢装潮的影响，光伏系统成本进一步大幅下降，降至15元/W，并在2013年降至9元/W。此后，尽管下降速度有所放缓，但光伏系统造价仍持续下降，至 2017 年达到 7 元 /W。根据现有资料，自 2017 年以来，随发电组件和逆变器等主要设备价格的下降，光伏系统造价继续沿袭下降趋势。可见，随着技术的进步和市场的扩大，光伏发电向更加经济、高效的方向发展。2017—2023 年我国光伏系统单位造价情况如图 1-9 所示。

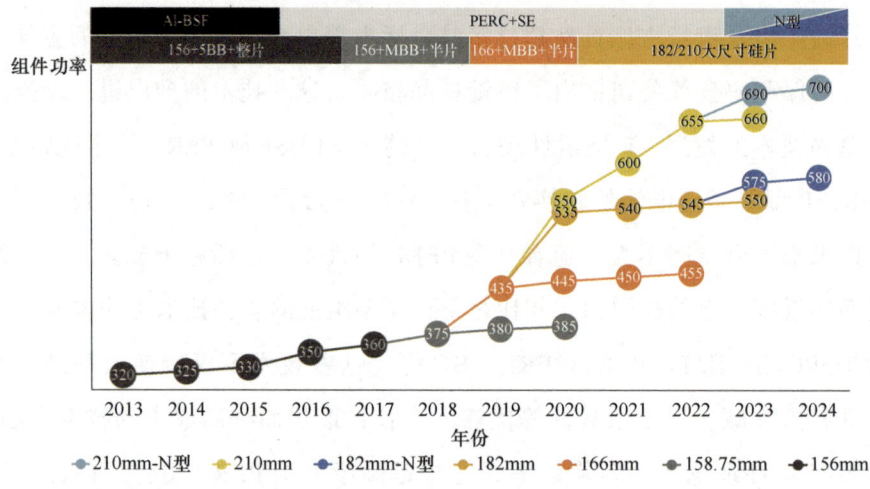

图 1-8　光伏组件技术路线图

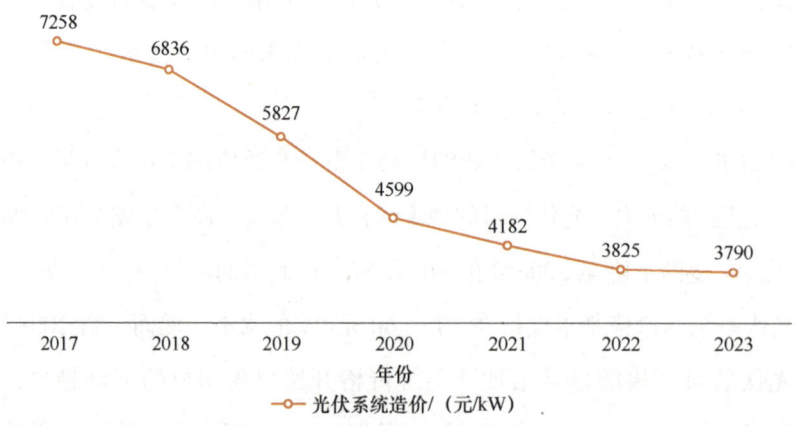

图 1-9　2017—2023 年我国光伏系统单位造价情况

数据来源：中电联。

4. 光伏上网电价由政府定价向市场化形成价格发展

中国光伏发电从最初的示范项目阶段逐步过渡到市场化电价阶段，这一演变过程标志着从计划经济体制下的核定电价向市场化竞价的转变，同时政府补贴也逐步减少。2023年9月，国家发改委和国家能源局组织制定了《电力现货市场基本规则（试行）》，为电力现货市场的体系化建设提供了明确的指导。该规则强调了稳妥有序地推动风电、光伏参与电力市场的重要性，并提出了设计适应新能源特性的市场机制，以及与新能源保障性政策衔接的措施。这一政策的施行预示着风电、光伏进入电力市场交易将成为必然趋势。短期内，风电、光伏预计将继续采用"保障+市场"的机制，并逐步过渡到全面的市场化交易，这将为光伏产业的发展带来新的机遇和挑战。中国光伏电价的变化情况如表1-2所示。

表 1-2 光伏电价变化情况

阶段	时期	上网电价					确定方式
示范项目阶段	2006年之前	采用初始投资补贴模式，无标杆电价机制					初始投资补贴
核准电价阶段	2007—2008年	4元/（kW·h）					核准标杆电价
特许权招标阶段	2009—2010年	2010年第二批光伏特许权电站的招标多数中标价格在0.82～0.91元/（kW·h）区间内					招标结果由竞价产生
统一标杆电价阶段	2011—2013年	2011年：全国统一1.15元/（kW·h） 2012—2013年：全国统一1元/（kW·h）					全国统一电价
分区标杆电价阶段	2014—2019年	资源区	2014.01.01—2016.06.30	2016.07.01—2017.06.30	2017.07.01—2018.06.30	2018.07.01—2019.06.30	2019.07.01以后	分三类风资源区确定标杆上网电价（2019.07.01后为指导价）
		Ⅰ类	0.9元/（kW·h）	0.8元/（kW·h）	0.55元/（kW·h）	0.5元/（kW·h）	0.4元/（kW·h）	
		Ⅱ类	0.95元/（kW·h）	0.88元/（kW·h）	0.65元/（kW·h）	0.6元/（kW·h）	0.45元/（kW·h）	
		Ⅲ类	1元/（kW·h）	0.98元/（kW·h）	0.75元/（kW·h）	0.7元/（kW·h）	0.55元/（kW·h）	

（续）

阶段	时期	上网电价	确定方式
平价与市场价阶段	2020年至今	按照当地燃煤发电基准价执行，同时可自愿采取市场化交易形成上网电价，引导风电、光伏项目逐步入市	逐步向市场化定价模式过渡

5. 弃光率存在上升趋势，未来消纳面临严峻局面

2018年，国家发改委和国家能源局制定了《清洁能源消纳行动计划（2018—2020年）》，设定了光伏发电利用率高于95%，弃光率低于5%的目标。而这一95%的消纳红线在《2024—2025年节能降碳行动方案》中被放宽，方案提出：在保证经济性前提下，资源条件较好地区的新能源利用率可降低至90%。红线的放宽意味着未来会有更多获批风电、光伏项目，同时项目也将面临更大的市场竞争压力，根据《国家发展改革委 国家能源局关于加快建设全国统一电力市场体系的指导意见》中的"鼓励新能源报量报价参与现货市场，对报价未中标电量不纳入弃风弃光电量考核"内容，在市场机制的作用下会有更多风电、光伏项目受报价策略的影响导致出清电量的进一步减少。从实际消纳情况来看，随近年来分布式光伏装机容量的大规模增长，导致电网容量不足和消纳困难问题日益凸显。特别是在一些省份，如山东、黑龙江、河南、浙江、广东、福建等，都出现了大量区域电网容量不足的问题。我国光伏弃光率和弃电量情况如图1-10所示。从2024年1~3月新能源消纳监测预警中心公布的数据来看，全国光伏弃光率在2%~4.3%的水平，印证了2023年暴涨的分布式光伏装机目前未能得到良好的消纳保障的情况。在此背景下，2024年光伏新投产规模在2023年高基数的基础上进一步增长，由此可见，未来光伏的消纳情况将更加严峻，未来新型电力系统在提高光伏发电消纳能力方面还存在较大提升空间。

图 1-10　我国光伏弃光率和弃电量情况（不含港澳台地区）
数据来源：全国新能源消纳监测预警中心。

6. 分布式光伏发展迅猛，但发展空间受限

2020—2023 年，分布式光伏迎来了爆发式的增长。分布式光伏新增装机容量从 2020 年的 15GW 增长至 2023 年 96GW。截至 2023 年底，我国分布式光伏累计装机容量为 255GW，占到光伏装机总规模的 41.8%。

分布式光伏项目中，依靠全额上网获取收益的户用光伏增速最快。从 2020 年底的累计装机容量 20GW 和安装户数超过 150 万户，猛增至 2023 年底的 115.8GW 和超过 500 万户。户用光伏虽有自发自用和全额上网两种模式，但受收益影响，绝大多数户用都选择了全额上网模式，户用光伏的快速增长远远超出了电网扩容建设速度，给各地的低压配电网带来了巨大的承载压力。截至 2023 年底，全国已有超过 150 个地区分布式光伏无新增接入空间。山东、黑龙江、河南、广东、福建、河北、内蒙古、湖北、辽宁、广西、江西等省份，均出现了配电网容量预警的问题。对电网容量告急，上述省份不得不暂停了分布式光伏项目备案，以致并网发电成为 2023 年新能源和可再生能源行业投诉重灾区。我国集中式光伏和分布式光伏历年总装机容量情况如图 1-11 所示。

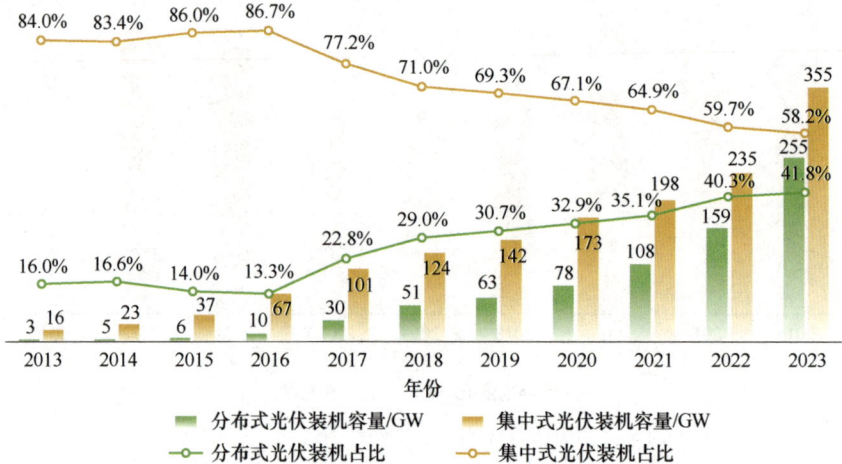

图 1-11　我国集中式光伏和分布式光伏总装机容量（不含港澳台地区）

数据来源：国家能源局。

第2章 风电、光伏项目政策要求及开发流程

按项目类型，风电、光伏项目可分为大基地项目、海上风电项目、常规风电和光伏项目、竞争性配置项目以及配储项目五类，国家和地方政府对于不同项目的开发政策要求均有较大差异。

按照建设方式，风电、光伏项目开发可分为自主开发项目和股权投资项目两大类型。自主开发项目是指投资者全程参与项目全生命周期，自主完成；股权投资项目是指通过并购的方式收购已建成的风电、光伏电站。自主开发项目和股权投资项目两者的流程与决策程序是不同的。

本章按项目类别分类介绍风电、光伏项目开发政策，并详细阐述自主开发项目流程和股权投资项目流程。

2.1　项目开发政策要求

风电、光伏项目开发受政策的影响较大，国家鼓励风电、光伏等新能源大力发展。《"十四五"现代能源体系规划》提出，全面推进风电和太阳能发

电大规模开发和高质量发展，优先就地就近开发利用，加快负荷中心及周边地区分散式风电和分布式光伏建设，推广应用低风速风电技术。在风能和太阳能资源禀赋较好、建设条件优越、具备持续整装开发条件、符合区域生态环境保护等要求的地区，有序推进风电和光伏发电集中式开发，加快推进以沙漠、戈壁、荒漠地区为重点的大型风电、光伏基地项目建设，积极推进黄河上游、新疆、冀北等多能互补清洁能源基地建设。积极推动工业园区、经济开发区等屋顶光伏开发利用，推广光伏发电与建筑一体化应用。开展风电、光伏发电制氢示范项目，鼓励建设海上风电基地，推进海上风电向深水远岸区域布局。积极发展太阳能热发电。在实际项目开发中，由于项目类型不同，国家和地方政府对于不同项目的开发政策要求均有较大差异，本节着重介绍大基地项目、海上风电项目、常规风电和光伏项目、竞争性配置项目以及配储项目五类项目的开发政策。

2.1.1 大基地项目

投资企业根据区域新能源项目发展规划，向省、自治区、直辖市能源管理部门提出申请，将投资项目纳入大基地新能源项目清单。大基地新能源项目清单主要包括两部分，一是各省份自行确定的项目，二是企业与政府部门沟通后由各省份能源部门审核确定的项目。各省份能源部门将大基地项目清单上报国家能源局，国家能源局对所有新能源大基地项目进行统筹。

大基地新能源项目入围后将交由各省份自行确定。纳入大基地项目不可以豁免应当办理的审批手续，各项目与其他常规新能源项目一样，应取得项目开发、建设、运营过程中所需的全部建设审批手续，在财税政策上也无单独的优惠政策，但在项目办理各类审批手续时可能更加便利和快捷。

依托外送通道消纳的国家大基地项目应基于在运、在建，或已核准输电通道，其风电、光伏发电装机规模应与通道输电能力相匹配，并落实消纳市场。大基地项目应落实项目业主、用地、环评等条件，就近就网就负荷消

第 2 章 风电、光伏项目政策要求及开发流程

纳，项目应在并网后能够实现高效利用。另外，配套的煤电改造、水电、抽水蓄能、新型储能等调峰措施与基地项目同步实施。

大基地项目申报以省为主体推动项目开发建设，项目按时建成后授牌"国家大型风电、光伏基地项目"。国家政策主要支持沙漠、戈壁、荒漠地区大型风电和光伏项目的建设，对于油田、气田以及难以复垦或修复的采煤沉陷区，推进其中的非耕地区域规划建设光伏基地，大基地项目以其周边先进节能的煤电为支撑，以特高压输变电线路为载体的新能源供给消纳体系，推进风电和光伏发电大规模基地化、集约化、规模化发展。大基地风电和光伏项目推进大规模"光伏+生态治理"的建设，有利于加强土地、风能、太阳能等多种资源综合利用，构建新能源开发与生态保护协同融合的发展格局，同时提高可再生能源供给能力，助力实现"双碳"目标，促进经济社会发展全面绿色转型。

近年来国务院，以及国家发改委、国家能源局等部门颁布的相关政策如表 2-1 所示。

表 2-1　大型风电、光伏基地项目政策一览

发布日期	部门	政策名称	内容简要
2022.1.30	国家发改委、国家能源局	《国家发展改革委 国家能源局关于完善能源绿色低碳转型体制机制和政策措施的意见》	推动构建以清洁低碳能源为主体的能源供应体系。以沙漠、戈壁、荒漠地区为重点，加快推进大型风电、光伏发电基地建设
2022.1.29	国家发改委、国家能源局	《"十四五"新型储能发展实施方案》	在电源侧，加快推动系统友好型新能源电站建设，以新型储能设备支撑高比例可再生能源基地外送，促进沙漠戈壁荒漠大型风电、光伏基地和大规模海上风电开发及消纳
2022.1.29	国家发改委、国家能源局	《"十四五"现代能源体系规划》	全面推进风电和太阳能发电大规模开发和高质量发展，加快负荷中心及周边地区分散式风电和分布式光伏建设，推广应用低风速风电技术。在风能和太阳能资源禀赋较好、建设条件优越、具备持续整装开发条件、符合区域生态环境保护等要求的地区，有序推进风电和光伏发电集中式开发，加快推进以沙漠、戈壁、荒漠地区为重点的大型风电、光伏基地项目建设，鼓励建设海上风电基地，推进海上风电向深水远岸区域布局。积极发展太阳能热发电

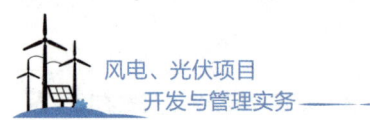

(续)

发布日期	部门	政策名称	内容简要
2022.2.26	国家发改委、国家能源局	《以沙漠、戈壁、荒漠地区为重点的大型风电、光伏基地规划布局方案》	针对有利条件因地制宜提出具体解决方案，发展太阳能等新能源，保障新能源发展的用地需求，实现新能源与生态环境协调发展，促进未来新能源大规模高质量发展
2022.3.17	国家能源局	《2022年能源工作指导意见》	大力发展风电光伏。加大力度规划建设以大型风光基地为基础、以其周边清洁高效先进节能的煤电为支撑、以稳定安全可靠的特高压输变电线路为载体的新能源供给消纳体系。优化近海风电布局，开展深远海风电建设示范，稳妥推动海上风电基地建设。积极推进水风光互补基地建设
2022.4.27	国家发改委	《支持宁夏建设黄河流域生态保护和高质量发展先行区实施方案》	加快推进沙漠、戈壁、荒漠地区大型风电、光伏基地项目建设。支持新能源就地消纳，探索新能源发电自发自用和就近交易新模式，推动构建新型电力系统
2022.5.30	国家发改委、国家能源局	《关于促进新时代新能源高质量发展实施方案》	加快推进以沙漠、戈壁、荒漠地区为重点的大型风电光伏基地建设。加大力度规划建设以大型风光电基地为基础、以其周边清洁高效先进节能的煤电为支撑、以稳定安全可靠的特高压输变电线路为载体的新能源供给消纳体系
2022.5.31	国务院	《国务院关于印发扎实稳住经济一揽子政策措施的通知》	加快推动以沙漠、戈壁、荒漠地区为重点的大型风电、光伏基地建设，近期抓紧启动第二批项目，统筹安排大型风光电基地建设项目用地用林用草用水，按程序核准和开工建设基地项目、煤电项目和特高压输电通道
2021.10.21	国家发改委等九部门	《"十四五"可再生能源发展规划》	大力推进风光基地化开发，积极推进风光分布式开发；统筹推进水风光综合基地一体化开发；促进存储消纳，市场化发展可再生能源等
2023.10.16	国务院	《国务院关于推动内蒙古高质量发展奋力书写中国式现代化新篇章的意见》	"构建新型能源体系，增强国家重要能源和战略资源基地保供能力"，并将"推进大型风电光伏基地建设"放在重要位置

新能源发展是"十四五"时期能源发展的重中之重，新能源大基地项

目的建设将为新能源发展带来明显增量，以沙漠、戈壁、荒漠地区为重点的大型风电、光伏基地建设正加快推进，第一批大基地项目已进入投产高峰期，第二批大基地项目陆续开工建设，第三批大基地项目正在加快开展前期工作。

2.1.2 海上风电项目

《2030年前碳达峰行动方案》提出，全面推进风电、太阳能发电大规模开发和高质量发展，坚持集中式与分布式并举，加快建设风电和光伏发电基地。坚持陆海并重，推动风电协调快速发展，完善海上风电产业链，鼓励建设海上风电基地。

各省级能源主管部门编制海上风电规划，资源开发潜力大的地级市也可以编制并报送省级能源主管部门，随后报送国家能源局审批。规划获得批复后，省级能源主管部门（部分下放到地市级）根据地方政府的要求组织开展竞配。投资企业通过借鉴风资源图谱、中尺度数据、海图资料、海洋水文资料和临近已建风电场信息等技术手段，比较各规划场址风资源和建设条件，确定拟选场址，联合相关部门人员开展调研并进行开发风险排查。竞配中标的企业提交用地用海预审和项目申请报告给地方政府，以进行项目核准。目前，核准权大部分在地市级发改委，小部分在省级发改委。

用海预审是核准的前置条件。《"十四五"现代能源体系规划》提出，推进海上风电向深水远岸区域布局，重点建设广东、福建、浙江、江苏、山东等海上风电基地。海上风电项目用海原则上离岸距离应不少于10km、滩涂宽度超过10km时海域水深不得少于10m。为避免近海资源过度占用并引导行业走向深远海，海上风电项目场址审批条件调整为"离岸距离需在30km以外或水深在30m以上"。

"十四五"是我国海上风电产业夯实发展基础的关键时期，结合《"十四五"可再生能源发展规划》确定的重点任务，加大政策供给，完善

体制机制，积极推动近海海上风电规模化发展，组织开展深远海海上风电示范，通过支持技术和模式创新，推动海上风电持续降本增效，不断提高经济性。

地方政策方面，包括辽宁、天津、山东、江苏、上海、浙江、福建等多个省份都在其"十四五"能源规划中明确了海上风电的开发目标。如福建省发布的《福建省"十四五"能源发展专项规划》中提出，稳妥推进深远海风电项目，"十四五"期间增加并网装机410万kW，新增开发省管海域海上风电规模约1030万kW，力争推动深远海风电开工480万kW。浙江、山东、广东也推出了地方海上风电补贴政策，如广东省发布的《促进海上风电有序开发和相关产业可持续发展实施方案》提出，2022年、2023年、2024年全容量并网项目每千瓦分别补贴1500元、1000元和500元；补贴范围为2018年底前已完成核准、在2022年至2024年全容量并网的省管海域项目。各省市海上风电项目政策一览表，如表2-2所示。

表2-2 海上风电项目政策一览表

省份	政策名称	各省关于海上风电的政策规定
辽宁	《辽宁省加快推进清洁能源强省建设实施方案》	科学合理规划和利用海上风能资源，支持大连、丹东、营口、盘锦、葫芦岛等市建设海上风电基地
山东	《2022年"稳中求进"高质量发展政策清单（第二批）》	对2022—2024年建成并网的"十四五"海上风电项目，省财政分别按照每千瓦800元、500元、300元的标准给予补贴，补贴规模分别不超过200万kW、340万kW、160万kW。2023年年底前建成并网的海上风电项目，免于配建或租赁储能设施。对电网企业建设有困难或规划建设时序不匹配的配套送出工程，允许发电企业投资建设配套送出工程，由电网企业依法依规回购
江苏	《江苏省2021年度海上风电项目竞争性配置工作细则》	申报企业应承诺项目核准、开工、建成及并网时间。承诺在竞争性配置结束后（省发展改革委印发文件确定中选企业之日起计算）一年内取得核准支持性文件；核准后，一年内开工建设，未开工的，收回开发权；开工后，一年半内完成50%风机吊装、两年内全容量并网，未全容量并网的，每逾期一个季度，项目全部机组上网电价降低0.01元/（kW·h）

(续)

省份	政策名称	各省关于海上风电的政策规定
上海	《上海市可再生能源和新能源发展专项资金扶持办法》	对企业投资的深远海海上风电项目和场址中心离岸距离大于等于50km近海海上风电项目予以奖励
浙江	《关于2022年风电、光伏项目开发建设有关事项的通知》	2022年和2023年,全省享受海上风电省级补贴规模分别按60万kW和150万kW控制,补贴标准分别为0.03元/(kW·h)和0.015元/(kW·h)
广东	《促进海上风电有序开发和相关产业可持续发展的实施方案》	2022年起,省财政对省管海域未能享受国家补贴的项目进行投资补贴,项目并网价格执行我省燃煤发电基准价(平价),推动项目开发由补贴向平价平稳过渡。其中:补贴范围为2018年底前已完成核准、在2022年至2024年全容量并网的省管海域项目,对2025年起并网的项目不再补贴;补贴标准为2022年、2023年、2024年全容量并网项目每千瓦分别补贴1500元、1000元、500元;补贴资金由省财政设立海上风电补贴专项资金解决,具体补贴办法由省发展改革委会同省财政厅另行制定。鼓励相关地市政府配套财政资金支持项目建设和产业发展
广西	《广西能源发展"十四五"规划》	打造北部湾海上风电基地。按照规模化、集约化发展海上风电,按照"成熟一批、开发一批"的原则,重点推进北部湾近海海上风电项目开发建设,积极推动深远海海上风电项目示范化开发,统筹规划外送输电通道建设

现行海上风电项目主要政策明确了项目补贴、深远海项目开发奖励等,为科学合理进行项目规划提供了支持。沿海各省纷纷出台深远海域海上风电发展规划和相关政策,积极推动深远海风电前期工作及开工建设。深远海风的补贴/奖励政策的支持使海上风电基地开发持续向深远海迈进,打开海上风电长期增长空间。

我国海上风电经历了2007—2011年的起步探索期、2012—2017年的鼓励培育期、2018—2021年的加速成熟期,目前正处于高速发展和竞争整合阶段。海上风电产业政策体系框架初步建立,地方与国家政策相互衔接,涵盖发展规划、资源获取、科研支持、电力市场、金融服务等相关的配套政策。

海上风电施工技术逐步成熟,成本也有望大幅度下降,施工能力进一步提升,"十四五"期间,有望实现海上风电平价上网。

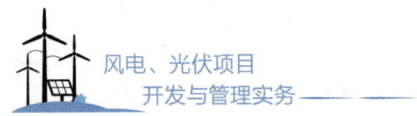

2.1.3 常规光伏和风电项目

依据《国家发展改革委 国家能源局关于积极推进风电、光伏发电无补贴平价上网有关工作的通知》要求，各省、自治区和直辖市根据区域资源及实际情况下发风电、光伏平价项目申报通知，投资企业依据通知进行平价项目申报工作。

1. 集中式风电和光伏项目

依据国家能源局《关于2021年风电、光伏发电开发建设有关事项的通知（征求意见稿）》，各投资企业依据风电、光伏项目政策及要求进行项目申报工作。项目申报工作流程简要如下，不同区域项目流程参照执行。

1）各省、自治区、直辖市下发关于开展风电、光伏平价项目申报工作的通知，明确项目申报条件、申报要求、投资企业建设承诺以及申报材料要求。

2）开发企业根据申报工作通知申报，组织申报文件。

3）报送至县、市能源主管部门，跟进逐级上报至省能源主管部门，省发改委下达建设计划。

4）列入建设计划项目，开发企业组织备案/核准及其他前期支持性文件办理。

现阶段实施的集中式光伏和风电项目主要政策，如表2-3所示。

表2-3 集中式光伏和风电平价项目政策一览表

发布日期	部门	政策名称	内容简要
2021.6.7	国家发改委	《国家发展改革委关于2021年新能源上网电价政策有关事项的通知》	2021年起，对新备案集中式光伏电站、工商业分布式光伏项目和新核准陆上风电项目，中央财政不再补贴，实行平价上网
2022.4.8	国家发改委	《关于2022年新建风电、光伏发电项目延续平价上网政策的函》	2022年，对新核准陆上风电项目、新备案集中式光伏电站和工商业分布式光伏项目，延续平价上网政策，上网电价按当地燃煤发电基准价执行

第 2 章 风电、光伏项目政策要求及开发流程

(续)

发布日期	部门	政策名称	内容简要
2022.8.24	工业和信息化部办公厅、市场监管总局办公厅、国家能源局综合司	《工业和信息化部办公厅 市场监管总局办公厅 国家能源局综合司关于促进光伏产业链供应链协同发展的通知》	优化建立全国光伏大产业大市场,促进光伏产业高质量发展,积极推动建设新能源供给消纳体系
2022.11.28	国家能源局	《国家能源局综合司关于积极推动新能源发电项目应并尽并、能并早并有关工作的通知》	各电网企业在确保电网安全稳定、电力有序供应前提下,按照"应并尽并、能并早并"原则,对具备并网条件的风电、光伏发电项目,切实采取有效措施,保障及时并网,允许分批并网,不得将全容量建成作为新能源项目并网必要条件
2023.4.6	国家能源局	《2023 年能源工作指导意见》	巩固风电光伏产业发展优势,持续扩大清洁低碳能源供应,积极推动生产生活用能低碳化清洁化,供需两侧协同发力巩固拓展绿色低碳转型强劲势头
2023.6.5	国家能源局	《风电场改造升级和退役管理办法》	鼓励并网运行超过 15 年或单台机组容量小于 1.5MW 的风电场开展改造升级,并网运行达到设计使用年限的风电场应当退役,经安全运行评估,符合安全运行条件可以继续运营

自 2021 年开始,中央财政不再对新建风电、光伏项目实施补贴,基本上实行平价上网。同时,政府发布一些鼓励和支持风电、光伏项目等支持性文件,为项目投资建设提供便利条件。

自 2022 年 5 月,国家发展改革委和国家能源局发布《关于促进新时代新能源高质量发展的实施方案》,明确推动风电项目由核准制调整为备案制。张家口市行政审批局发布《关于风电项目由核准制调整为备案制的公告》中提出,自 2022 年 9 月 1 日起,将风电项目由核准制调整为备案制。其他省市也陆续发布风电项目采用备案制。风电项目从核准改为备案制,大大简化流程项目手续办理流程。风电、光伏产业已经全面进入到无补贴的平价时代,政府从规划层面把握新增规模总量,企业作为投资主体对投资行为负责,且

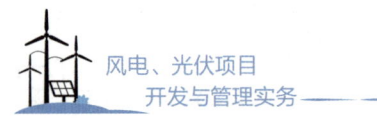

并网和竣工验收环节可以制约和检验整个项目建设的合法合规性,备案制也不会出现行业的无序发展。

2. 分布式光伏及整县光伏项目

为贯彻落实党的二十大精神,积极稳妥推进碳达峰碳中和工作,应积极发挥分布式光伏在推进我国新型能源体系建设中的积极作用。2021年6月,国家能源局正式印发《国家能源局综合司关于报送整县(市、区)屋顶分布式光伏开发试点方案的通知》后,投资企业积极推进整县屋顶光伏和工商业分布式光伏项目,同时国家也发布了多项关于分布式光伏的政策。现阶段实施的分布式光伏项目主要政策一览表如表2-4所示。

表2-4 分布式光伏主要政策一览表

发布日期	部门	政策名称	内容简要
2021.6.20	国家能源局	《国家能源局综合司关于报送整县(市、区)屋顶分布式光伏开发试点方案的通知》	党政机关建筑屋顶总面积可安装光伏发电比例不低于50%;学校、医院、村委会等公共建筑屋顶总面积可安装光伏发电比例不低于40%;工商业厂房屋顶总面积可安装光伏发电比例不低于30%;农村居民屋顶总面积可安装光伏发电比例不低于20%
2021.10.26	国务院	《国务院关于印发2030年前碳达峰行动方案的通知》	深化可再生能源建筑应用,推广光伏发电与建筑一体化应用。到2025年,城镇建筑可再生能源替代率将达到8%,新建公共机构建筑、新建厂房屋顶光伏覆盖率力争达到50%
2021.11.19	国管局、国家发改委、财政部、生态环境部	《深入开展公共机构绿色低碳引领行动促进碳达峰实施方案》	大力推广太阳能光伏热项目。充分利用建筑屋顶、立面、车棚顶面等适宜场地空间,安装光电转换效率高的光伏发电设施。推广光伏发电与建筑一体化应用。到2025年公共机构新建建筑可安装光伏屋顶面积力争实现光伏覆盖率达到50%
2021.12.29	国家能源局、农业农村部、国家乡村振兴局	《加快农村能源转型发展助力乡村振兴的实施意见》	支持县域清洁能源规模化开发;利用农户闲置土地和农房屋顶,建设分布式风电和光伏发电;大力推广太阳能、风能供暖
2022.3.17	国家能源局	《2022年能源工作指导意见》	继续实施整县屋顶分布式光伏开发建设,加强实施情况监管。因地制宜组织开展"千乡万村驭风行动"和"千家万户沐光行动"

第 2 章　风电、光伏项目政策要求及开发流程

（续）

发布日期	部门	政策名称	内容简要
2022.5.6	中共中央办公厅、国务院办公厅	《关于推进以县城为重要载体的城镇化建设的意见》	推进生产生活低碳化。推动能源清洁低碳安全高效利用，引导非化石能源消费和分布式能源发展，在有条件的地区推进屋顶分布式光伏发电
2022.5.30	国家发改委、国家能源局	《关于促进新时代新能源高质量发展的实施方案》	在具备条件的工业企业、工业园区，加快发展分布式光伏、分散式风电等新能源项目。完善光伏建筑一体化应用技术体系，壮大光伏电力生产型消费群体。到2025年，公共机构新建筑屋顶光伏覆盖率力争达到50%；鼓励公共机构既有建筑等安装光伏或太阳能热利用设施。推动风电项目由核准制调整为备案制
2022.6.1	国家发改委等九部门	《"十四五"可再生能源发展规划》	开展城镇屋顶光伏行动，重点推动可利用屋顶面积充裕、电网接入和消纳条件好的政府大楼、交通枢纽、学校医院、工业园区等建筑屋顶。发展"自发自用、余电上网"的分布式光伏发电，提高建筑屋顶分布式光伏覆盖率。实施"千乡万村驭风行动"，以县域为单位大力推动乡村风电建设，推动100个左右的县、10000个左右的新行政村乡村风电开发
2022.6.29	工信部等六部门	《工业能效提升行动计划》	支持具备条件的工业企业、工业园区建设工业绿色微电网，加快分布式光伏、分散式风电、高效热泵、余热余压利用、智慧能源管控等一体化系统开发运行，推进多能高效互补利用
2022.7.13	住建部、国家发改委	《城乡建设领域碳达峰实施方案》	推进建筑光伏一体化建设，到2025年新建公共机构建筑、新建厂房屋顶光伏覆盖率力争达到50%。推动既有公共建筑屋顶加装光伏系统。加快智能光伏应用推广。在太阳能资源较丰富地区及有稳定热水需求的建筑中，积极推广光热建筑应用
2022.8.11	工信部、国家发改委、生态环境部	《工业领域碳达峰实施方案》	增强源网荷储协调互动，引导企业、园区加快分布式光伏、分散式风电、多元储能、高效热泵、余热余压利用、智慧能源管控等一体化系统开发运行，推进多能高效互补利用，促进就近大规模高比例消纳可再生能源

(续)

发布日期	部门	政策名称	内容简要
2023.7.14	国家发改委、国家能源局、国家乡村振兴局	《关于实施农村电网巩固提升工程的指导意见》	做好分布式可再生能源发电并网服务。各级电网企业要积极做好农村分布式可再生能源发电并网服务，依法简化并网手续，优化服务流程，推广线上服务应用，确保农村分布式可再生能源发电"应并尽并"
2023.6.1	国家能源局	《国家能源局综合司关于印发开展分布式光伏接入电网承载力及提升措施评估试点工作的通知》	着力解决分布式光伏接网受限等问题，拟在全国范围选取部分典型省份开展分布式光伏接入电网承载力及提升措施评估试点工作，逐步探索积累经验，为全面推广相关政策措施奠定基础。试点范围选择山东、黑龙江、河南、浙江、广东、福建6个试点省份，每个省选取5～10个试点县（市）开展试点工作

全国有多省市印发的碳达峰方案均重点提及分布式光伏项目，随着"千家万户沐光行动"的实施和整县推进分布式光伏项目的加速释放，市场需求不断拉动，分布式光伏项目新增装机规模前景可期，同时光伏产业链成本下降，近两年来分布式光伏快速发展，占比将大幅提高。

2.1.4 竞争性配置项目

多省市发布风电、光伏项目省市级竞价文件，投资企业根据项目省市的申报文件进行申报。竞配方案要求申报企业与属地政府签订资源开发协议，取得县级或县级以上人民政府自然资源、环保、水利、林草等部门出具的支持性文件，落实用地情况，明确项目用地性质、土地租赁协议等。经市级初评上报至省级，省级能源主管部门对申报项目进行评审打分，按分值排名，并对不具备建设条件的项目进行淘汰，确定项目名单。

1）国家层面下发建设通知，明确补贴额度和工作要求。

2）投资企业根据本地区的竞价项目细则，提供申报材料，包括可行性研究报告或申请报告、项目落实接网消纳的支持性文件、项目落实用地的支持性文件及申报电价。

3）省、自治区、直辖市能源主管部门将各企业申报材料汇总提交国家发改委、国家能源局，综合考虑建设条件及电价情况，对申报项目综合排序，以不超过补贴额度的前提下确定建设规模。

4）国家能源局公布纳入规模的项目及开发企业并下发至地方，入围企业根据本地区要求，组织项目备案/核准及前期支持性附件的办理。

2.1.5　配置储能项目

2021年8月，国家发改委、国家能源局印发《国家发展改革委 国家能源局关于鼓励可再生能源发电企业自建或购买调峰能力增加并网规模的通知》，鼓励发电企业通过自建或购买调峰储能能力的方式，增加可再生能源发电装机并网规模。该项政策的出台，从国家层面推动了储能与风电、光伏协同发展，对储能装机规模的快速增长起到重大的推动作用。全国各省份发布了风电、光伏配置储能政策，要求项目配置容量占装机容量10%～20%的储能设备，多数以2～4h为主，少部分为1h。有些地区对分布式光伏配储也做了要求。

根据截至2023年的不完全统计数据，针对配储类政策，新疆、西藏、内蒙古和甘肃地区被要求进行强制配储。其中，西藏的配储比例为20%，新疆和甘肃配储比例为15%，内蒙古的配储比例为10%。

储能系统无法发电，其充放电成本高于风电、光伏发电成本，经济性差。低价储能因性能缺陷导致利用率低、调度性不足，而强制配储政策推高项目成本，反使弃风弃光问题难解。

2024年1月，《国家发展改革委 国家能源局关于加强电网调峰储能和智能化调度能力建设的指导意见》提出，鼓励新能源企业通过自建、共建和租赁等方式灵活配置新型储能，结合系统需求合理确定储能配置规模，提升新能源消纳利用水平、容量支撑能力和涉网安全性能。

未来我国可能会深化配储政策，以应对风电、光伏波动性带来的挑战，地方政府可能会进一步加大配储政策的力度，推动储能设施在电力系统中的应用。在实际应用中，未来可能会更倾向于租赁共享储能设备方式。

2.2 自主开发项目流程

自主开发项目是由风电、光伏开发投资企业依据项目情况自主进行项目开发工作的。自主开发项目前期工作一般包括项目资源获取、投资企业项目立项、项目建设指标申报、项目主要支持文件办理（核准或备案、接入系统方案批复等）、可行性研究报告编制与审查、项目投资决策、项目其他支持性文件办理等。项目资源获取主要包括投资机会研究、宏观资源筛选、锁定项目开发权、资源测量与评估等工作。项目其他支持性文件中环境影响评价、水土保持方案批复、用地预审与规划选址、压覆重要矿产资源批复、安全预评价备案等可以与项目核准或备案以及接入系统方案批复同步办理。风电、光伏项目自主开发前期流程如图2-1所示。

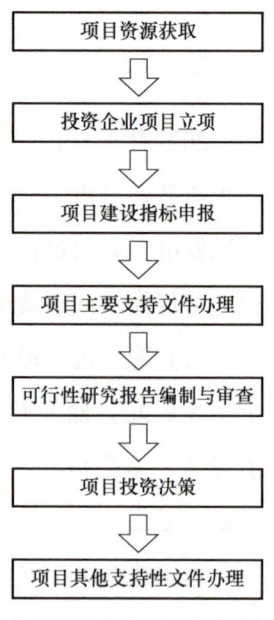

图2-1 风电、光伏项目自主开发前期流程图

2.2.1 项目资源获取

1. 投资机会研究

项目开发投资企业通过多渠道获取风电、光伏项目资源开发信息，依据企业自身情况，与当地政府或资源方进行接洽。考察项目地政府的投资合作意向，了解项目区域发展规划和风电、光伏项目指标现状以及区域风电、光伏发电装机容量，确认拟建场地土地类型及产权归属。调查区域消纳以及可接入的现有变电站情况，了解项目其他建设方面的要求，评估项目开发的潜

力和可能存在的风险，初步确定与政府合作意向、开发方式和开发计划。

目前，风电、光伏项目类型包括平价、竞价、示范等。开发投资企业确定项目类型后，开展项目资源筛选，进行项目全面风险筛查和评估。具体工作包括如下。

1）收集与评估项目地区应执行的相关国家、地方的政策。

2）了解项目所在地县、市级及以上具有直接管辖权的政府行政单位的发展规划、投资合作意向、优惠政策、项目支持力度及相关附加条件，落实投资合作协议。需要居间服务的，须落实居间服务协议。

3）调查拟建场址土壤种植条件、地表附着物现状或主要经济作物种植状况，调查项目拟建场址规划的土地性质，并与土地、林业、牧业、水利等相关政府主管单位进行适用性复核。

4）调查项目拟建场址土地权属及其征收、租赁的延续性。

5）征求拟建项目所在地的县、市级电网公司对拟建项目初步接入方案的意见。

6）收集项目所在地环境、水文、地质灾害、气候气象数据。

2. 资源宏观筛选

项目开发投资企业须根据投资机会研究结果确定项目开发方案。通过图上作业，明确现场踏勘重点区域，初步评估项目建设条件。项目现场踏勘主要由项目开发投资企业主导，技术支持人员完成项目拟建场址交通环境、气候气象、水文地质、地形地貌、区域坐标、高压走廊、接入条件现状、三通一平、物料采购条件等相关技术影响要素的考察，确定项目开发的基本方案。

依据经验和卫星地图地形初步预测项目发电小时数和项目造价情况，依据项目拟接入系统方案和区域政策因素，如当地消纳情况、配套储能政策、项目辅助服务分摊、电力交易情况等，评估项目收益情况。

3. 锁定项目开发权

根据项目落实情况及经济性评价结果，重新核定光伏发电项目场址范围

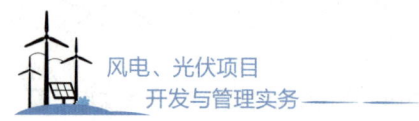

（规划范围和本期范围）、规划容量和本期开发容量。

项目开发投资企业与项目所在地县、市级及以上具有直接管辖权的政府行政单位成立联合协调工作小组，讨论、沟通形成项目开发与建设的联合协调工作决议，并签订开发投资意向协议。

4. 资源测量与评估

根据项目现场实际情况开展资源评估，依据项目资源数据情况，开展资源的测量工作。

2.2.2 投资企业项目立项

项目开发投资企业完成项目的基本信息收集、踏勘、技术方案设计、初步收益率测算等工作后，编制项目建议书或者项目预可行性研究报告，应对项目各项具体事项进行论证分析，为项目决策提供支持。

1）详细介绍项目的背景、目标以及项目的重要性和必要性。

2）论述项目的执行方案，包括项目工作内容、工作进度等方面的规划。

3）估算项目投资及收益率测试，包括项目的造价、资金来源、成本构成、投资收益率等方面的论证。

4）全面评估和分析项目的风险，包括政策、技术、市场、财务等风险，确保项目可控性和可持续性。

5）说明项目对社会、经济、环境等方面的影响。

开展项目建议书或预可行性研究报告内部技术评审，基于项目建议书和预可行性研究报告，按照公司项目开发评审流程及相关制度，完成项目评审和企业开发投资立项。

2.2.3 项目建设指标申报

项目开发投资企业与政府主管单位、环境气象单位、安全消防单位、电网主管单位、土地产权方对接，了解项目开展需要准备的材料和相关流程。

第 2 章 风电、光伏项目政策要求及开发流程

具体如下。

1）接洽项目所在地县规划局，递交开展前期工作的请示文件（附上与政府签订的合作框架协议、政府决定事项），协调项目所在地县规划局出具报市规划局的选址意见书。

2）接洽项目所在地县林业局，递交开展前期工作的请示文件，协调项目所在地县林业局出具批复项目选址符合林业要求的红头文件。如项目土地性质涉及林地，需要到项目所在地省林业厅办理林地指标调整，获得指标后获取林业厅的项目选址符合林业要求的红头文件。

3）接洽项目所在地县人武部，递交开展前期工作的请示文件，协调县人武部出具项目选址符合军事要求的红头文件。

4）接洽项目所在地县文物局，递交开展前期工作的请示文件，协调县文物局现场勘查并出具项目选址符合文物要求的红头文件。

5）接洽项目所在地农业局，递交开展前期工作的请示文件，协调县农业局出具农业设施用地意见。

6）接洽项目所在地县自然资源局，递交开展土地预审的请示文件，协调县自然资源局出具报市自然资源局的上报文件，并与县、市自然资源局沟通，完成拟建场址的勘界、测绘、地质灾害、压覆矿单位相应报告的编制。将项目土地预审申请、勘界红线图、地灾报告、矿覆报告等递交项目所在地省自然资源厅，通过专家评审后获取土地预审意见批复，获取土地使用权。

各地方省市当年分配到的当年发电建设指标随建设条件、建设进度、电力运行条件动态调整。开发投资企业编制项目技术报告书、项目投产承诺函等文件后，逐级进行申报。

2.2.4 项目主要支持文件办理

1. 项目备案流程

目前，风电、光伏项目审批权限下放，但是各省市执行有所差别，而且

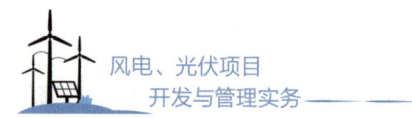

各省市审批部门对项目备案支撑性材料的要求和范围也不尽相同。项目开发投资企业根据项目所在地政策及流程要求准备资料。主要包括项目申请备案的函、固定资产投资项目备案表、项目建设依据（项目列入相关规划文件或相关产业政策文件）、项目立项申请报告、所提供材料真实性承诺以及投产日期承诺函等。

2022年国家能源局印发的《光伏电站开发建设管理办法》规定，光伏电站项目实行备案管理。各省（区、市）可制定本省（区、市）光伏电站项目备案管理办法，明确备案机关及其权限等，并向社会公布。光伏电站完成项目备案后，项目单位应抓紧落实各项建设条件。已经完成备案并纳入年度开发建设方案的项目，在办理完成相关法律法规要求的各项建设手续后应及时开工建设，并会同电网企业做好与配套电力送出工程的衔接。光伏电站项目备案容量原则上为交流侧容量（即逆变器额定输出功率之和）。项目单位应按照备案信息进行建设，不得自行变更项目备案信息的重要事项。项目备案后，项目法人发生变化，项目建设地点、规模、内容发生重大变更，或者放弃项目建设的，项目单位应当及时告知备案机关并修改相关信息。对于工商业分布式光伏项目，不需要获取建设指标，备案程序相对简化。确定开发资源后，与企业签订合同能源管理协议，委托有资质单位编制项目可行性研究报告或项目方案，一般按项目所在地政策要求向涉区的市级发改部门申请备案，取得项目备案文件。

对于风电项目，正在由"核准制"向"备案制"过渡。2022年5月30日，国家发改委和国家能源局发布了《关于促进新时代新能源高质量发展的实施方案》，方案明确深化能源领域"放管服"改革，推动风电项目由核准制调整为备案制。无论是核准制还是备案制，办理程序、相关支持性材料基本相同，部分环节会略有差别。如水利部《开发建设项目水土保持方案编报审批管理规定》规定，核准制项目，在提交项目申请报告前完成水土保持方案报批手续；备案制项目，在办理备案手续后、项目开工前完成水土保持方案报批手续。

项目备案手续办理流程如图 2-2 所示。

2. 接入系统

对于新建风电项目，国家出台了技术标准，规定了风电场接入电力系统的技术要求。如《风电场接入电力系统技术规定 第 1 部分：陆上风电》（GB/T 19963.1—2021），规定了陆上风电场接入电力系统中的电压等级、电能质量、继电保护、安全稳定等方面的要求。《风电场接入电力系统设计技术规范 第 1 部分：陆上风电》（NB/T 31003.1—2022）、《风电场接入电力系统设计技术规范 第 2 部分：海上风电》（NB/T 31003.2—

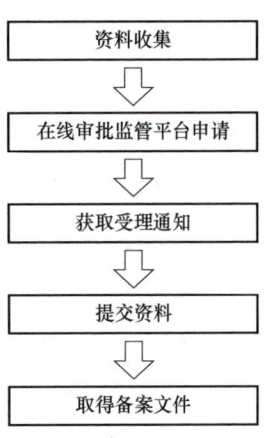

图 2-2　项目备案手续办理流程

2022）、《风电场接入电力系统设计技术规范 第 3 部分：分散式风电》（NB/T 31003.3—2022），分类规定了风电场接入电力系统的自动化系统技术要求，包括系统功能、性能、设备配置等方面。

对于新建光伏项目，国家也出台了技术标准，如《光伏发电站接入电力系统技术规定》（GB/T 19964—2024）、《光伏发电系统接入配电网技术规定》（GB/T 29319—2024）等。这些标准对光伏发电系统的并网技术要求和管理要求等进行了规范，以保证光伏发电系统能够安全、高效地接入电力系统。

国家能源局还出台了《关于促进光伏发电产业健康发展的若干意见》《分布式光伏发电开发建设管理办法》《电源接入系统设计规程》（DL/T 5611—2021）等一系列文件，对风电、光伏项目接入系统的技术标准、建设程序、运营管理等方面进行了规定。国家电网是电源项目接入系统的主管部门，印发了《国家电网有限公司关于印发电源接入和电网互联前期工作管理意见的通知》，进一步明确了电源接入和电网互联前期工作的管理原则、工作流程、时限要求、服务标准等，指导各单位开展电源接入和电网互联前期工作。

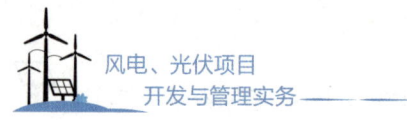

《电源接入和电网互联前期工作管理意见》分别规定了集中式风电、光伏和分布式电源项目的接入管理要求。

省电力公司发展部门负责110（66）kV及以上电压等级的集中式新能源接入工作，包括接入系统设计方案受理、研究及回复；地市（区、县）电力公司发展部门负责35kV及以下电压等级的集中式新能源项目、10kV及以上电压等级的分布式电源接入工作，包括接入系统设计方案受理、研究及回复等。

集中式新能源项目：电源项目业主应委托有资质的设计单位开展电源项目接入系统设计，编制接入系统设计方案。接入系统设计工作完成后，电源项目业主应按审批权限向省电力公司或地市（区、县）电力公司提交接入系统设计方案。省电力公司或地市（区、县）电力公司受理接入系统设计方案后，组织电源项目业主、有资质的咨询机构开展设计方案研究，咨询机构出具咨询意见或会议纪要。省电力公司或地市（区、县）电力公司根据咨询结论，向电源项目业主给予书面回复意见。

分布式电源项目包括以下四种类型：第一类：380（220）V电压等级接入的分布式电源，地市（区、县）电力公司根据典型接网方案和工程典型设计，直接向分布式电源项目业主回复接入方案，原则上不再开展方案研究咨询；第二类：10（20）kV、35kV电压等级接入用户内部电网的分布式电源；第三类：10（20）kV电压等级接入公共电网、装机容量6 MW及以下的分布式电源，地市（区、县）经研所提供接入系统设计方案；第四类10（20）kV或35kV电压等级接入公共电网，且项目装机容量6 MW以上分布式电源，分布式电源项目开发投资企业应委托具有相应资质的设计单位开展接入系统设计工作。对于地市（区、县）经研所提供的接入系统设计方案，由地市（区、县）公司组织开展研究，对于项目开发投资方委托编制的接入系统设计方案，项目开发投资企业应向地市（区、县）电力公司提交接入系统设计方案，地市（区、县）电力公司组织接入系统设计方案研究，并向电源项目开发投资企业给予书面回复意见。

接入系统方案批复文件获取流程如图 2-3 所示。

2.2.5 可行性研究报告编制与审查

可行性研究是风电项目、光伏发电项目前期工作的重要内容，是项目投资决策的重要依据，其工作成果是可行性研究报告。委托具有资质单位开展项目可行性研究报告编制和第三方单位进行可行性研究报告的审查工作。

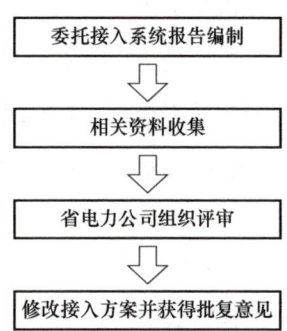

图 2-3 接入系统方案批复文件获取流程

可行性研究报告包括：项目概况、项目建设背景、需求分析及产出方案、项目商业模式、项目选址与要素保障、项目建设方案、项目运营方案、项目投融资与财务方案、项目影响效果分析、项目风险管控方案、研究结论和建议以及附表、附图和附件等内容。

根据可行性研究报告的章节编制内容，风电、光伏项目可行性研究报告的审查主要从以下几个方面展开。

1）项目总体情况。重点审查项目概述、工程特性表、项目地理位置示意图、场地布局图、场地现状等图片是否完整、正确；工程规模和建设内容是否明确和清晰。

2）项目选址与建设条件。重点审查项目工程地质及水文条件方面内容描述是否正确；太阳能、风能资源的评估结论是否准确等。

3）项目建设方案。重点审查电气设计及设备选型和土建方案设计的合理性。

4）项目投资概算和资金筹措。重点审查项目投资构成是否与报告设计内容一致；编制原则及编制依据的准确性；概算设计的合理性；项目投资估算是否有漏项和错项；资金来源是否可靠；资金使用计划是否可行等。

5）项目经济评价。重点审查基础数据是否客观、真实、可靠和合理，主要包括项目投入产出定价、成本费用、税种、税率等相关假设估算参数；财务分析基本内容、表格和指标是否按照国家规定，是否有静态指标和动态指标分析，是否以动态分析为主，静态分析为辅；流动资金估算时各分项的周转天数是否合理；偿还能力分析是否考虑了银行贷款的条件和要求，预估财务报表的编制是否符合财务准则和会计制度。

2.2.6　项目投资决策

项目符合区域规划及政策要求，经过项目资源获取、投资企业项目立项、项目建设指标申报、项目主要支持文件办理、可行性研究报告编制与审查等程序后，进行项目投资决策程序。依据项目开发投资企业的投资决策规章制度准备决策会会议资料，履行投资决策程序，并获得企业项目投资决策会议批准。

2.2.7　项目其他支持性文件办理

根据相关规定，项目开发投资企业还需委托第三方机构出具以下支持性文件并报送政府相关主管部门审查、备案或批复。具体包括以下方面。

（1）勘测定界

将委托编制的项目勘测定界报告报送至项目所在地自然资源局备案。

（2）规划调整

将委托编制的项目土地利用总体规划修改方案，报送至县自然资源局审查，并根据审查意见修改完善后报送市（省，如需要）自然资源局，完成规划调整。

（3）用地预审与规划选址

将委托编制的项目用地预审与规划选址报告报送县自然资源局审查，取得项目用地预审与规划选址意见书。

（4）环境影响评价

将委托编制的项目环境影响报告书报送市生态环境局审查，取得环境影响评价批复文件。

(5) 水土保持方案批复

将委托编制的项目水土保持方案报送省水利厅审查,取得水土保持方案批复文件。

(6) 压覆重要矿产资源批复

如项目有压覆矿产资源,将委托编制的项目压覆重要矿产资源报告报送自然资源局,向县、市、省逐级申请审批,取得压覆矿产资源的核实意见。

(7) 地质灾害危险性评估报告备案

将委托编制的项目地质灾害危险性评估报告,通过专家审查并将出具的意见报自然资源局备案。

(8) 安全预评价备案

将委托编制的项目安全预评价报告,通过专家审查并报应急管理局备案。

(9) 送出线路选址、方案批复

风电、光伏项目送出线路一般为自建,项目开发投资企业委托专业机构编制送出线路的选址报告、可行性研究报告和送出线路申请报告,征询线路所涉及县级人民政府、自然资源局、水利局、环保局、文物局、人武部、交通局、乡镇村等对送出线路的路径的意见。送出线路可行性研究报告及选址报告,应通过省电力公司指定的咨询单位评审。送出线路由所在县发改委申请市发改委审批,通过市发改委审查并获得批复文件。

(10) 林业审批

项目开发投资企业向主管林业部门递交项目申请办理林地使用的函、用地单位的证明材料(包括营业执照、法人身份证复印件等)、法人授权委托书、核准文件、水保批复、环评批复、选址意见书、用地预审以及使用林地请示等文件,提出办理申请。委托专业机构编制使用林地可行性研究报告,投资企业将使用林地请示报至省管林业部门进行备案。投资企业填写使用林地申请表（临时、永久），如为集体林地，还需在林地所属村委会公示。权属林业管理部门赴现场进行实地调查，省管林业部门直接可开具权属证明，集体林地需当地县级政府开具权属证明。

对建设项目拟使用林地进行公示，待公示结束后同占地所属村集体或林场（权属单位）签订林业补偿协议及恢复生产条件协议书出具《使用林地现场查验表》，同时其省管林业部门出具拟使用林地初步审核意见。

林业部门出文报至省政务大厅林业管理窗口进行资料核查，使用林地单位缴纳植被恢复费，取得使用林地审核同意书。缴纳林地补偿、林木补偿、安置补助至林业部门，将采伐方案申请递交政务大厅，省管林业部门进行资料审核后发放采伐证。林地审批手续办理流程如图2-4所示。

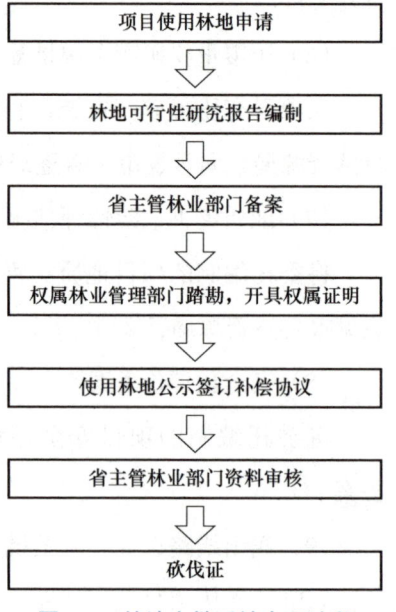

图2-4 林地审批手续办理流程

（11）土地审批

用地单位向县自然资源局提交勘测定界报告核查地类，县自然资源局组织召开土地听证会，参会人员包括县自然资源局、乡政府、被征地村民及村民代表、村委委员等。县自然资源局组织各部门进行会审，通过后材料组卷报至地籍科审查，填写《单独选址建设项目用地申请表》。县自然资源局制定补偿方案，填写《建设拟征占土地权属情况汇总表》并拟订报批方案，进行报批资料审查，拟订"一书四方案"报批资料，连同征地补偿安置方案报县人民政府进行审核。县自然资源局将组卷材料逐级呈报省自然资源厅。省自然资源厅对报批材料进行审核。用地单位配合县局实施补偿、安置等征地工作。用地单位向房管局申请办理土地有偿使用手续和建设用地批复，取得建设用地批复文件。

用地单位签订《国有建设用地使用权出让合同》，缴纳土地出让金，办理规划定位图、宗地图。持建设用地批复和土地出让合同，于县自然资源局办理建设用地批准书。持建设用地批复文件和用地预审意见向县自然资源局提出建设用地规划许可申请。县自然资源局依据控制性详细规划核定建设用地的位置、面积、允许建设的范围，核发建设用地规划许可证。持建设用地批准书和施工总平面图办理建设工程规划许可证和委托对房产进行测绘。持相关材料（项目公司的营业执照或法人身份证和代理人个人身份证明等）于政务大厅不动产登记中心登记办理不动产权证，取得不动产权证。建设用地批复文件及不动产权办理流程如图2-5所示。

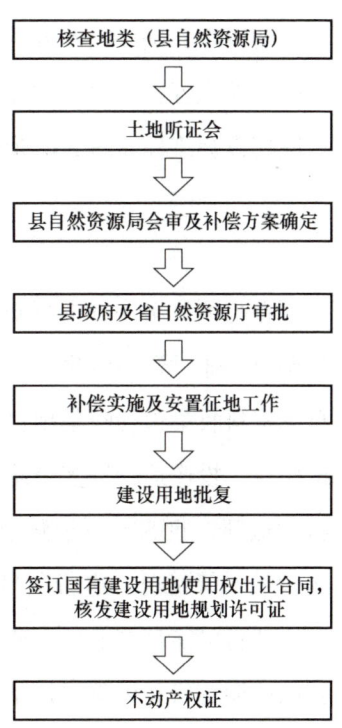

图 2-5　建设用地批复文件及不动产权办理流程

2.3　股权投资项目流程

股权投资的风电、光伏项目，不同于自主开发的项目，资源指标获取会相对容易，也不涉及项目前期复杂合规性手续办理，但国资监管要求相对较严较高。2023年2月，国资委发文表示，中央企业要做好对外并购项目的前期论证和产业趋势研判，严禁并购高资产溢价、高负债企业，严控符合主业但只扩大规模、不提高竞争力的并购项目。高负债企业不得开展超出财务承受能力的投资行为。在国资委对中央企业新能源开发、并购核查从严的背景下，随着电力中央企业对新能源投资市场深入了解，相应的考核以及合规性核查也都在逐步收紧并从严审查，主要体现在项目手续、土地使用、收益率考核等方面。因此股权投资项目需要开展全面的尽职调查，发现并有效应对可能的风险，确保收购方的利益。本节对股权投资项目的开发流程以及关注重点进行介绍。风电、光伏项目股权投资流程如图 2-6 所示。

2.3.1 项目前期调研与风险评估

在与项目出让方进行初步沟通后，收购方进行项目调研，通过资料收集和现场走访等方式获取项目信息。资料收集包括收集项目前期开发、建设施工、调试验收、投产运行等多个阶段的资料。通过对项目资料的梳理，收购方可了解项目的合规性、发电能力、运营效益等情况，进行项目风险评估和可行性研究，关注项目可能存在的重大瑕疵和颠覆性问题。全面完整的前期调研和风险评估是保障项目后期收购顺利开展的基础和前提。

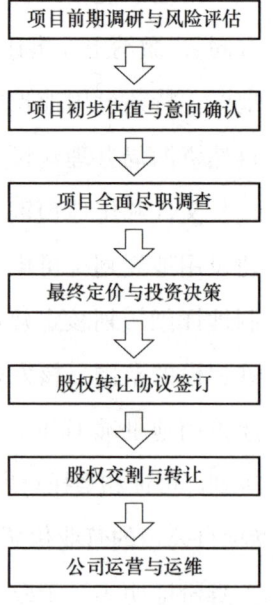

图 2-6　风电、光伏项目股权投资流程

2.3.2 项目初步估值与意向确认

基于前期调研和资料收集，收购方可进行项目的估值与初步定价。项目的估值是在对项目投资成本、资产与负债真实性的全面分析后进行项目投资效益测算，评估项目是否具备投资价值，并根据预期收益初步确认收购价格。收购方完成项目估值和初步定价后，与出让方进行沟通与谈判，在双方达成基本共识后，应签订针对收购项目的意向协议或合作协议，对收购项目的报价、主要边界条件和参数、债权债务的处理、付款等进行初步约定。同时，为了保障收购方的利益，应在签订的意向协议中约定排他期或签订专门的排他协议，要求出让方在排他期内不得与其他收购方进行收购的谈判和合作。

2.3.3 项目全面尽职调查

项目尽职调查主要包括技术尽职调查、财务审计、法律尽职调查以及资产评估。

技术尽职调查报告主要由第三方咨询机构出具，内容主要是对项目的技术情况进行审查和分析，包括电站设备、施工质量、风光资源、发电量、运行数据，对电站系统方案、设计的合理性进行评估。

财务审计报告主要由财务审计公司出具，内容主要是审计项目公司财务情况，有时包括拟收购的项目公司的上级公司的财务情况。

法律尽职调查主要由律师事务所出具，对目标公司以及持有项目的合规性、税务、涉诉、重大合同、权属等进行全面调查。

资产评估报告主要由资产评估机构出具，基于财务审计的结果，对目标公司及项目，按照市场法、成本法、收益法等评估方法，对权益及资产进行精确评估。

在操作流程上，收购方首先与中介机构签订合同，委托其对项目进行尽职调查或评估，尽职调查过程中项目公司需积极给予配合。根据尽职调查报告对项目进行精确的测算与估值，同时对重点风险进行关注。收购方可以综合各类尽职调查报告，对项目的合规性、技术质量以及经济性进行全面的研究，对可能存在的风险进行全面整体的分析，制订切实可行的应对措施。

此外，在尽职调查阶段，对于特殊主体的股权转让流程应予以重点关注。尤其是针对国有企业持有的风电、光伏项目公司的股权转让，应严格参照《中华人民共和国企业国有资产法》相关规定和要求执行，按照评估报告公示备案、公开挂牌、竞价交易等进场交易程序。

全面的尽职调查是股权收购最关键的环节，通过经验丰富且客观公正的第三方机构，对项目情况进行深入调查，分析项目可能存在的风险。同时，恰当、合理的尽职调查安排也很重要，如技术尽职调查和法律尽职调查可以

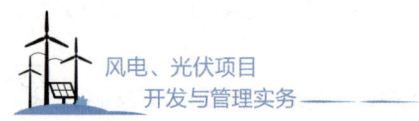

同步开展以提高尽职调查的效率，准确的技术尽职调查和财务审计是保障资产评估准确、真实、合理的前提。

2.3.4 最终定价与投资决策

在尽职调查完成后，依据项目的详细情况，在进行收益测算和债权债务梳理的基础上，合理调整项目的交易价格，同时根据付款方式的比例和时点设定来测算财务成本，商定并购中相关费用的处理，从而确定最终的交易对价。双方确认后，收购方与出让方即可分别履行内部决策流程，形成投资决策。

2.3.5 股权转让协议签订

双方根据形成的投资决策，进行商务谈判。通过双方和所聘请的律师多次磋商、反复修改，确定并签订并购合同。并购合同包括并不限于约定：并购价款和支付方式、陈述与保证条款、合同生效条件、交割条件、支付条件、履行条件资产交割后的步骤和程序、过渡期安排和损益处理、违约赔偿条款、税负、并购费用等其他条款。

风电、光伏项目股权转让协议应重点关注如下几项内容。

1）股权转让款项支付事宜。由于拟收购项目普遍存在一些合规文件不全、运营管理的瑕疵或缺陷，或交易双方对电量、电价存在分歧而因此进行的对赌。为此，股权转让款可以分几笔支付，以对应相关文件的取得、资产整改的消缺要求以及对赌考核。

2）过渡期安排及交割。由于评估基准日或估值基准日与实际交割日存在差异（一般在3~9个月），双方需对这一时期项目公司收益的归属做出明确规定。一般情况下，双方会约定目标公司自基准日至交割完成日期间的损益归属受让方享有。转让方需保证目标公司交割完成日净资产总额不少于基准日净资产总额。

3）陈述保证及特殊事项。如收购股权仅为控股权，转让方还保留部分少数股权，则需明确剩余股权的是否可以无限制（时间限制、条件限制）对外转让、转让方优先购买的约定。另外，针对项目运营情况，约定是否可以实现特定水平的电价、发电小时、衰减率和收入、利润指标，以及由于部分合规文件未取得，后续可能存在的潜在罚款或影响持续经营的问题，双方为此做出权利义务的约定。

2.3.6　股权交割与转让

在双方完成股权转让协议的签订后，进行股权交割，办理相关手续，包括工商变更以及税务、银行、电网等变更事宜，完成目标股权的转让和公司及其持有项目的实际控制权的转移。此阶段需重点关注出让方在交割前应完成的事项的完成情况，最后根据协议约定的进度要求进行股转款的支付。

2.3.7　公司运营与运维

在完成股权转让后，收购方为保证收购公司和项目资产的后续运营管理，应组建相应的管理机构、明确管理模式，按公司和项目需要配置管理人员、委托运维单位，确保项目的正常运营。需注意的是，根据2020年12月25日国家能源局印发的《电力业务许可证监督管理办法》第十一条规定：企业名称、住所、法定代表人等发生变化的，持证企业应当自变化之日起30日内向派出机构提出登记事项变更申请。因此，当风电、光伏项目控股权、法人发生变化后，收购方应尽快申请办理电力业务许可证变更（分布式光伏、分散式风电项目豁免办理电力业务许可证）。

从行业实践来看，并购项目在持续后评价方面相对薄弱。管理良好的国有能源企业会参照《中央企业投资监督管理办法》《中央企业固定资产投资项目后评价工作指南》《项目后评价实施指南》等管理文件或标准自行编制企业集团自身的后评价管理办法，并对并购类项目进行全面检视评价。

第3章 风光资源分布与评估

风电、光伏项目直接收益来自于发电收入，其资源禀赋直接影响项目发电量。因此，除产业政策影响外，资源禀赋也是影响风电、光伏项目开发的重要因素之一。资源评估工作就是对特定区域的风光资源（即风能与太阳能可利用量）进行测量，分析和评价的过程，目的是确定该地区的风电、光伏项目开发潜力，通过测算该地区的风光资源可带来的预期发电收益，对风电、光伏项目的投资开发决策提供依据。

3.1 我国风光资源分布特点及其开发情况

风光资源本质上均来源于太阳辐射。地球自转及其围绕太阳公转，太阳辐射在地球宏观空间、时间层面具有较为规律的分布特点，但因为受到复杂的大气环境及地形影响，太阳辐射最终在地球表面形成的风光资源分布随空间、时间变化呈现出巨大差异。

3.1.1 风能资源分布特点和近几年资源变化

我国国土面积广大，地形条件复杂，风能资源状况及分布特点随地形、地理位置的变化而变化。我国风能资源丰富的地区主要分布在内蒙古阴山山脉以北到大兴安岭以北、新疆达坂城、阿拉山口、河西走廊、松花江下游、张家口北部等地区及各地的高山山口和山顶，长江到南澳岛之间的东南沿海及其岛屿，包括山东、辽东半岛，南澳岛以西的南海沿海、海南岛和南海诸岛等。

1. 我国风资源特点和地域分布情况

关于我国风能区划，中国气象局发布了风能三级区划指标体系。

第一级区划指标主要考虑有效风能密度的大小和全年有效风速累积小时数。第二级区划指标主要考虑一年四季中各季风能密度和有效风力出现小时数的分配情况。第三级区划指标是指风力机最大设计风速，一般取当地最大风速，在此风速下，要求风力机能抵抗垂直于风的平面上所受到的压强。根据上述原则，可将全国风能资源划分为4个大区、30个小区，具体的风能资源区划分说明如表3-1所示。

表3-1 风能资源区划分说明

第一级区划分类说明				
分类	丰富区（Ⅰ）	较丰富区（Ⅱ）	可利用区（Ⅲ）	贫乏区（Ⅳ）
年有效风功率密度/（W/m²）	>200	150～200	50～150	<50
年风速≥3m/s累计小时数/h	>5000	3000～5000	2000～3000	<2000
年风速≥6m/s累计小时数/h	>2200	1500～2200	350～1500	<350
占全国面积达百分比（%）	8	18	50	24
第二级区划分类说明				
分类	1	2	3	4
季节	春	夏	秋	冬
月份	3、4、5	6、7、8	9、10、11	12、1、2

（续）

第三级区划分类说明				
分类	特强压型 a	强压型 b	中压型 c	弱压型 d
最大风速①	35～40m/s	30～35m/s	25～30m/s	<25m/s
临时风速	50～60m/s	40～50m/s	30～40m/s	<30m/s
说明	特强最大设计风速	强设计风速	中等最大设计风速	弱最大设计风速

① 以一般空旷平坦地面、离地 10m 高、30 年一遇、统计 10min 平均风速。

本书主要介绍第一区划指标，考虑到有效风能密度的大小和全年有效风速累积小时数，将年平均有效风能密度大于 200W/m²、3～20m/s 风速的年累积小时数大于 5000h 的划为风能丰富区，用"Ⅰ"表示；将年平均有效风能密度为 150～200W/m²、3～20m/s 风速的年累积小时数在 3000～5000h 的划为风能较丰富区，用"Ⅱ"表示；将年平均有效风能密度为 50～150W/m²、3～20m/s 风速的年累积小时数在 2000～3000h 的划为风能可利用区，用"Ⅲ"表示；将年平均有效风能密度为 50W/m² 以下、3～20m/s 风速的年累积小时数在 2000h 以下的划为风能贫乏区，用"Ⅳ"表示。各区的地理位置如下。

(1)"Ⅰ"类风能丰富区

东南沿海及其岛屿。其有效风能密度大于或等于 200W/m² 的等值线平行于海岸线，沿海岛屿的风能密度在 300W/m² 以上，有效风力出现时间百分率达 80%～90%。但从这一地区向内陆，则丘陵连绵，风速锐减，在不到 100km 的地带，风能密度降至 50W/m² 以下，反为全国风能最小区。在福建的台山列岛、平潭和浙江的南麂、大陈、嵊泗等沿海岛屿上，风能却都很大。其中台山风能密度为 534.4W/m²，有效风力出现时间百分率为 90%，大于或等于 3m/s 的风速全年累积出现可达 7905h。

内蒙古和甘肃北部区域终年在西风带控制之下，风能密度达 200～300W/m²，有效风力出现时间百分率为 70% 左右，3m/s 及以上的有效风速全年有 5000h 以上；6m/s 及以上的风速在 2200h 以上，由北向南逐渐减少，但变化幅度不及东南沿海。该地区的风能密度虽较东南沿海小，但其分布范围广，是我国最大可连片开发的风能资源区。

黑龙江和吉林东部以及辽东半岛沿海，其风能密度在 200W/m² 以上，3m/s 及以上和 6m/s 及以上的风速全年累积时数分别为 5000～7000h 和 3000h。

（2）"Ⅱ"类风能较丰富区

青藏高原、三北地区的北部和沿海。其风能密度在 150～200W/m²，3m/s 及以上的风速全年累积为 3000～5000h，6m/s 及以上风速全年累积为 1500～2200h 以上。青藏高原 3m/s 及以上的风速全年累积可达 6500h，但由于青藏高原海拔高，空气密度较小，所以风能密度相对较小，在 4000m 的高度，空气密度大致为地面的 67%。也就是说，同样是 8m/s 的风速，在海平面处为 313.6W/m²，而在海拔 4000m 处只有 209.3W/m²。所以，如果仅按 3m/s 及以上和 6m/s 及以上的风速的出现小时数计算，青藏高原应属于最大区，但其风能却远小于东南沿海岛屿。

（3）"Ⅲ"类风能可利用区

在"Ⅰ"类、"Ⅱ"类和"Ⅳ类"地区以外的广大地区，为风能可利用区。有的地区在冬、春季可以利用，有的地区在夏、秋季可以利用。这类地区风能密度在 50～150W/m²，可利用风力为 30%～40%，3m/s 及以上的风速全年累计在 2000～3000h，6m/s 及以上的风速全年累计在 350～1500h。

（4）"Ⅳ"类风能贫乏区

云贵川，甘肃、陕西南部，河南、湖南西部，福建、广东、广西的山区，以及塔里木盆地部分地区有效风能密度在 50W/m² 以下，可利用的风力仅有 20% 左右，3m/s 及以上的风速全年累积时数在 2000h 以下，这些地区为风能贫乏区。

2. 风资源变化特点及发电小时数

（1）风资源变化特点

从近几年的风能资源变化来看，风能资源受地形和气候特征等影响。从空间分布看,风能资源变化基本符合我国风能资源分布特点,但不同区域每年呈差异波动,呈现大小年等年景,但大小年并无明显的规律。具体如表 3-2、图 3-1 和图 3-2 所示。

表 3-2　全国各省份风能资源(不含港澳台地区)

省份	2020 年		2021 年		2022 年		2023 年	
	平均风速/(m/s)	平均风功率密度/(W/m^2)	平均风速/(m/s)	平均风功率密度/(W/m^2)	平均风速/(m/s)	平均风功率密度/(W/m^2)	平均风速/(m/s)	平均风功率密度/(W/m^2)
北京	4.91	161.87	4.89	168.79	4.91	169.70	5.17	213.09
天津	5.71	210.69	5.61	207.96	5.60	207.38	5.13	168.41
河北	5.50	212.29	5.62	228.03	5.47	220.71	5.41	202.98
山西	5.27	184.46	5.56	198.06	5.30	186.96	5.31	181.72
内蒙古	7.02	355.68	7.22	364.24	6.98	350.59	6.96	347.99
辽宁	6.45	304.80	6.38	293.01	6.31	288.54	6.75	358.50
吉林	6.74	341.42	6.63	317.36	6.67	318.81	6.63	328.73
黑龙江	6.71	312.32	6.56	290.82	6.58	292.22	6.66	331.66
上海	5.76	198.69	5.91	228.59	6.02	233.73	4.63	115.80
江苏	5.42	168.83	5.80	200.23	5.54	189.74	5.29	160.42
浙江	4.61	122.34	4.83	140.33	4.90	142.84	4.35	110.04
安徽	5.13	153.18	5.30	167.24	5.28	166.92	5.06	156.96
福建	4.63	134.70	4.58	130.35	4.71	134.95	4.67	121.98
江西	4.82	138.96	4.91	145.73	5.00	149.21	4.87	145.25
山东	5.59	194.99	5.91	225.39	5.69	215.33	5.72	207.13
河南	4.95	150.97	5.31	175.73	5.23	172.72	4.79	140.81
湖北	4.43	113.99	4.58	124.88	4.68	127.86	4.45	118.03
湖南	4.71	138.21	4.68	142.48	4.92	151.24	5.01	165.59
广东	5.24	171.99	5.01	160.15	5.11	164.00	5.52	192.48
广西	5.65	214.35	5.41	191.99	5.50	197.26	5.61	208.38

（续）

省份	2020年		2021年		2022年		2023年	
	平均风速/(m/s)	平均风功率密度/(W/m²)	平均风速/(m/s)	平均风功率密度/(W/m²)	平均风速/(m/s)	平均风功率密度/(W/m²)	平均风速/(m/s)	平均风功率密度/(W/m²)
海南	5.60	178.99	5.23	159.86	5.27	161.19	5.80	215.89
重庆	4.27	106.64	4.18	98.64	4.33	103.02	4.15	100.62
四川	4.93	142.59	5.07	150.02	5.03	147.64	5.16	159.15
贵州	5.24	174.80	4.93	159.33	5.05	163.78	5.45	191.17
云南	5.07	157.92	4.98	147.59	4.77	139.72	4.34	101.89
西藏	6.20	231.06	6.45	255.63	6.31	249.85	5.72	197.70
陕西	4.76	135.51	4.97	149.07	4.91	146.10	4.88	148.27
甘肃	5.42	197.95	5.61	229.64	5.68	232.34	5.71	228.69
青海	5.74	191.49	5.98	227.06	6.02	229.73	6.22	234.53
宁夏	5.54	199.94	5.98	235.09	5.65	218.85	5.41	195.43
新疆	5.15	201.33	5.41	233.70	5.36	231.38	5.49	241.83

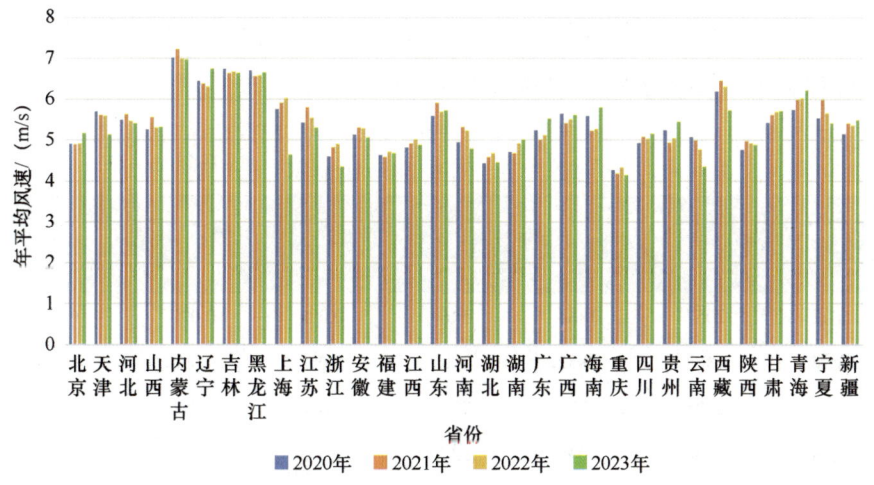

图 3-1　各省份风速变化（不含港澳台地区）

数据来源：中国气象局风能太阳能中心2020年、2021年、2022年、2023年《中国风能太阳能资源年景公报》。

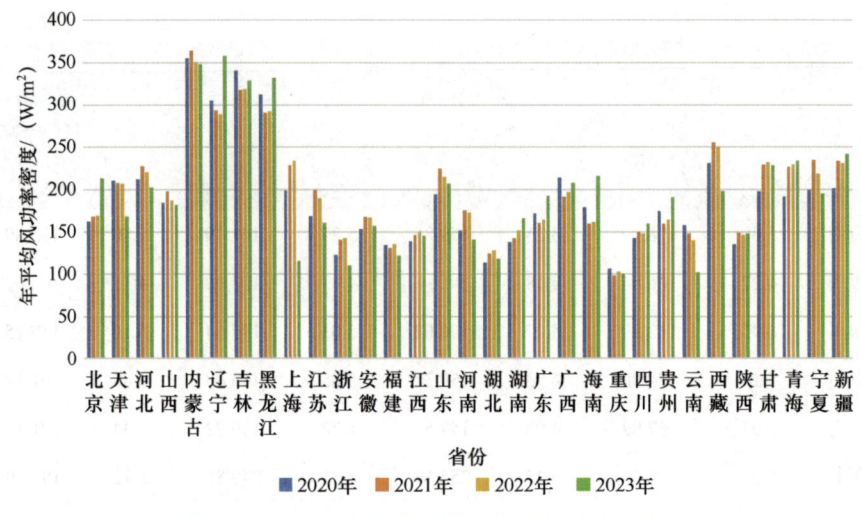

图 3-2 各省风功率密度变化（不含港澳台地区）

数据来源：中国气象局风能太阳能中心 2020 年、2021 年、2022 年、2023 年《中国风能太阳能资源年景公报》。

（2）全国发电小时数及弃风限电情况

通过对全国风电发电小时数进行统计分析，发现近几年全国等效发电小时数基本接近，但个别省份差异较大。其中国内 2021 年等效发电小时数最高，为 2232h，2022 年和 2023 年接近，分别为 2221h 和 2225h。与近几年全国限电率基本接近，呈下降趋势。其中 2021—2023 年限电率分别为 3.1% 和 3.2% 和 2.7%。如表 3-3、图 3-3 和图 3-4 所示。

表 3-3 全国各省份风力发电等效发电小时数及限电率（不含港澳台地区）

省 份	等效发电小时数 /h			限 电 率		
	2021 年	2022 年	2023 年	2021 年	2022 年	2023 年
北京	2057	1864	1464	0.0%	0.0%	0.1%
天津	1883	1852	2089	0.0%	0.0%	0.0%
河北	2208	2238	2243	4.6%	4.4%	5.7%
山西	2348	2045	2270	2.5%	1.7%	1.1%
内蒙古	2429	2532	2277	蒙西 8.9% 蒙东 2.4%	蒙西 7.1% 蒙东 10%	蒙西 6.8% 蒙东 3.3%
辽宁	2292	2276	2512	2.0%	1.5%	2.0%

(续)

省份	等效发电小时数/h			限电率		
	2021年	2022年	2023年	2021年	2022年	2023年
吉林	2298	2312	2364	2.9%	4.8%	4.0%
黑龙江	2209	2559	2538	1.9%	1.8%	1.4%
上海	2189	2296	2249	0.0%	0.0%	0.0%
江苏	2390	2287	2364	0.0%	0.0%	0.0%
浙江	2111	2399	2331	0.0%	0.0%	0.0%
安徽	2259	2142	2139	0.0%	0.0%	0.0%
福建	2703	3132	2880	0.0%	0.0%	0.0%
江西	2012	2320	2237	0.1%	0.1%	0.0%
山东	2250	2070	2188	1.5%	2.1%	2.4%
河南	2120	2050	2040	1.7%	1.8%	3.2%
湖北	2132	2191	2074	0.0%	0.0%	1.0%
湖南	2080	2144	2271	1.0%	2.6%	0.3%
广东	1877	2180	2184	0.0%	0.1%	0.4%
广西	2327	2367	2337	0.0%	0.0%	0.0%
海南	1743	1699	1653	0.0%	0.0%	0.1%
重庆	2144	1942	2109	0.0%	0.0%	0.0%
四川	2377	2286	2564	0.0%	0.0%	0.0%
贵州	1861	1921	2069	0.5%	0.3%	0.3%
云南	2618	2394	2352	0.1%	0.1%	0.0%
西藏	1545	3044	3472	0.0%	0.0%	0.0%
陕西	2143	1931	1858	2.3%	4.2%	3.2%
甘肃	2022	1898	2023	4.1%	6.2%	5.0%
青海	1519	1614	1619	10.7%	7.3%	5.8%
宁夏	2018	1887	2015	2.4%	1.5%	2.2%
新疆	2309	2384	2197	7.3%	4.6%	4.2%
全国	2232	2221	2225	3.1%	3.2%	2.7%

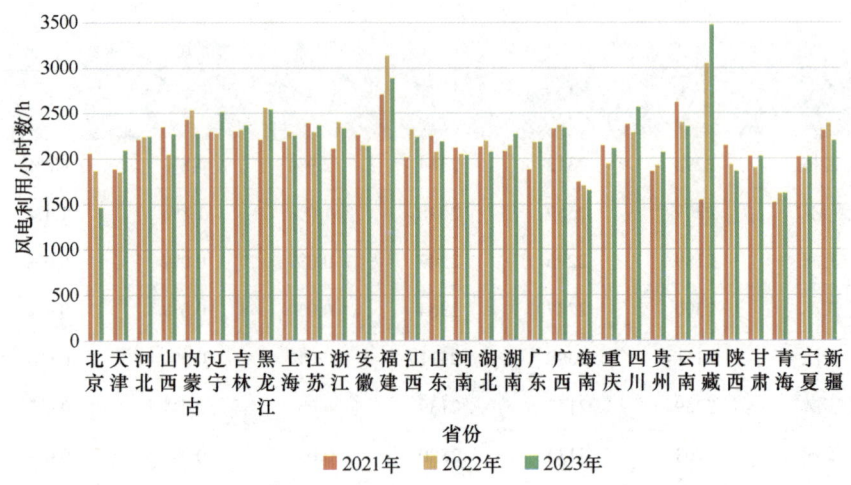

图 3-3　各省份发电小时数变化（不含港澳台地区）

数据来源：国家能源局 2021 年、2022 年、2023 年《全国可再生能源电力发展监测评价结果的通报》。

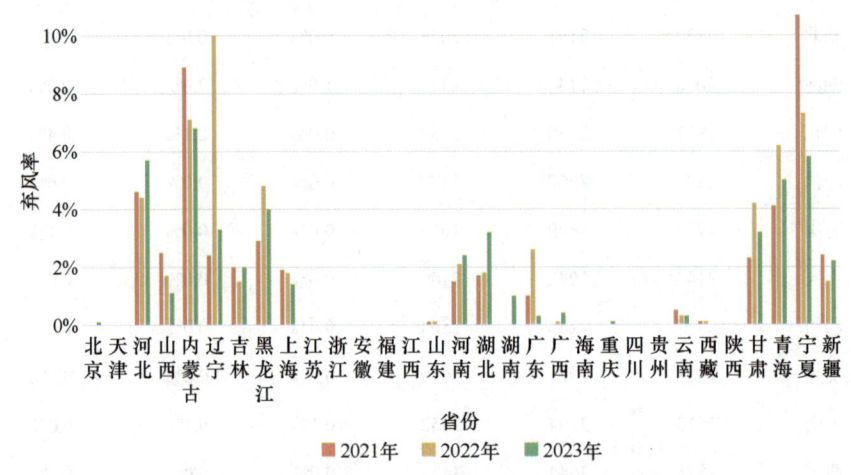

图 3-4　各省份弃风限电率变化情况（不含港澳台地区）

数据来源：国家能源局 2021 年、2022 年、2023 年《全国可再生能源电力发展监测评价结果的通报》。

由于风电、光伏电站开发建设周期短于特高压等电网配套设施建设，完全放开电站开发，短期内往往会造成限电率的持续上升。由于风电、光伏电力不稳定，它与当前电力系统结构不匹配的矛盾仍将长期存在。2023 年 6 月 2 日，由国家能源局、电力规划设计总院、水电水利规划设计总院等共同编写《新型电力系统发展蓝皮书》。该蓝皮书全面阐述新型电力系统的发展理念、内涵特征，制定"三步走"发展路径。并提出，新型电力系统是以确保能源电力安全为基本前提，以满足经济社会高质量发展的电力需求为首要目标，以高比例风电、光伏供给消纳体系建设为主线任务，以源网荷储多向协同、灵活互动为坚强支撑，以坚强、智能、柔性电网为枢纽平台，以技术创新和体制机制创新为基础保障的新时代电力系统，是新型能源体系的重要组成和实现"双碳"目标的关键载体。新型电力系统具备安全高效、清洁低碳、柔性灵活、智慧融合四大重要特征，其中安全高效是基本前提，清洁低碳是核心目标，柔性灵活是重要支撑，智慧融合是基础保障，共同构建了新型电力系统的"四位一体"框架体系。相信随着新型电力系统建设的稳步推进，风电、光伏电力消纳问题将逐步得到解决。

3. 我国风资源开发情况及展望

（1）我国风资源开发情况

二十年来，我国电力行业发展迅猛，绿色低碳转型成效显著。2003—2023年，我国电力装机容量从3.9亿kW增长至29.2亿kW。

2022年，我国非化石能源发电装机占总装机容量的49.6%，其中风电装机容量占14.3%。我国风电装机容量为3.65亿kW，是2006年的195倍。其中，陆上风电装机容量为3.35亿kW，连续13年稳居世界第一；海上风电装机容量为3046万kW，装机容量居世界第一。从省份看，2022年风电装机容量居全国前三名的省份是内蒙古、河北、新疆；从主要电力指标看，2022年全国风电投资完成1960亿元，占电源工程建设投资的27.19%。新增风电装机容量为3696万kW，占基建新增发电装机容量的18.84%；风电装机容量为36544万kW，占总装机容量的14.25%；全年风电发电量为7624亿kW·h，占总发电量的8.77%。

2023年，我国风电装机规模达到4.4亿kW，占我国电力总装机容量的15%，其中陆上风电装机容量为4.0亿kW，海上风电装机容量为3729万kW，首次突破了 4 亿 kW 大关，稍高于水电装机容量，已连续 14 年稳居世界第一。全年风电发电量为 8091 亿 kW·h，同比增长 6.13%，占我国当年发电量的 9.08%，排名第三位。2023 年风电新增装机容量达到 7590 万 kW，占当年新增装机容量的 21%，同比增长近一倍。其中陆上风电装机容量为 6941 万 kW，同比增长 112%；海上风电装机容量为 649 万 kW，同比增长 21.31%。

2021—2023 年各省份风电装机容量如表 3-4 所示。

表 3-4　各省份风电装机容量情况（不含港澳台地区）　　（单位：万 kW）

省　份	2021 年	2022 年	2023 年
北京	24	24	24
天津	130	145	171
河北	2546	2797	3141
山西	2123	2318	2500
内蒙古	3996	4548	6954
辽宁	1087	1173	1429
吉林	665	1143	1268
黑龙江	835	943	1127
上海	107	107	107
江苏	2234	2254	2286
浙江	364	423	584
安徽	511	590	722
福建	735	742	762
江西	547	555	573
山东	1942	2302	2591
河南	1850	1903	2178
湖北	720	778	836
湖南	803	900	972
广东	1195	1357	1657

(续)

省　份	2021年	2022年	2023年
广西	741	946	1267
海南	29	29	31
重庆	165	182	206
四川	527	598	770
贵州	580	592	616
云南	881	912	1531
西藏	3	3	18
陕西	1021	1164	1285
甘肃	1725	2073	2614
青海	896	972	1185
宁夏	1455	1457	1464
新疆	2408	2614	3258

数据来源：《全国电力工业统计快报（2023）》。

（2）未来我国风资源开发展望

我国风能资源丰富，以陆地上离地10m高度资料进行估算，全国风能资源总储量约32.26亿kW，可开发和利用的陆地上风能储量有2.53亿kW，近海区域可开发和利用的风能储量高达7.5亿kW，约为前者的3倍，这还不包括风能资源更加丰富的深远海。

2022年6月，国家发改委、国家能源局等9个部门联合印发的《"十四五"可再生能源发展规划》提出，2025年，全国可再生能源年发电量达到3.3万亿kW·h左右，风电和太阳能发电量实现翻倍。按照该要求，到2025年，风电新增装机容量要达到300GW，累计装机规模要达到581GW，2023—2025年年均需新增风电装机65GW左右。为完成装机目标，该规划还提出，以重大基地支撑发展，明确以沙漠、戈壁、荒漠地区为重点，加快建设新疆、黄河上游、河西走廊、黄河几字湾、冀北、松辽、黄河下游七大陆上新能源基地，川滇黔桂、藏东南两大水风光综合基地和五大海上风电基地集群。在陆上风电方面，中央和省级政府共发布了超过 530GW 的储备项目，以支持电力市场需求的持续增长。同时，在"十四五"期间，预计有 65GW 的风电大基地项目实现并网。在该规划的指引下，"十四五"以来，中国以沙漠、戈壁、荒漠地区为重点的大基地建设正加快推进。目前，第一批大基地项目已进入投产高峰期，第二批大基地项目陆续开工建设，第三批大基地项目清单已下发。除了以风电大基地为主的新增市场，陆上风电新增装机容量还来自风电翻新改造。自 21 世纪初期开始，中国风电就逐步进入产业化发展阶段，装机规模整体呈现扩大趋势，如今已建立起全球最大的风电市场。按照风电机组设计的 20 年寿命计算，早期投运的风电机组已经面临退役期。另外，受风电机组技术限制，国内早期投入的风机组单机容量均比较小，甚至低于 1MW，使得风能资源无法被充分利用。同时，早期投入的风电机组也面临着运维成本高、安全稳定性等诸多问题。因此风电场技改也变得十分紧迫，且市场潜力巨大。

未来，随着风力发电设备技术的进步，通过对存量项目"以大代小"改造、深远海风电开发、分散式风电开发等，风力发电装机量及发电量将进一步增加。随着高原型风力发电设备的研制和批量应用，青藏高原地区也可能成为风电开发的热点区域。

"以大代小"改造。2022 年底发布的《中国风电场技改升级白皮书》显示，综合考虑累计装机、机型占比和运行时间，在未剔除已经完成的技改风电装机容量的情形下，目前我国老旧风电场潜在机组替换空间（1.5MW 及以下）接近 1 亿 kW，改造需求较为迫切的存量空间（运行超 10 年）约 7500 万 kW。

深远海风电开发。据国家发改委能源研究所发布的《中国风电发展路线图 2050》，近海水深 5～50m 范围内，风能资源技术开发量为 5 亿 kW，深远海风能资源可开发量是近海的 3～4 倍。据国家能源局委托水电总院牵头开展的全国深远海海上风电规划，全国共将布局 41 个海上风电集群，预计深远海海上风电总容量约达 2.9 亿 kW。"十五五"期间深远海风市场空间将进一步打开，有望开发 1.5～2 亿 kW。

分散式风电开发。2024 年 3 月 25 日国家发改委、国家能源局和农业农村部印发的《国家发展改革委 国家能源局 农业农村部关于组织开展"千乡万村驭风行动"的通知》，从主管部门的官方层面，建议风电开发企业在保证合理收益水平的情况下，拿出一部分利润与村集体分享，以解决风电开发土地使用的问题。基于此测算，目前全国约有 59 万个行政村，假如选择其中具备条件的 10 万个村庄，在田间地头、村前屋后、乡间路等零散土地上安装 4 台 5MW 机组，就可实现风电装机 20 亿 kW 的。

青藏高原风资源开发。我国经过多年研究实践，超高海拔技术已经比较成熟，西藏的技术可开发资源优势凸显。2023 年 3 月 20 日，西藏日喀则萨迦县扎西岗风电项目开工；2024 年 4 月 2 日，西藏八宿县 100MW 保障性并网风电项目开工。据国家气候中心此前发布的《青藏高原风能资源和开发潜力研究报告》，青藏高原 100m 高度、年平均风功率密度 400W/m^2 及以上风能资源技术开发量达到了 10.2 亿 kW，占到全国总量的 26%。其中，西藏风能资源技术开发量达到了 6 亿 kW，开发潜力突出。

3.1.2 太阳能资源分布

我国幅员辽阔，有着十分丰富的太阳能资源。从全国太阳年辐射总量的分布来看，太阳能的高值中心和低值中心都位于 22°N 至 35°N 这一带，青藏高原是高值中心，四川盆地是低值中心；太阳年辐射总量，西部地区高于东部地区，除西藏和新疆两个自治区外，南部地区总体低于北部地区。

1. 我国太阳能资源特点和地域分布情况

全国各地太阳年辐射总量为 3340～8400MJ/m^2，中值为 5852MJ/m^2。我国太阳能资源分布的主要特点：①太阳能的高值中心和低值中心都处于 22°N 至 35°N，其中，青藏高原是高值中心，四川盆地是低值中心；②太阳年辐射总量，西部地区高于东部地区，而且除西藏和新疆两个自治区外，南部地区总体低于北部地区；③由于南方多数地区云多雨多，在30°N至40°N地区，太阳能的分布情况与一般的太阳能随纬度而变化的规律相反，太阳能不是随着纬度的增加而减少，而是随着纬度的升高而增长。

为了更好地利用太阳能，根据中国气象局风能太阳能评估中心的划分标准，我国太阳能资源地区划分为以下五类。

一类地区。全年日照时数为3200～3300h。在每平方米面积上一年内接收的太阳辐射总量为6680～8400MJ，相当于225～285kg标准煤燃烧所发出的热量。主要包括宁夏北部、甘肃北部、新疆东南部、青海西部和西藏西部等地。这些地区是中国太阳能资源最丰富的地区，与印度和巴基斯坦北部的太阳能资源相当。尤其是西藏西部的太阳能资源最为丰富，全年日照时数达2900～3400h，年辐射总量高达7000～8000MJ/m^2，仅次于撒哈拉沙漠，居世界第二位。

二类地区。全年日照时数为3000～3200h。在每平方米面积上一年内接收的太阳能辐射总量为5852～6680MJ，相当于200～225kg标准煤燃烧所发出的热量。主要包括河北西北部、山西北部、内蒙古南部、宁夏南部、甘肃中部、青海东部、西藏东南部和新疆南部等地。为中国太阳能资源较丰富区。

三类地区。全年日照时数为2200～3000h。在每平方米面积上一年接收的太阳辐射总量为5016～5852MJ，相当于170～200kg标准煤燃烧所发出的热量。主要包括山东东南部、河南东南部、河北东南部、山西南部、新疆北部、吉林、辽宁、云南、陕西北部、甘肃东南部、广东南部、福建南部、江苏北部、安徽北部、天津、北京和台湾西南部等地。为中国太阳能资源的中等类型区。

四类地区。全年日照时数为1400～2200h。在每平方米面积上一年内接收的太阳辐射总量为4190～5016MJ，相当于140～170kg标准煤燃烧所发出的热量。主要包括湖南、湖北、广西、江西、浙江、福建北部、广东北部、陕西南部、江苏南部、安徽南部以及黑龙江、台湾东北部等地。该地区是中国太阳能资源较差地区。

五类地区。全年日照时数为 1000～1400h。在每平方米面积上一年内接受的太阳辐射总量为 3344～4190MJ 相当于 115～140kg 标准煤燃烧所发出的热量。主要包括四川、贵州、重庆等地。该地区是中国太阳能资源最贫乏的地区。

一、二、三类地区，是中国太阳能资源丰富或较丰富的地区，面积较大，约占全国总面积的 2/3 以上，具有利用太阳能的良好条件。四、五类地区，虽然太阳能资源条件较差，但是也有一定的利用价值，中国的太阳能资源与同纬度的其他国家相比，除四川盆地和与其毗邻的地区外，绝大多数地区的太阳能资源相当丰富，特别是青藏高原的西部和东南部的太阳能资源尤为丰富。

2. 太阳能资源变化特点及发电小时数

（1）太阳能资源变化特点

通过近三年的太阳能资源变化来看，太阳能资源受区域和气候特征等影响。从空间分布看，太阳能资源变化基本符合我国太阳能资源分布特点，但不同区域每年呈差异波动，呈现大小年等年景，且大小年无明显的规律。2021—2023 年各省份最佳斜面总辐照量变化如图 3-5 所示。

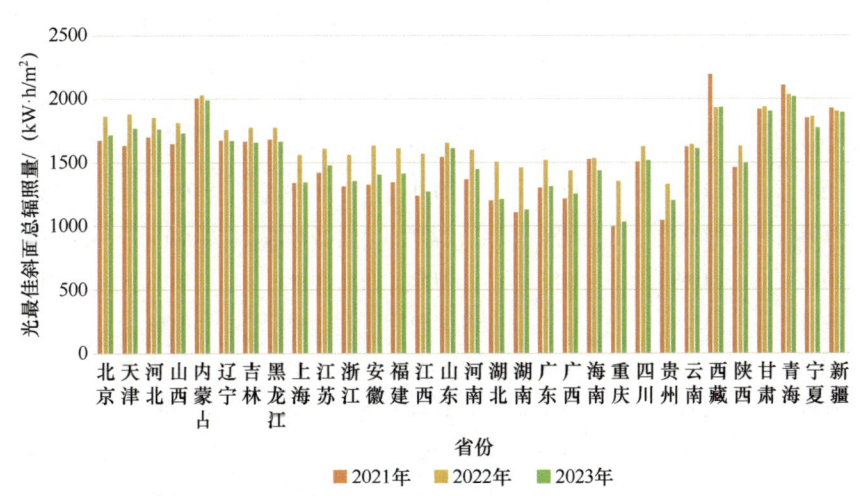

图 3-5　各省份最佳斜面总辐照量变化（不含港澳台地区）

数据来源：中国气象局风能太阳能中心 2021 年、2022 年、2023 年《中国风能太阳能资源年景公报》。

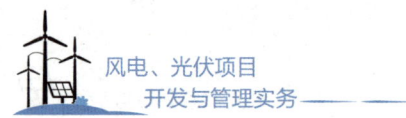

（2）全国发电小时数及弃风限电情况

通过对全国近三年光伏发电小时数统计分析，近几年全国等效发电小时数基本接近，但个别省份差异较大。其中2022年等效发电小时数最高，为1337h，2021年和2023年接近，分别为1281h和1286h。近几年全国限电率基本接近。其中2022年限电率最低，为1.7%，2021年限电率为2.1%，2023年限电率为2.0%。全国各省份光伏发电等效发电小时数及限电率如表3-5所示、各省份光伏发电等效小时数变化如图3-6所示、各省份弃光限电率变化情况如图3-7所示。

表3-5 全国各省份光伏发电等效发电小时数及限电率（不含港澳台地区）

省（市、区）	等效发电小时数/h			限电率		
	2021年	2022年	2023年	2021年	2022年	2023年
北京	1186	1334	1267	0.0%	0.0%	0.0%
天津	1235	1343	1307	0.0%	0.0%	0.0%
河北	1108	1330	1344	1.8%	2.0%	2.5%
山西	1345	1394	1398	0.9%	0.5%	1.1%
内蒙古	1563	1610	1466	蒙西 3.5% 蒙东 0.6%	蒙西 2.6% 蒙东 1.4%	蒙西 3.4% 蒙东 1.3%
辽宁	1394	1523	1533	0.4%	0.7%	0.7%
吉林	1602	1657	1569	1.1%	1.8%	2.9%
黑龙江	1589	1724	1620	0.4%	1.1%	0.9%
上海	1171	1221	1131	0.0%	0.0%	0.0%
江苏	1238	1286	1221	0.0%	0.0%	0.0%
浙江	1069	1255	1152	0.0%	0.0%	0.0%
安徽	1128	1235	1159	0.0%	0.0%	0.0%
福建	1090	1033	1006	0.0%	0.0%	0.0%
江西	1007	1051	1044	0.0%	0.0%	0.1%
山东	1211	1261	1300	0.9%	1.5%	0.7%
河南	1046	1049	951	0.1%	0.5%	2.3%
湖北	1075	1207	1228	0.0%	0.0%	1.7%

（续）

省（市、区）	等效发电小时数 /h			限 电 率		
	2021 年	2022 年	2023 年	2021 年	2022 年	2023 年
湖南	1040	1102	1115	0.0%	0.0%	0.0%
广东	1144	930	956	0.0%	0.0%	0.1%
广西	1169	1067	1165	0.0%	0.0%	0.0%
海南	1148	1184	1266	0.0%	0.0%	0.2%
重庆	722	836	774	0.0%	0.0%	0.0%
四川	1591	1573	1565	0.0%	0.0%	0.0%
贵州	901	1038	1105	0.4%	0.6%	0.6%
云南	1353	1247	1187	0.2%	0.5%	0.6%
西藏	1299	1392	1239	19.8%	20.0%	22.0%
陕西	1375	1375	1197	2.0%	2.2%	3.5%
甘肃	1546	1506	1444	1.5%	1.8%	5.0%
青海	1303	1498	1431	13.8%	8.9%	8.6%
宁夏	1475	1552	1491	2.5%	2.6%	3.6%
新疆	1494	1405	1235	1.7%	2.8%	3.1%
全国	1281	1337	1286	2.1%	1.7%	2.0%

数据来源：《全国电力工业统计快报（2023）》。

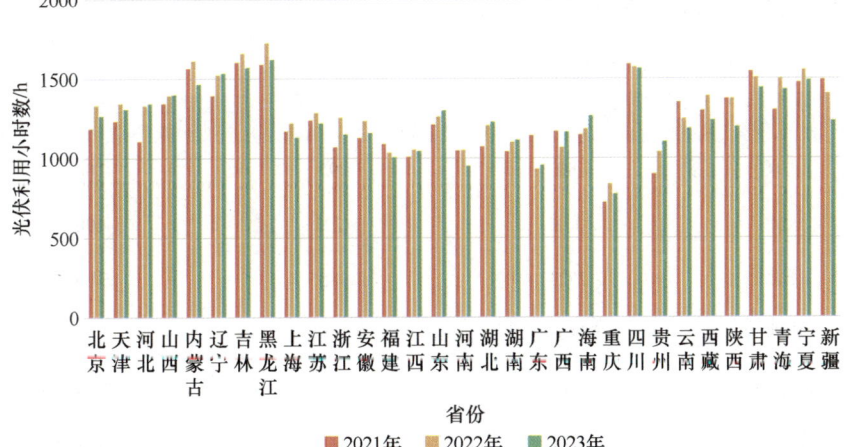

图 3-6　各省份光伏发电等效小时数变化（不含港澳台地区）

数据来源：国家能源局 2021 年、2022 年、2023 年《全国可再生能源电力发展监测评价结果的通报》。

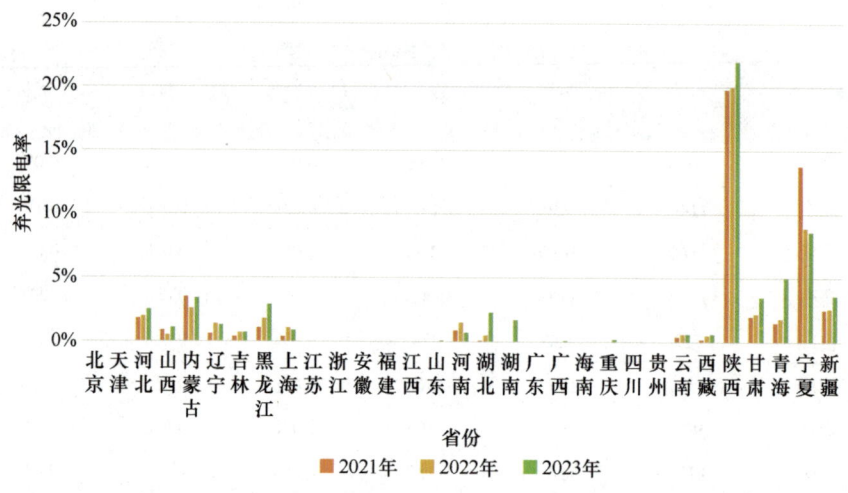

图 3-7　各省份弃光限电率变化情况（不含港澳台地区）

数据来源：国家能源局 2021 年、2022 年、2023 年《全国可再生能源电力发展监测评价结果的通报》。

3. 我国太阳能资源开发情况及展望

根据国家能源局发布的数据，2021 年底光伏累计装机容量超 3 亿 kW，其中集中式光伏电站为 2 亿 kW，分布式光伏电站超 1 亿 kW。

到 2023 年底，全国光伏发电累计装机容量超 6 亿 kW，较 2021 年底翻了一番。其中集中式光伏电站为 3.5 亿 kW，分布式光伏电站为 2.5 亿 kW。各省份光伏装机容量情况（不含港澳台地区）见表 3-6。

表 3-6　各省份光伏装机容量情况（不含港澳台地区）　　（单位：万 kW）

省　份	2021 年	2022 年	2023 年
北京	80	95	108
天津	178	221	490
河北	2921	3855	5416
山西	1458	1696	2490
内蒙古	1402	1561	2296
辽宁	478	601	958
吉林	346	387	460

（续）

省　份	2021 年	2022 年	2023 年
黑龙江	420	475	565
上海	168	195	289
江苏	1916	2508	3928
浙江	1842	2539	3357
安徽	1707	2154	3223
福建	277	465	875
江西	911	1202	1993
山东	3343	4270	5693
河南	1556	2333	3731
湖北	953	1316	2487
湖南	451	636	1252
广东	1020	1590	2522
广西	312	520	1090
海南	147	246	472
重庆	63	69	161
四川	196	206	574
贵州	1137	1420	1644
云南	397	585	2072
西藏	139	178	257
陕西	1314	1516	2292
甘肃	1125	1396	2519
青海	1611	1821	2540
宁夏	1384	1584	2137
新疆	1349	1573	3002

注：因四舍五入，合计数有微小出入。

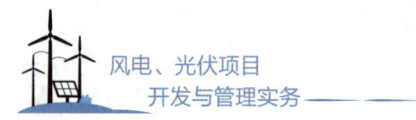

我国太阳能资源蕴藏量丰富，资源潜力巨大。全国陆地各地区太阳能年辐射量最大值为 8364MJ/m^2，最小值为 3324MJ/m^2，均值为 5749MJ/m^2（1597kW·h/m^2）。我国太阳能资源年辐射总量约 5×10^{16}MJ，相当于 2.4×10^4 亿 t 标煤。太阳能资源的利用与所用的技术、方式和面积有关。假设利用 2% 的戈壁和荒漠面积（2 万 km^2）安装光伏发电系统，可安装发电容量约 22 亿 kW，年发电量可以达到 2.9 万亿 kW·h。

3.2 风光资源评估内容及流程

为了保障风电、光伏项目的收益，立项阶段需要评估风光资源情况，以作为预估分析未来发电收益的前提和基础。本节主要介绍风光资源评估工作的主要内容及流程。

3.2.1 风资源评估内容及流程

风资源评估是确保风力发电项目可行性和效益的关键一环，通过收集气象数据、地理信息和风能特征进行定量分析和评估，了解一个地区的风能资源潜力，并预测未来的风能利用情况，以确定适宜建设风力发电项目的地点和方式。风资源评估不仅仅是对风资源要素情况进行分析，还需要根据风资源评估结果，合理配置不同型号的风机，实现风电场的最优布局，得到发电量最优的机型排布方案，以提高发电效率和降低投资成本。风资源评估包括宏观选址、风资源测量、测风数据处理、代表年订正、风机选型、微观选址、电量测算、运行数据分析等方面。

风资源评估主要开展工作及流程如下。

（1）宏观选址

风电项目宏观选址是指在一个较大范围内对风资源和其他外部条件（气候因素、并网条件、交通运输、地质条件、地形地貌、环境影响、社会经济等）进行评价，初步选择拟开发的风电场区域。宏观选址具体内容包括：项目信息收集、风资源初步分析、外部条件评估、初步确定场址、初步确定容量、现场踏勘复核、政府对接排查限制因素等。

宏观选址工作直接决定着项目的品质，如何在测风前选出好的场址是风电场规划设计的重要一环，对后期风电场设计、建设、运营及投资收益有着决定性的影响。

（2）风资源测量

风资源测量数据的获取方法包括测风塔数据、卫星遥感数据、气象资料数据等。风电项目的测风塔数据是必不可少的。通过设立测风塔对拟选场址进行风速、风向、温度、气压等关键数据测量来评估该地区风能资源的适用性和可利用程度。具体操作流程包括：测风方案编制、测风塔选址、测风设备采购和安装、测风数据收集统计、补充测风等。

此外，测风塔安装报告作为测风塔的第一手资料，对风数据分析过程以及数据可靠性十分重要。安装报告一般应该由测风塔安装厂家完成，并经过认真核实，作为测风塔档案完好保存。安装报告至少包括对测风塔基本信息的描述、各数据通道的配置、数据采集系统特性和测风塔坐标及周围环境特征，并翔实记录测风塔的规格、配置、测风高度、坐标位置和风速仪标定情况。

（3）测风数据处理

测风数据处理主要是对场区内测风塔及周边测风塔情况的评判以及数据统计分析，来评估拟选场址的风资源水平。

测风塔评判包括查看测风塔安装报告，保证数据真实可靠；现场核查测风高度与数据高度是否一致，方向角度是否一致等；查看测风塔数量、测风塔与场区位置关系；结合测风时间段选取参考周期；对风电场所在区域的测风塔数据的代表性和合理性进行复核，从测风塔的空间代表性、时间代表性和垂直代表性方面以及测风数据的完整性、有效性和相关性进行描述和分析。测风塔评判原则及测风数据要求见表 3-7。

表 3-7 测风塔评判原则及测风数据要求

测 风 塔	空间代表性	时间代表性	垂直代表性
评判原则	水平方向：平原或海上风电场建议结合风向集中度按半径 5～10km 考虑；山区风电场建议结合风向和山脊走向的关系按半径 2～3km 考虑。垂直方向：控制区间海波落差建议为 ±50m	要求测风数据连续一年以上，测风塔选取参考周期至少为一个完整年数据	分析测风塔塔高和拟选轮毂高度分析；原则上测风塔最高层风速传感器高度不低于风电机组轮毂高度
测风数据要求	完 整 性	有 效 性	相 关 性
评判原则	测风塔数据为 10min 间隔的数据级，因此一个完整年数据至少有 52560 条数据，完整率检验是指剔除缺测数据集，完整率一般要求≥90%	对数据范围以及趋势变化等方面的合理性检验，如风速变化 10min 风速均值合理范围为 0～40m/s	测风塔包含不同高度层的风速、风向数据，要求高度在 50m 及以上的各层风速相关系数宜高于 0.95

对测风塔数据处理包括对数据剔除、插补、订正等形成最终可用数据，分析测风塔测风期间的风速、风频、风能、日间变化特点、月度变化特点、风向分布、湍流强度、风切变、空气密度、50 年一遇最大风速等风能要素指标，具体如表 3-8 所示。

表 3-8 测风塔数据处理

风能要素	定 义	对资源评估的影响
风速	平均风速：指一段时间内的风的平均流动速度情况，通常指年平均风速；瞬时风速：无限小的时段的风速平均值	年平均风速存在年际变化（年际偏差可达 1m/s 以上），且变化规律复杂
风频分布	对于风速大小在风资源评估中采用概率分布的方式进行表示。一般采用 Weibull 分布曲线描述风速的频率分布情况。当 Weibull 分布形状系数为 2 时被称为瑞利分布	Weibull 分布曲线的拟合度不可能达到 100%；风频特性同样存在年际变化；如在同样的风速下，发电量好可能是由于风频分布集中在额定风速

(续)

风能要素	定　义	对资源评估的影响
空气密度	单位体积下空气的质量	存在月、年际变化；空气密度越高，折算到标况下的风速越高，发电量也就越高
风功率密度	与风向垂直方向的单位面积中风所具有的功率	平均风功率密度的计算应是设定时段内逐小时风功率密度的平均值，不可用年平均风速计算年平均风功率密度；与风速、空气密度呈正相关，是评价资源等级的关键指标
风向频率	根据风向观测资料，按16个方位扇区统计观测时段内（年、月）各风向出现的小时数，除以总的观测小时数即为各风向频率	根据主风向设计机位排布位置及间距
风廓线	描述风速随高度变化情况，可拟合为一条幂律分布曲线来表征	模拟不同高度的风速，以便生成轮毂高度的风速
风切变	风廓线拟合曲线的指数参数	风切变大于0.2时一般要考虑采用高塔筒的可行性
湍流强度	用来描述风速变化强度的量	影响机型安全性，根据IEC标准确定适应的机型
极端风速	50年一遇最大平均风速（10min），评估方法有：五倍平均风速法、极端风速模型法等	根据IEC标准确定适应的机型

（4）代表年订正

代表年订正的主要目的在于判断测风塔测风年水平，判定是否在可判定的平稳变化趋势年代长度中为明显的大、小风年。在具体操作中，对于大风年，应避免订正不足；对于小风年，则应避免订正过度，最终目的是防止风资源被高估。判断实际年发电量所在年份是否是代表年，如是，则直接将年度发电量根据实际生产运营及设备情况折减后作为代表年发电量；如不是，则进行代表年订正，订正后的发电量作为项目代表年发电量。

"代表年"确定方法：根据全国地面气象资料成果和中尺度数据，选取近30年、近20年、近10年或近7年等长系列数据进行统计分析，也可根据长序列变化趋势选择合理代表年订正年代长度。应分析长期风速观测资料的相关性，选择相关性较好的连续时段作为测风数据长系列代表性的判定基准，可选用风电场场址范围内的再分析资料（中尺度数据）作为长系列代表性判断及订正依据，再分析资料（中尺度数据）与测风数据同期的月平均风速（包含主导风向扇区）相关系数不宜低于0.7。基准时段宜包含测风时段且时长不宜小于10年，测风年风速与基准时段平均风速水平偏差超过2%时，需要进行代表年订正。

订正方法包括：①象限订正法；②长序列平均法；③滑动平均取值法；④抽样取值平均法等。具体可结合项目特性合理选取或论证。

（5）风机选型

风机选型是指结合场址风能资源、气候特点、建设条件经济性等，选择合适机型风机。具体操作步骤包括：风机参数确定；机型发电量计算比选；机型方案经济性比选；风机技术要求整理等。

风机选型涉及的参数有单机容量、叶轮直径、轮毂高度、功率曲线。需要根据场址情况确定最优设备，并不是越大越好，如轮毂高度不是越高越好，需要根据风切变指标以及经济性分析确定最优高度。选取原则包括以下方面：

1）根据风电机组制造水平、技术成熟程度及价格，并结合特定风电场的风况特征、安全等级的要求，现场交通运输条件、地形地质状况及施工安装条件等，选择成熟、可靠、先进及综合指标最佳的代表机型进行复核。应充分考虑场址区盛行风向及风资源差异化的情况，可在风资源富裕区域与相对匮乏区域推荐不同的机型、叶片长度、轮毂高度。

2）考虑风电场适用安全等级，对风电机组的类型、轮毂高度及风电机组的总体技术参数进行复核。

3）审核已有机组的型式认证、低电压穿越及电能质量测试的试验和认证等认证资料，优先选用成熟机组。

（6）微观选址

综合考虑地形、敏感因素、尾流影响等，在风电场范围内确定机位点，得到发电量和投资收益最佳方案。具体操作步骤包括：地形地质资料收集、机位点排布方案比选、风机安全性校核等。布机方案和风机布置需要按照相关规范、标准执行。在微观选址中，应重点审核以下方面。

1）是否满足地区土地利用规划，如交通运输规划、风电规划以及配套输电规划等。海上风力发电场还应根据航运现状、拟建的交通航运设施、海洋功能区划、用海面积等相关文件及批复复核，并结合环境保护与水土保持、机场净空、军事设施、军事用海区域、矿产资源、文物保护、风景区保护等方面的要求进行机位布置合理性复核工作。机场周边的风电应收集当地航（空）管局有具体要求，按照要求复核。一般要求在跑道延长线不允许有高耸建筑，在垂直跑道两侧20km范围内不允许建设风电场。

2）是否严格按照规范中对于风力发电机组的塔筒中心与公路、铁路、机场线路、输电线路（35kV以上）、天然气石油管线（裸露及国家重要管线）等设施的避让距离宜大于轮毂高度与叶轮半径之和的1.5倍的要求。同时，如果当地政府有额外要求时，应按照当地政府文件要求复核。

3）风力发电机组与有人居住建筑物、规模养殖场的最小距离是否满足国家现行相关标准中对噪声的规定或环评报告中距离要求。一般建议，机位点噪声距离村庄等居民区不小于500m，对于低于500m的机位项目，需收集风电机组厂家的噪声复核报告。如果当地政府有额外要求时，按照当地政府文件要求复核。

4）如果风电场存在远期建设规划，需考虑周边已建风电场情况，周边环境、相互间距离及位置关系对本项目发电量的影响。对于分期开发建设的风电场，要充分考虑风资源前后布置对各分期之间的尾流等因素造成的电量损失和影响。

5）对拟收购未建设的装机容量为200MW及以上风力发电场，各期工程之间是否预留一定距离风资源恢复带。平坦地形风力发电场之间宜设置2～3km隔离缓冲带。

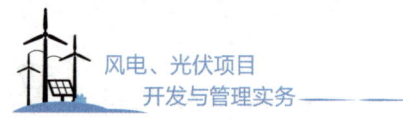

（7）电量测算

考虑到上网结算电量才是电站的收入来源，在理论发电量考虑折减系数的情况下还需要额外考虑限电和线损，其中限电一般按照本项目或周边项目多年平均实际限电率取值，如果未收集到相关数据，可参考国家能源局公布的本地区省市限电数据；线损主要根据项目实际运行统计的线损进行取值，如果未收集到相关数据，依据理论计算方法进行取值。

根据大量已建风电发电工程的运行经验，风电场年发电量的综合折减系数一般介于 25%～35%，各项折减系数如表 3-9 所示。

表 3-9　发电量计算的影响因素

序　号	影　响　因　素
1	空气密度折减在用相关软件进行产量计算时，已经把空气密度修正计算在内，因此不再做重复计算
2	尾流折减在用软件进行产量计算时，已经把尾流折减计算在内，因此不再做重复计算
3	机组可利用率考虑到风力发电机组、输电线路、电气设备检修和故障、气候的影响，风力发电机组可利用率常规取值为 95%
4	功率曲线保证率折减通常为风电设备厂商对于风力发电机组的功率曲线的保证率为 95%
5	叶片污染折减指叶片表层污染使叶片表面粗糙度提高，翼型的气动特性下降，发电量下降。叶片污染一般折减取 2%，沙漠戈壁折减 3%，盐雾等折减 5%
6	控制湍流折减指计算风电场湍流强度，判别风电场所处的湍流强度等级，提出控制湍流折减的系数。对于低等～中等～高等湍流强度，折减系数可按照 2%～4%～6% 考虑
7	气候影响折减，通常折减 1%，地区年极端气温在 -20～40℃ 外时，折减 2%，其他特殊地区折减 3%
8	变配电停运损失因电网或变配电设备计划、非计划停运造成的损失折减，按照 2%～5% 考虑
9	厂用电、线损等能量损耗，通过估算厂用电、输电线路、箱式变电站损耗占总发电量的比例一般在 4% 左右
10	粗糙度折减是考虑到风电场建成后，地表粗糙度会与原始状况有较大差别，因此需要进行粗糙度折减，按照 2%～5% 考虑

通过风能资源专业评估软件对项目进行建模和分析，评估各机位处的年平均风速、年上网发电量、年等效满负荷发电小时数、尾流、湍流强度、风切变、入流角、50年一遇最（极）大风速等指标，针对超指标的机位处，复核机组安全性。

（8）运行数据分析

对于已运行的风电场，建议收集功率预测塔测风数据、各机位风机 SCADA（数据采集与监控系统）风速数据，分析各机位点风速关系，并与 CFD（Computational Fluid Dynamics，计算流体动力学）仿真的机位点风速对比分析。同时，收集各机位风机实际发电量、损失电量，还原实际年应发电量，用于评判后续年发电量情况。

3.2.2 光资源评估内容及流程

光资源评估是指对太阳能资源进行量化和分析，以便更好地利用和管理这些资源。太阳能资源的评估需要考虑到地理位置、经纬度、气候条件和季节变化等因素，通过对太阳辐射量和光照时间的测算和分析，可以确定某地区的太阳能资源潜力和利用效益。

开展光伏发电太阳能资源评估的主要目的是了解光伏电站所在地的太阳能资源总量和变化特征，预估光伏电站建成运行后可利用的太阳能资源和发电能力，确定与气象条件有关的光伏电站设计参数，为光伏电站规划、选址、设计、投资、经济效益评估提供决策支持和指导。

光资源评估的方法主要包括实地测量、统计分析和模型模拟等。实地测量是通过安装光伏电池板、光照计和照度仪等仪器设备，对太阳辐射量、光照强度等进行实时监测和记录。统计分析是根据历史数据和现有资料，通过数理统计和回归分析等方法，对光资源的变化趋势和相关因素进行分析和预测。模型模拟是利用计算机软件和数学模型，对光资源的空间分布和时间变化进行模拟和预测。

光资源评估包括宏观选址、资源数据获取、资源数据评价、光伏组件方案比选、电量测算、运行数据分析等方面。

光资源评估主要开展工作及流程如下。

（1）宏观选址

光伏项目宏观选址是指在一个较大范围内对光资源、地形、气候、交通等其他外部条件评价，初步选择拟开发的光伏区域。光伏发电项目衡量其开发可行性最基本的条件是光资源的优劣。光资源区域的选择根据已有的太阳能资源分布图，倾向利用区域周边气象站多年测光数据评估成果，从大范围区域内筛选出资源较好区域。为了进一步确认所选开发区域光资源，可在区域初选完成后，在该区域具有代表性地块安装测光设备，连续实测至少满一年后，进一步分析数据。一般年辐射总量在 5000MJ/m^2 以上的区域光资源丰富，比较适宜开展光伏发电。

（2）资源数据获取

光资源数据的获取方法包括气象资料数据、实测辐射数据、卫星遥感数据等。实测辐射数据有辐射观测站实测数据、新立测光仪实测数据、已建光伏电站实测数据。若收集到周边气象站、辐射观测站实测数据，可以采用气候学方法计算水平面总辐射和直接辐射，考虑时间序列的稳定性，以计算得到的多年地面太阳辐射的平均值作为项目所在地的代表年太阳能资源。测光仪和已建电站的实测数据测量时间较短，且准确性需要考证，一般可以作为其他数据的辅助参考。卫星遥感数据要考虑到各种气象环境因素，模拟得出最终的辐照数据。目前，通用的数据库包括 Solargis、Meteonorm、NASA-SSE 等。

影响太阳能资源的因素有天文因素、地理因素、气象环境因素，具体如表 3-10 所示，气象环境的差异是造成太阳能资源局地性差异的关键。

第 3 章 风光资源分布与评估

表 3-10 太阳能资源的主要影响因素

类　别	影　响　因　素
天文因素	太阳常数（1367W/m^2）、日地距离、太阳赤纬角、太阳高度角、太阳方位角、时角
地理因素	纬度、经度、海拔高度、地形、地表反射率
气象环境因素	云量、气溶胶、水汽、臭氧、空气分子、沙尘、雾霾

（3）资源数据评价

通过光资源数据、附近气象站数据获取当地太阳能水平面、倾斜面辐照值、日照时数等资源数据，计算年水平面总辐照量，目前通常采用以下三个指标对太阳能资源分级评判：

1）评估目标的年水平面总辐照量及丰富等级；

2）评估目标的太阳能资源主要时间变化特征及水平面总辐射稳定度等级；

3）评估目标的太阳能资源成分及直射比等级。

总辐射量的三个要素包括：直接辐射量、散射辐射量、反射辐射量。其中光伏发电主要靠直接辐射，因此直射比是评判资源等级的关键指标。水平面总辐射稳定度（GHRS）等级如表 3-11 所示，年水平面总辐照量（GHR）等级如表 3-12 所示，太阳能资源直射比（DHRR）等级如表 3-13 所示。

表 3-11 水平面总辐射稳定度（GHRS）等级

等 级 名 称	分 级 阈 值	等 级 符 号
很稳定	GHRS ≥ 0.47	A
稳定	0.36 ≤ GHRS<0.47	B
一般	0.28 ≤ GHRS<0.36	C
欠稳定	GHRS<0.28	D

注：GHRS 表示水平面总辐射稳定度，计算 GHRS 时，首先计算代表年各月平均日水平面总辐照量，然后求最小值与最大值之比。

表 3-12 年水平面总辐照量（GHR）等级

等级名称	分级阈值/（MJ/m²）	分级阈值/（kW·h/m²）	等级符号
最丰富的	GHR≥6300	GHR≥1750	A
很丰富	5040≤GHR<6300	1400≤GHR<1750	B
丰富	3780≤GHR<5040	1050≤GHR<1400	C
一般	GHR<3780	GHR<1050	D

表 3-13 太阳能资源直射比（DHRR）等级

等级名称	分级阈值	等级符号	等级说明
很高	DHRR≥0.6	A	直接辐射主导
高	0.5≤DHRR<0.6	B	直接辐射较多
中	0.35≤DHRR<0.5	C	散射辐射较多
低	DHRR<0.35	D	散射辐射主导

注：DHRR 表示直射比，计算 DHRR 时，首先计算代表年水平面直接辐照量和总辐照量，然后求二者之比。

采用气象站或实测数据的，需要复核数据代表性、完整率，并对空间代表性、时间代表性进行描述和分析，分析评判原则如表 3-14 所示。

表 3-14 光资源数据时空代表性分析

光资源数据	空间代表性	时间代表性
评判原则	太阳能资源数据地理位置与评估目标位置应属于同一气候区，两地之间距离不宜超过 100km；地形复杂地区，两地地形应无明显差异	太阳能资源数据应能够反映最近 10 年以上的太阳能资源变化特征，至少应包括太阳能资源各要素的逐月数据，宜包括逐日、逐时或逐分钟数据

（4）光伏组件方案比选

为预估光伏电站建成运行后可利用的太阳能资源和发电能力，需要对光伏组件表面太阳能资源进行分析评估。不同安装方式光伏组件表面总辐射不同，通过专业软件对不同安装方式（固定安装、双轴跟踪、平单轴、斜单轴）

光伏组件表面总辐照量及双面光伏组件背面太阳辐射增加率的模拟计算，得出光伏发电量和年利用小时数。组件方案比选流程包括：

1）调研评估光伏组件技术发展情况，比选主流的光伏设备。

2）结合站址地形特点，确定安装方式及倾角、方位角，安装支架安全性复核等。

（5）电量测算

根据资源评估结果和设备选型安装方案，进行发电量测算。光伏电站发电量与年峰值小时数、光伏电站总效率等指标线性相关，评估电量最重要的两个指标就是年峰值小时数和总效率。

峰值小时数 = 倾斜面上总辐射量 / 标准太阳辐射强度（$1000W/m^2$），一般气象站观测数据为"水平面总辐射量"，计算发电量时要考虑"光伏组件上接收的总辐射量（倾斜面上的辐射量）"。如果"倾斜面上总辐射量"以 $kW\cdot h/m^2$ 为单位，则峰值小时数与倾斜面上的辐射量数值相同，但物理意义不同，单位不同。

总效率包括站内系统效率、衰减率、限电率、站外线损率等。根据国内外已建光伏发电工程的运行经验，站内系统综合效率约在 75%～82%，光伏效率的主要影响因素参考值如表 3-15 所示。

表 3-15　光伏效率的主要影响因素参考值

序　号	影　响　因　素
1	直流电缆损耗：1.5%～2.5%
2	防反二极管及线缆接头损耗：1.5%～2.5%
3	电池板不匹配造成的损耗：1%～2%
4	灰尘积雪及局部遮挡损耗：3%～10%
5	交流线路损耗：1.5%～2.5%
6	逆变器损耗：3%～4%
7	不可利用的太阳辐射损耗：2%～5%

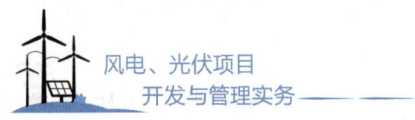

(续)

序　号	影　响　因　素
8	系统故障及维护损耗：0.5%～1.5%
9	变压器损耗：2%～4%
10	温度影响损耗：3%～6%

（6）运行数据分析

对于已运行的光伏电站，需要复核电站实际装机容量；考虑到光伏组件存在逐年衰减情况，还需要明确投产及全容量并网时间；建议收集电站辐照仪测量数据以及生产运行数据，统计实际发电量、损失电量，还原年应发电量，用于评判后续年发电量情况。

3.2.3　案例分析

1. 案例一

（1）背景

湖南某风电项目，主要为中低山地貌，该项目装机容量为30MW，实际安装10台单机容量为3000kW风电机组，配套建设100m高度轮毂。首台机组于2022年11月10日并网运行，目前已运行17个月。收集到场址区域内安装的0001#测风塔及场址区域附近安装的0002#测风塔，两座测风塔塔高均为90m，测风周期为2017年1月1日至2018年6月1日。

（2）资源评估

结合测风塔实测数据情况，项目场址区域内0001#测风塔实测数据完整率较低，采用周边0002#测风塔对缺测风速、风向数据进行插补。测风塔处地形地貌与场址地形地貌一致，采用0001#测风塔2017年1月1日至2017年12月31日时段的测风数据作为完整年时间段的数据，进行风资源分析及发电量模拟测算。0001#测风塔位于场址西南侧区域，对西南侧区域机位代表性较好，对东北侧区域机位代表性一般，因此0001#测风塔对场址的空间代表性一般；0001#测风塔实测时间段满足一个完整年的要求，但实测数据完整率较差，0001#测风塔对场址的时间代表性较差；本风电场采用100m轮毂高度方案，收集到的0001#测风塔塔高为90m，测风塔测风高度对轮毂高度处的风资源水平代表一般，采用风切变垂直外推至轮毂高度处风速存在一定的不确定性，因此0001#测风塔对场址的垂直代表性一般。本次风能资源评估收集到ERA 5（欧洲中期天气预报）中尺度数据100m高度1990年1月1日至2024年4月3日多年逐小时风速风向数据，根据收集到的数据进行统计分析，判定0001#测风塔选取的完整年时间段为偏小风年，由于0001#测风塔与ERA 5中尺度数据相关性一般（$R^2=0.6$），本阶段采取比例法对0001#测风塔完整年数据进行代表年订正。

通过对0001#测风塔的风能要素进行统计测算，100m轮毂高度处风速为5.45m/s，风功率密度为157W/m^2；90m高度处风速为5.38m/s，风功率密度为151W/m^2，风功率密度等级为D-2级。测风塔主风向、主风能方向集中在N扇区方向内，风电场适应IEC Ⅲ B类及以上等级的风电机组。采用流场模拟软件计算，单机最大尾流影响为8.0%，最小尾流影响为0.2%，平均尾流影响为5.41%。根据气象站、测风塔气象要素数据，结合场站实际运行数据分析，项目所在区域覆冰、雷暴、冰冻等极端气候条件较为严重，因此在折减上考虑了冰冻影响，风电场综合折减系数为70.3%；根据场站实际情况及场站外送线路信息，考虑送出线路损失率和弃风限电损失率后，风电场年上网电量为5871.55万kW·h，年等效满负荷小时数为1957h。

通过对风电场2022年11月至2024年3月近17个月的生产月报表以及场站2022年11月至2024年3月的结算单电量整理分析，并进行大小风年判定，场站在2022年12月至2023年11月、2023年1月至2023年11月、2023年2月至2024年1月三个滑动完整年运行周期内，近似为平风年，在2023年3月至2024年2月、2023年4月至2024年3月两个滑动完整年运行周期内，近似为偏大风年。考虑覆冰损失电量的影响和大小风年的影响，选

取 2023 年 2 月至 2024 年 1 月一个完整年时间段分析，在该完整年时间段内年结算等效利用小时数 1967h。

通过资源评估及发电量测算，可知该电场上网电量等效小时数与电站实际运行发电小时数基本一致。

2. 案例二

（1）背景

山西某光伏项目，主要为中低山地貌，山势连绵起伏，山体呈近似西北—东南走向，总体地势呈北高南低，地形坡度在 5°～35°，植被覆盖情况一般。项目规划装机容量为 50MWp$^\ominus$，采用固定倾角方式安装，组件安装与基准水平面夹角按照最佳倾角 32°、方位角 0°（朝南方向）布置。采用单晶双面双玻 645～660Wp 组件，项目首次并网时间为 2022 年 5 月 29 日，2022 年 9 月实现全容量发电。

（2）资源评估

根据现场踏勘抽检，电站实际安装容量情况与可行性研究报告、施工图、竣工图均不一致，通过容量核查实际安装容量为 63.549MWp，项目采用固定倾角方式安装，实际倾角度数为 22°～38°，不符合《光伏发电站施工规范》（GB 50794—2012）中 5.3.2 条允许倾角偏差 ±1° 的要求。项目未收集到气象站数据，因此根据 Meteonorm、NASA-SSE、Solargis 资源库数据以及光功率预报系统斜面辐射量数据对本项目太阳能资源进行评估分析。通过软件模拟得出倾斜面辐照量分别为 1560 kW·h/m^2、1945 kW·h/m^2、1760kW·h/m^2、和 1786kW·h/m^2，Solargis 辐射量为介于 Meteonorm 辐射量与 NASA-SSE 辐射量之间，与光功率预报系统辐射量相差较小，本次选用 Solargis 辐射量数据进行发电量预测。经评估，项目场址所在地太阳能资源属于"很丰富"区，项目地太阳能资源稳定度等级为 B，太阳能资源稳定

$\ominus$ Wp，Watt-peak，即标准测试条件下（STC）下光伏组件或系统的峰值功率单位，代表最大输出功率能力。1MWp=100 万 Wp。

程度为"稳定"。通过对场站 2023 年的实际运行数据分析，发现限电量、故障损失电量统计数据有误，且该项目实际容量高于规划容量，导致容配比偏高，通过软件模拟得出站内总体系统效率为 83%（包含双面增益），根据场站实际情况及场站外送线路信息考虑送出线路损失率，根据组件型号采用相应的组件衰减率，得出 2023 年应发小时数为 1390h，高于项目实际发电小时数 1297h。通过该偏差进行全年数据修正，计算出当前电站真实的限电率及故障损失率，为项目提质增效提供数据依据。

3.3 常用风光资源评估工具

由于风光资源评估需要调取气象数据，并进行大量的数据处理和计算，为快速有效地开展评估工作，通常需要用到一些数字化工具。

3.3.1 风资源评估软件

目前，国际上（包括国内）公认和普遍应用的风资源评估软件有以下几款。

1. 风资源公共数据获取途径

目前，常规可以从多种中尺度数据平台获取感兴趣区域的风资源分布情况，如格林威治平台和 FreeMeso。其中常用的中尺度数据有 MERRA2 和 ERA5 数据。

其中，MERRA 2 是美国宇航局开始于 1980 年的大气再分析，使用戈达德地球观测系统模型版本 5 数据同化系统。MERRA 2 所有数据收集都是在同一个水平网格上提供的，该网格在纵方向上有 576 个点，在纬度方向上有 361 个点，对应的分辨率为 $0.625° \times 0.5°$。

ERA5 每小时提供大气、陆地和海洋气候变量的估计值。它利用先进的建模和数据同化系统，将大量的历史观测数据整合到全球估计中，是一套全面的再分析资料。从 1979 年（目前已发布 1950—1978 年的初步版本）到接近实时，它囊括了尽可能多的高空和近地面的观测数据，ERA5 的显著优势是具有更高的空间和时间分辨率，ERA5 提供水平分辨率为 31km、垂向共分 137 层的大气变量每小时估算数据。

2. 测风数据处理软件

对风速时间序列数据进行数据处理，计算风能要素需要用到测风数据处理软件应用较为广泛的是 Windographer。

Windographer 是一款强大的风力数据分析软件，可以直接读取测风塔、SoDAR 和 LiDAR 的测风数据，生成各种直观而清晰的图像和表单，以及风玫瑰图等，可进行先进的测风数据质量控制分析，执行多种运算，获取最大风速、入流角、风切变指数和湍流强度等信息，并提供了针对 WAsP、WindPRO、WindSim、OpenWind 和 WT 等专业风资源评估软件的直接接口。

3. 流体仿真软件

流体仿真软件（CFD）的概念：主要是通过计算机和数值方法来求解流体动力学的控制方程，对流体力学问题进行模拟和分析。

其中，按照设计开发原理划分，主要分为以下两大模型类型的软件。

1）线性模型：WAsP 和 WindPRO 软件，主要适用于平原风电场项目。

WAsP：丹麦 DTU 公司开发，老牌风资源评估软件（历经 30 年的持续开发和维护），在世界范围内已是公认的风能资源评估、风场微观选址、风机及风场发电量计算、风场风能资源分布分析的行业基本工具软件。该软件包含几个物理风流模型来模拟不同地形和障碍物的风流；包含尾流模型以及平均热通量条件的稳定模型；对于水平和垂直外推，WAsP 在平坦以及中等复杂地形将使用内置的线性 IBZ 模型。因此，该软件适用于简单和较为平坦的地形项目和海上风电项目。

WindPRO：由丹麦 EMD 公司开发，基于 WAsP 为计算引擎开发的软件平台、线性模型、多模块软件，细化风资源评估工作的全部内容。用户可根据自身工作需要进行模块搭配。

2）CFD 模型：WindSim、MeteodynWT 软件，主要适用于全部风电项目，尤其地形较复杂的项目。一般结构由前处理、求解器、后处理三部分组成。前处理、求解器及后处理三大模块，各有其独特的作用。

WindSim：由挪威 WindSIMAS 公司开发，为 CFD 模型和双方程湍流模型。

适用于全类型的风电项目，包括陆上海上、简单和复杂地形，尤其适用于复杂地形的风电项目的风资源评估，具有精细化的网格和高精度的计算分析能力，稳定的求解器保证计算结果的稳定可靠。

MeteodynWT：由法国 METEODYN 公司开发，为 CFD 模型，可以自动生成网格，在关注区域以及关注点自动进行网格加密，可以更好地解决非线性问题，在复杂地形上得到更为准确的结果，适用于全类型的风电项目，专门为解决大气边界层问题而设计的 Migal 求解器，采用并行计算以及多网格技术。

3.3.2　光资源评估软件

1. 光资源公共数据库获取

目前，用于光资源评估的光资源气象数据公共查询软件和数据主要有：Solargis、Meteonorm、NASA-SSE。通过第三方平台如格林威治平台、国家电投风光资源普查系统平台等，也可查询上述数据源提供的气象数据。

Solargis 综合精确的辐射信息、气象信息及地理信息，建立太阳能辐射预报与光伏发电功率预报，为用户提供太阳能资源评估和光伏数据模拟服务。基础数据源自卫星遥感、GIS（地理信息系统）技术和先进的科学算法得到，从而可以保证数据的准确性和精确度。这些基础数据主要包括：GHI（水平面总辐射）、DNI（法向直接辐射）和 DIFF（散射辐射）等辐射信息；2m 处气温、相对湿度、压强、10m 处平均风速、风向，以及正在开发的降水量等气象信息；海拔高度、地表倾斜角、地表方位角、地表植被、人口密度等地

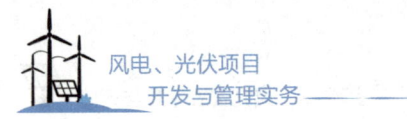

理信息。其优势是时间及空间分辨率高，每10min、15min或30min（具体取决于卫星平台）会处理一次卫星数据，以250m×250m网格单元为单位计算太阳辐射数据。

Meteonorm软件为商业收费软件，其资源数据来源于全球能量平衡档案馆、瑞士气象局、世界气象组织（WMO）等权威机构，包含全球7750个气象站的辐射数据，以及我国98个气象辐射观测站中的大部分数据。该软件提供其他无气象辐射观测资料的任意地点的通过插值等方法获得的多年平均各月的辐射量。

NASA-SSE为美国航空航天局提供的场址区太阳辐射平均值数据地面辐射数据库。该数据是通过卫星等工具获得大气层顶的辐射(Top of Atmosphere Radiance)，然后再通过云层分布图、臭氧层分布图、悬浮颗粒物分布等数据，通过复杂的建模和运算得到地表水平面总辐射数据。

2. 光资源评估及电量计算工具软件

目前，国际上（包括国内）公认和普遍应用的光资源评估软件是PVsyst。PVsyst软件是一套著名的光伏系统仿真模拟软件，由瑞士日内瓦大学环境科学学院André Mermoud博士及团队开发。软件主要用来对光伏发电系统进行建模仿真，分析影响发电量的各种因素，并最终计算得出光伏发电系统的发电量，可应用于并网系统、离网系统、水泵、直流系统、储能等，软件内置丰富的气象资源库、光伏组件和逆变器数据库及定量辅助分析工具等，深受国内外工程设计、产品研发、设计院和高校等光伏人士的认可和推崇。

PVsyst软件可模拟不同类型的光伏系统，如地面电站、屋顶电站、农光互补、跟踪支架、离网系统等，计算系统发电量、系统效率PR（Performance Ratio）和发电损耗，辅助光伏系统的设计与优化。

3.3.3 GIS软件及地形图

在项目选址、踏勘计算、资源数据分析中需要用到GIS（地理信息系统）

软件，常用的有奥维互动地图、天地图等。

在风光资源评估中，开展风资源流体仿真及发电量计算，光资源及发电量模拟测算，风电机组、光伏组件布置等过程中需要用到地形图。行业内常用、公开的地形图为精度为 30m 的 SRTM 地形数据，SRTM 由美国航空航天局（NASA）及美国国家地理空间情报局（NGA）联合测量。

第4章 风电、光伏项目评判与决策

风电、光伏项目的投资方式主要有自主开发和股权投资两种。对于自主开发项目，风电、光伏项目的可行性研究报告是投资决策的重要依据，投资者应对可行性研究报告中的资源评价、经济性评价进行重点关注。对于股权投资项目，项目技术尽职调查、法律尽职调查、资产评估、财务审计等调查报告是投资决策的重要依据，投资者需要充分关注四大尽职调查的结论和风险提示。在项目决策中充分利用项目可行性研究报告、尽职调查报告的边界条件对项目是否具有投资价值做出预判与决策。

4.1 自主开发项目

根据国家发改委发布的《企业投资项目可行性研究报告编写参考大纲（2023年版）》和《关于投资项目可行性研究报告编写大纲的说明（2023年版）》，企业投资建设属于政府核准目录范围内的绿地开发风电、光伏项目，须基于可行性研究的成果，重点分析企业投资项目是否符合当地发展建设规划、技术标准和产业政策，分析可能产生的资源利用、公共利益等外部影响，旨在获得项目核准许可。企业投资项目不属于政府核准目录范围内的绿地开发风电、光伏项目，可行性研究是项目投资决策的重要依据。

对于风电和光伏发电项目来说，可行性研究报告中的资源评价和经济性评价是两个至关重要的方面。资源评价的目的是确定项目所在地的能源资源潜力和可利用性，为项目的可行性分析和设计提供科学依据。企业通过资源评价，可以预测项目的发电量和发电效益，从而为投资决策提供支持。资源评价是风电和光伏发电项目的基础。风电项目的资源评价主要关注风能资源的评估，包括风速、风向、风功率密度等参数的测量和分析；光伏发电项目的资源评价则主要关注太阳能资源的评估，包括太阳辐射强度、日照时间、阴影遮挡等因素的考虑。

经济性评价是风电和光伏发电项目的另一个重要评价方面。它主要关注项目的投资成本、运营成本、收益等经济指标，目的是评估项目的经济效益和可行性。企业通过对比分析不同项目的经济指标，可以选择最具经济价值的项目，实现资源的高效利用。此外，经济性评价还可以帮助企业了解项目的风险情况，制订相应的风险管理和控制策略。

风电、光伏项目的可行性研究报告及可行性研究报告评审意见是投资决策的重要依据。可行性研究报告及可行性研究报告评审可以为项目主要设备选型、主要技术方案、主要施工方案提供依据；根据以上设计确定项目概算，明确项目经济性评价的边界条件，进行项目收益率测算，并将结果与企业设定经营要求比较，评价项目的可行性，并做出投资决策。

大部分企业以可行性研究报告及可行性研究报告评审意见作为投资决策的依据。不同企业投资决策流程有一定差异，个别企业在可行性研究报告通过评审后，开展初步设计阶段工作，并以该阶段工作成果作为投资决策依据。国内某央企以可行性研究报告评审意见中审定工程费用概算下浮2%～3%作为总承包投标控制价的编制依据；另外，某央企则以收口版可

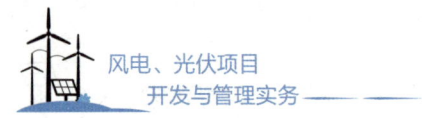

行性研究报告作为依据组织开展经济性复核评审，根据市场行情调整部分价格，编制技术经济评估报告作为下一阶段招标依据。

4.1.1 项目资源评价

资源评估是项目决策阶段的重要工作，相对准确、合理的资源评估结论是财务评价的重要依据。资源高估会导致项目运营期发收益情况不达预期，资源被严重高估甚至可能会直接导致投资失败；资源评估过于保守则会导致项目决策困难，错失投资机会。因此，资源评估应严格按照相关国家标准及行业标准开展工作，尽量保证资源评估结论的客观和真实。

1. 风电项目资源评估

在可行性研究报告编制阶段，风力发电项目的资源评估主要包括两部分内容：风能资源分析，风电机组选型、布置及发电量估算。

（1）风能资源分析

风能资源分析应根据《风电场工程风能资源测量与评估技术规范》（NB/T 31147—2018）的相关技术要求开展工作。

项目可行性研究阶段应收集项目场址范围内代表性良好的测风塔完整年的实测数据。根据规范要求测风塔代表性的要求主要包括以下几方面。

1）项目场址为简单地形的，宜根据拟开发区域面积、形状进行风电机组初步排布，合理确定测风塔数量，每座测风塔有效控制区域半径宜为3km，不应超过5km。拟开发区域内应至少有1座高度不小于初拟风电机组轮毂高度的测风塔。

2）项目场址为复杂地形的，测风塔有效控制半径不宜超过2km，测风塔与预装风电机组的海拔高差不宜大于50m。拟开发区域周边3km范围内测风塔数量不应少于2座，其中至少有1座测风塔高度不小于初拟风电机组轮毂高度。

完成测风数据收集后，企业应根据规范要求对测风数据进行检验和处理，主要包括：数据完整性检验、数据合理性检验、缺测及不合理数据应采用相关数据插补、应选择长期风速观测资料对测风数据的长系列代表性进行判定,长期风速观测资料的来源宜为国家气象站。

(2)风电机组选型、布置及发电量估算

风电机组选型、布置及发电量估算应根据《风力发电场设计规范》(GB 51096—2015)开展工作。采用技术经济比选方法,结合项目场址风资源情况、施工难度、当地政策、主流厂家供货情况等条件选择风机型号、轮毂高度,完成微观选址及风机布置。采用 WindSim、MeteodynWT 等主流 CFD 模型完成理论发电量测算,在此基础上根据项目基本条件,结合项目场址附近已建电站实际发电情况合理选取折减系数、外送线路损失、弃风限电率等参数,计算上网电量,为项目经济性测算提供依据。

案例:山西某风电项目位于朔州市,属于山地风电场,山势连绵起伏,坡体呈舒缓坡状。项目规划总装机容量为120MW,一次建成。本工程拟安装 24 台单机容量为 5MW 的风力发电机组,总装机容量为120MW,以五回 35kV 线路接入新建 220kV 升压站,拟通过一回 220kV 送出线路接入对侧 220kV 升压站,新建送出线路长度约 20km。

项目场址范围内有两座测风塔,测风塔空间代表性较为良好,其中一座测风塔数据完整性满足规范相关要求,另一座测风塔缺测数据较多。经测风塔数据处理,满足数据完整性要求的测风塔初选轮毂高度代表年平均风速为 7.08m/s,平均风功率密度为 306W/m²。

通过技术经济性对比,可行性研究报告编制阶段推荐安装 24 台单机容量为 5.0MW,叶轮直径 200m 风力发电机组,选取轮毂高度为 115m。结合项目实际条件并参考附近已建风力发电项目实际发电情况,本项目综合折减系数按 73% 考虑,外送线路损失按 2% 考虑,弃风限电率按 2% 考虑,经 CFD 模型计算,年等效满负荷运行小时数约为 2510h。

2. 光伏项目资源评估

在可行性研究报告编制阶段,光伏发电项目的资源评估主要包括两部分

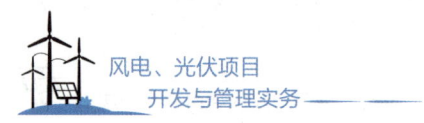

内容：太阳能资源分析、系统方案设计、发电量估算。

（1）太阳能资源分析

太阳能资源分析应按照《太阳能资源评估方法》（GB/T 37526—2019）中的相应要求开展工作。

项目可行性研究阶段应收集项目所在地的长序列太阳能资源数据。根据国标要求，长序列数据包括国家及辐射站长序列实测数据、参证气象站长序列实测数据、参证气象站长序列计算数据以及格点化长序列数据。长序列数据指时间序列在10年以上、至少具备水平面总辐射逐月值的数据，月值数据有效完整率应达到100%。长序列数据通常以30年为宜，特殊情况下达不到要求时，应至少收集10年数据。

在可行性研究阶段应对代表年水平面总辐射照度等级、水平面总辐射稳定度等级、太阳能资源直射比等级等做出分析，并从太阳能资源分析角度给出项目是否可行的结论。

（2）系统方案设计、发电量估算

发电量估算应根据《光伏发电站设计规范》（GB 50797—2012）开展相关工作。根据项目太阳能资源情况、项目场地情况、项目所在地政策等基本条件开展组件、逆变器、主变压器等主要设备选型工作；结合项目地形地貌特征、施工难易程度、项目所在地政策等方面因素，开展项目运行方式选型（目前主流运行方式包括：固定式、固定可调式、平单轴式等）。根据国标要求完成发电量估算工作，为项目经济性测算提供依据。

3. 项目资源评估案例

案例：甘肃某光伏项目地处张掖市，项目总占地面积约2570亩（1亩=666.6m^2），其中光伏区占地面积2555亩，升压站占地面积15亩，规划建设规模100MW，容配比按1.21考虑，直流侧装机容量为121MWp。

可行性研究阶段未能收集到国家及辐射站长序列实测数据、参证气象站长序列实测数据、参证气象站长序列计算数据。本阶段对比分析了Meteonorm、

Solargis、NASA 三种格点化长序列数据，其中 Meteonorm 气象数据水平面太阳能辐射量为 5734.8MJ/m^2，峰值日照小时数为 1593kW·h/m^2；Solargis 气象数据水平面太阳能辐射量为 6188.76MJ/m^2，峰值日照小时数为 1719.1kW·h/m^2；NASA 气象数据水平面太阳能辐射量为 6210.36MJ/m^2，峰值日照小时数为 1725.1kW·h/m^2。结合附近已建光伏项目实际发电情况，现阶段按 Solargis 数据进行测算。

经技术方案比选，本项目选用 N 型 575Wp 光伏组件，逆变器采用 3300kW 箱逆变一体机；光伏组件采用固定方式安装，倾角 36°。通过 PVsyst 软件模拟，36° 倾角光伏组件表面辐射量为 2084kW·h/m^2。结合项目实际条件并参考附近已建光伏电站发电情况，系统效率按 81% 考虑，双面增益按 4.9% 考虑，送出线路电量损失按 0.5% 考虑，弃光限电按 5.6% 考虑。组件衰减按照首年 1%，之后逐年 0.4% 考虑。经计算，25 年平均发电小时数为 1567h。

4.1.2 项目经济性评价

经济性评价是指通过对项目全寿期的投资效益分析，对项目是否具有投资价值做出评估与决策。经济性评价方法包括确定性评价方法和不确定性评价方法以及其他经济指标评价方法。确定性评价方法包括现值法、投资回收期法、内部收益率法以及一些其他指标的评价方法；不确定性评价方法包括盈亏平衡分析法、敏感性分析法。

经济性评价方法中涉及的主要经济指标如表 4-1 所示。

表 4-1 项目经济性评价主要经济指标

指　标	含　义
总投资	总投资是指项目建成并使其可投入运营所需的费用总和。对于基建项目而言，总投资即为固定投资与流动资金之和。对于股权项目而言，总投资的计算比较复杂，可近似认为股权项目的总投资等于股权对价与所并购项目的负债之和，在此基础上扣减基准日可回收的部分资金

(续)

指标	含义
成本费用	成本费用泛指企业在生产经营中所发生的各种资金耗费。对于风电、光伏项目而言，包括：折旧费、维修费、人工工资及福利、保险费、材料费、土地费、委托运维费、其他费用、财务费用等
收入	对于风电、光伏项目而言，主要收入为售电收入及售电相关的补贴。售电收入即电价收入；售电相关收入包括国家或地方补贴收入、辅助服务补偿收入等
税金	风电、光伏项目涉及的主要税金包括：增值税、销售税金附加（城市维护建设税、教育费附加）、企业所得税、法定盈余公积金

1. 项目经济性评价方法

项目经济性评价方法包括确定性评价方法、不确定性评价方法以及其他经济指标评价方法。

（1）确定性评价方法

确定性评价方法主要有现值法、投资回收期法和内部收益率法。

1）现值法。现值法通过净现值（Net Present Value，NPV）来衡量项目的收益性。净现值是指投资所产生的未来现金流的折现值与项目投资成本的折现值之间的差值，其计算公式为：

$$NPV = \sum_{t=1}^{T} \frac{NCF_t}{(1+i)^t}$$

式中　NCF_t——第 t 年的净现金流，其等于本年度收入与支出的差值；

　　　i——折现率；

　　　T——项目寿命。

净现值是反映项目投资获利能力的指标，当净现值大于 0 时项目方案可行，当净现值小于 0 时项目方案不可行。

2）投资回收期法。投资回收期法的核心指标投资回收期（Payback Period）是指项目投产后获得的收益总额达到该投资项目投入的投资总额所需要的时间。计算投资回收期需迭代计算，设累计净现金流量开始出现正值

的年份数为 n，则投资回收期 T_p 应当位于第 $n-1$ 年和第 n 年之间的某个时刻，设第 n 年的现金流在全年平均分布，则有：

$$T_p = n - 1 + \frac{\left|\sum_{t=1}^{n-1} \text{NCF}_t\right|}{\text{NCF}_n}$$

投资回收期分为静态回收期和动态回收期，上式中，净现金流（NCF）并未考虑折现，计算结果为静态回收期，若考虑折现，则结果为动态回收期，其公式为：

$$T_p = n - 1 + \frac{\left|\sum_{t=1}^{n-1} \text{NCF}_t / (1+i)^t\right|}{\text{NCF}_n / (1+i)^n}$$

此时，n 为考虑折现率下，累计净现值开始出现正值的年份数。通常情况下，折现率大于 0，动态回收期长于静态回收期。

项目投资回收期在一定程度上显示了资本的周转速度，资本周转速度愈快，回收期愈短，风险愈小。但是，投资回收期只考虑回收之前的效果，不能反映投资回收之后的情况，即无法准确衡量方案在整个计算期内的经济效果。

3）内部收益率法。内部收益率（Internal Rate of Return，IRR）是指能够使未来现金流入量现值等于未来现金流出量现值的折现率，或者说是使投资方案净现值为 0 的折现率。

内部收益率采用"逐步测试法"迭代求解，其计算方法是：先估计一个贴现率，用它来计算方案的净现值；如果净现值为正数，说明方案本身的收益率超过估计的贴现率，应提高贴现率后进一步测试；如果净现值为负数，说明方案本身的收益率低于估计的贴现率，应降低贴现率后进一步测试。经过多次测试，找出使净现值接近于零的贴现率，即为方案本身的内部收益率。用公式表达即为，寻找到合适的 IRR，使下列等式相等：

$$\sum_{i=1}^{n} \frac{\text{NCF}_i}{(1+\text{IRR})^i} = 0$$

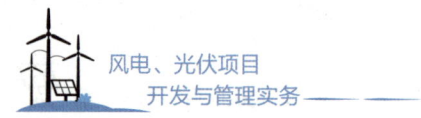

式中　　n——项目经济寿命期；

　　NCF_i——第 i 年的净现金流量。

内部收益率是一个折现的相对量指标，是投资项目的预期收益率。当内部收益率达到投资者所要求的最低标准时，项目方案可行；否则，项目方案不可行。在对项目财务评价过程中，因项目开发建设时全部资金包括自有资金和负债资金，所以内部收益率包括全部投资内部收益率和资本金内部收益率。全部投资内部收益率计算时，按照融资前的财务进行分析，在现金流量表中不考虑本金偿还和利息支付，而在资本金内部收益率计算时，本金偿还和利息支付也属于现金流出，则需要考虑。

（2）不确定性评价方法

不确定性评价方法主要有盈亏平衡分析法和敏感性分析法。

1）盈亏平衡分析法。盈亏平衡分析法是通过计算项目的盈亏临界点（Breakeven Point）来分析为使得项目能够盈利（或能够达到某个盈利目标），其边界条件应达到的最小值（或最大值）。在风电、光伏项目中，常用来分析盈亏临界点有年利用小时数、综合上网电价、单位千瓦造价等边界条件。在计算某个边界条件的盈亏临界点时，通常默认其他边界条件不变，然后通过迭代的方法进行反复计算，直到该边界条件在取某个值时，可近似认为刚好能够盈利（或能够达到某个盈利目标），则该值即为该边界条件的盈亏临界点。

2）敏感性分析法。敏感性分析法是指从众多不确定性因素中找出对投资项目经济效益指标有重要影响的边界条件，并分析、测算其对项目经济效益指标的影响程度和敏感性程度，进而判断项目承受风险能力的一种不确定性分析方法。根据边界条件每次变动数目的多少，敏感性分析法可以分为单因素敏感性分析法（每次只变动一个边界条件）和多因素敏感性分析法（每次变动多个边界条件）。

敏感性分析法包含两个重要的内容：一是敏感性分析指标，如投资回收期、净现值、内部收益率等确定性方法下的指标；二是不确定边界条件，即需要变化的边界条件及其不同情况下的取值（通常为加减固定比例或固定数值）。在计算完不同边界条件下的敏感性分析指标后，对计算结果进行分析，找出相对敏感的边界条件，并指定对应的抗风险措施。

（3）其他经济指标评价方法

其他经济指标评价方法主要包括以下具体评价指标。

1）利润总额和净利润。利润总额（Total Profit）和净利润（Net Profit）也是两个常用的经济性评价指标。其计算公式为：

$$利润总额 = 收入 - 销售税金附加 - 成本费用$$

净利润是指在利润总额中按规定缴纳了所得税以后公司的利润留存，一般也称为税后利润或净收入。其计算公式为：

$$净利润 = 利润总额 - 所得税费用$$

净利润是项目一段时间内经营的最终成果。净利润多，项目的经营效益就好；净利润少，项目的经营效益就差。它是衡量项目经营效益的主要指标。

2）资产收益率和净资产收益率。资产收益率（Return on Assets，ROA），也叫资产回报率，它是用来衡量每单位资产创造多少净利润的指标。其计算公式为：

$$资产收益率 = 净利润 / 平均总资产 \times 100\%$$

其中，平均总资产通常取期末总资产与期初总资产的均值。

资产收益率是业界应用最为广泛的衡量项目盈利能力的指标之一，该指标越高，表明项目的资产利用效果越好，说明项目在增加收入和节约成本等方面取得了良好的效果，否则相反。资产收益率的局限性在于它不能反映项目的资金成本。

净资产收益率（Return on Equity，ROE），又称股东权益报酬率、净值报酬率、权益报酬率、权益利润率、净资产利润率，是衡量项目盈利能力的重要指标。其计算公式为：

$$净资产收益率 = 净利润 / 平均净资产 \times 100\%$$

净资产收益率是衡量股东资金使用效率的重要财务指标。净资产收益率越高，说明投资带来的收益越高；净资产收益率越低，说明项目所有者权益的获利能力越弱。该指标体现了自有资本获得净收益的能力。项目资产包括了两部分：一部分是股东的投资，即所有者权益（它是股东投入的股本，企业公积金和留存收益等的总和）；另一部分是项目借入和占用的资金。项目适当地运用财务杠杆，可以提高股东资金的使用效率，提高盈利，但借入的资金过多会增大企业的财务风险。

3）经济附加值。经济附加值（Economic Value Added，EVA），又称经济利润、经济增加值，是一定时期的企业税后净营业利润与投入资本的资金成本的差额。其计算公式为：

$$EVA = 税后净营业利润 - 平均总资产 \times 资本成本率$$

其中，税后净营业利润通常等于息前税后净利润，其计算公式为

$$税后净营业利润 = 净利润 + 利息支出 \times (1 - 所得税率)$$

平均总资产通常取期末总资产与期初总资产的均值。

资本成本率根据不同行业进行取值，在风电、光伏项目中通常取 4.6%。

EVA 理论提出了全面成本管理的理念，成本不仅包括在账面上已经发生的经营成本，而且还包括极易被忽视的账面上并未全部反映的资本成本。企业衡量通过经济附加值指标，可以避免内部决策与执行的冲突，使各部门目标与整个企业目标一致。

4）平准化度电成本。除上述项目经济性评价通用方法和指标外，风电、光伏项目经济性评价中常用的指标还有平准化度电成本（Levelized Cost of Energy，LCOE）。平准化度电成本是将项目生命周期内的成本和发电量按照一定折现率进行折现后，计算得到的发电成本，即项目生命周期内的总成本现值（总发电量现值），通常与电价进行对比，具有一定的指导意义。平准化

度电成本最早被用于火电、水电等传统能源项目的发电成本计算，之后拓展到风电、光伏行业。平准化度电成本一般以元/（kW·h）为单位，其计算公式为：

$$\mathrm{LOCE} = \frac{P_{\mathrm{dynamic}} - \sum_{n=1}^{T_{\mathrm{O\&M}}} \frac{D_{\mathrm{depreciation}} R_{\mathrm{tax}}}{(1+R_{\mathrm{discount}})^n} + \sum_{n=1}^{T_{\mathrm{O\&M}}} \frac{P_{\mathrm{O\&M}}(1-R_{\mathrm{tax}})}{(1+R_{\mathrm{discount}})^n} - \frac{V_{\mathrm{residual}}}{(1+R_{\mathrm{discount}})^{T_{\mathrm{O\&M}}}}}{\sum_{n=1}^{T_{\mathrm{O\&M}}} \frac{E_{\mathrm{accrual}}}{(1+R_{\mathrm{discount}})^n}}$$

式中　　P_{dynamic}——建设成本，为全部动态投资的现值；

$\sum_{n=1}^{T_{\mathrm{O\&M}}} \frac{D_{\mathrm{depreciation}} R_{\mathrm{tax}}}{(1+R_{\mathrm{discount}})^n}$——折旧抵税收益（累计现值），虽然折旧不是现金支出，但是可以带来可抵税的收益，所以这部分收益可作为总投资成本中的减项处理；

$\sum_{n=1}^{T_{\mathrm{O\&M}}} \frac{P_{\mathrm{O\&M}}(1-R_{\mathrm{tax}})}{(1+R_{\mathrm{discount}})^n}$——运维成本（累计现值），运维成本作为一项税前费用，需减去所得税部分的影响；

$\frac{V_{\mathrm{residual}}}{(1+R_{\mathrm{discount}})^{T_{\mathrm{O\&M}}}}$——在项目实际运营结束后的残值的现值；

$\sum_{n=1}^{T_{\mathrm{O\&M}}} \frac{E_{\mathrm{accrual}}}{(1+R_{\mathrm{discount}})^n}$——项目在运营期内发电量的累计现值。

LCOE 用于发电行业，用于横向比较不同类型（如风电、光伏、火电等）发电项目的成本，并与电价做对比，初步分析发电项目是盈利还是亏损。

2. 经济性评价边界条件

对于风电、光伏项目来说，影响其收益率的边界条件众多，总体可分为：基本信息、成本费用信息、收入和税金信息等。

（1）基本信息

风电、光伏项目的基本信息取值如表 4-2 所示。

表 4-2　风电、光伏项目基本信息取值表

指　标	风　电	光　伏
项目运营期	基建项目：陆上风电 20 年，海上风电 25 年； 并购项目：剩余运营期＝运营期－已投运年数	基建项目：25 年； 并购项目：剩余运营期＝运营期－已投运年数
项目投资	基建项目：建设投资； 并购项目：股权对价＋负债，减去基准日可抵消的资金（如基准日前可回收的应收账款、账面货币资金等）	
资本金比例	基建项目不低于 20%	
流动资金	陆上风电 30～50 元 /kW，海上风电 40～80 元 /kW	10～30 元 /kW
短期贷款利率	按与银行的协议计算，未明确时可按一年期 LPR 取值	
长期贷款利率	按与银行的协议计算，未明确时可按五年期 LPR 取值；还款期限按与银行的协议计算	

（2）成本费用信息

风电、光伏项目的成本费用信息取值如表 4-3 所示。

表 4-3　风电、光伏项目成本费用信息取值表

指　标	风　电	光　伏
资产折旧	净残值率 5%，陆上风电折旧年限 12～18 年，海上风电折旧年限 15～20 年	净残值率 5%～10%，折旧年限 15 年
维修费	质保期内维修费率可采用 0.50%，并以 5～10 年为一个时间段，逐级提高修理费率，陆上风电最高至 2.00%，海上风电最高至 3.00%	5～10 元 /kW
人工工资及福利	人工工资按企业支付给职工的报酬计算，福利费用系数中职工福利费、社会保障费、补充养老保险、补充医疗保险及住房公积金费率按当地政府规定及企业计提比例计算	
保险费	按与保险公司的协议计算。未明确时，陆上风电可按 0.25%～0.35%，海上风电可按 0.35%～0.60%	按与保险公司的协议计算，未明确时可按 0.19%

(续)

指　标	风　电	光　伏
材料费	陆上风电 10～20 元/kW，海上风电 30～50 元/kW	5～10 元/kW
土地租用费	依据土地租赁协议	
委托运维费	依据委托运维协议	
其他费用	其他费用=装机容量×其他费用率+土地租用费，陆上风电其他费用率 20～30 元/kW，海上风电其他费用率 30～50 元/kW，光伏 10～20 元/kW	

（3）收入和税金信息

风电、光伏项目的收入和税金信息取值如表 4-4 所示。

表 4-4　风电、光伏项目收入和税金信息取值表

指　标	风　电	光　伏
装机容量	取直流侧装机容量	
利用小时	取上网小时数	
综合上网电价	综合考虑上网电价、电力现货市场、辅助服务分摊、绿电交易后，求得的加权平均电价	
增值税	13%，即征即退 50%	13%
企业所得税	25%（西部大开发地区 2030 年前 15%），三免三减半所得税优惠	
城市维护建设税	市区 7%，县城和镇 5%，乡村 1%	
教育费附加	5%	
法定盈余公积金比例	10%	

4.1.3　案例分析

风电、光伏项目具有投资决策直接决定项目收益的特点，一旦项目建成，一般在运营期通过控制经营成本、优化运行方式的方法提高项目收益的效果十分有限，因此项目可行性研究及评审意义显得尤为重要。

1. 案例一

贵州某山地风电项目位于遵义市，计划装机容量为 100MW，拟安装 20 台

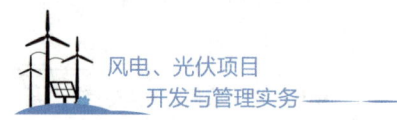

单机容量为 5.0MW 的风电机组,20 台风电机组通过五回 35kV 集电线路接入本风电场新建的一座 110kV 升压站。

设计单位根据项目建设单位提供的项目信息完成了可行性研究报告,由于可行性研究报告编制的时间较为仓促,设计单位仅安排风资源专业人员开展了现场踏勘,未安排总图布置及道路专业人员前往现场踏勘。设计单位仅将风机点位坐标交由项目建设单位与项目所在地国土部门核对了林地、生态红线、基本农田等敏感性因素。在项目可行性研究报告评审过程中,评审专家提出风机点位避让了生态红线,但是有 5 台风机施工进场道路未能完全避让生态红线,设计单位根据施工进场道路完全避让生态红线的要求重新开展了道路设计,经核算为了规避生态红线,施工检修道路路径长度大幅增加,且项目地质条件较为复杂,以上因素造成项目概算大幅提高。经分析,由于项目概算提高,导致收益率未能达到企业投资要求,项目无法进一步开展。

为了保障项目合规开展并满足收益率要求,项目建设单位组织设计单位、可行性研究报告评审专家重新踏勘项目现场并开展了风机选点工作及施工检修道路优化设计工作。经研究,在满足尾流不超过相关技术标准要求的条件下,加密了部分风机点位,取消了部分由于施工检修道路需要规避生态红线而增加大量施工工程量的风机点位,最终重新选定的风机点位施工进场道路均不涉及生态红线。经风资源软件测算与原设计方案相比发电小时数有所减少,但经过测算,项目概算也由于施工道路及集电线路优化大幅下降,经财务评价测算,项目收益率满足企业投资要求,项目得以顺利实施。

2. 案例二

甘肃某山地项目设计单位根据业主提供的项目信息编制了可行性研究报告,报告中所有光伏均采用了同样的安装间距与安装倾角。经评审,项目场址范围较大,坡向及坡度差异明显,评审专家要求设计单位按照坡度、坡向重新设计了光伏组件倾角及间距,重新设计后在发电小时数变化不大的情况下,大幅节约了光伏阵列占地,节约了土地租金和相关费用,显著提高了项目经济性。

3. 案例三

广西某风电项目在可行性研究阶段风资源分析时，测风塔高度距拟建轮毂高度相差30余米，不符合《风力发电场设计规范》（GB 51096—2015）中"测风塔测风高度不低于预装风力发电机组轮毂高度"的要求，同时当地植被较为茂密，可行性研究报告中未能全面考虑地表粗糙度，采用综合风切变推算了轮毂高度处风速。项目单位为了尽快推进项目，未能补立测风塔或激光雷达，并用以上方法推算风速计算发电量，经流体动力学软件模拟计算得到等效发电小时数为2180h，投产后前三年平均等效发电小时数为1950h，项目发电量未达可行性研究阶段预测值，项目收益未能达到投资决策预期。

4. 案例四

公司A计划投资某100MW集中式风电项目，具体项目信息如下。

基本信息：使用寿命20年；动态总投资7亿元，可抵扣税金6000万元；资本成本率4.6%；短期贷款利率3.45%；长期贷款利率4.2%，还款年限15年，还款方式为等额还本付息。

成本费用信息：残值率5%，折旧年限20年；采用委托运维方式，不设人员，委托运维费60元/（kW·年），含材料费和维修费；保险费每年固定资产原值×0.06%；土地租赁费每年100万元；其他费率40元/（kW·年）。

收入和税金信息：装机容量100MW；上网小时数2800h；综合上网电价0.35元/（kW·h）（含税，已扣除辅助服务费用，已包含绿电绿证收入）；增值税率为13%，即征即退50%；企业所得税率为25%，执行三免三减半政策，即项目运营后第1～3年企业所得税为0，第4～6年企业所得税率为12.5%；城市维护建设税率为5%；教育费附加税率为5%；法定盈余公积金比例10%。

经计算，该项目的财务指标如表4-5所示。

表 4-5 自主开发项目案例财务指标一览表

序号	项目	单位	数值
1	投资回收期（所得税前）	年	8.35
2	投资回收期（所得税后）	年	9.04
3	全投资内部收益率（所得税前）	—	10.19%
4	全投资内部收益率（所得税后）	—	8.82%
5	全投资财务净现值（所得税前）	万元	10843.07
6	全投资财务净现值（所得税后）	万元	9069.28
7	资本金财务内部收益率	—	18.98%
8	资本金财务净现值	万元	15582.19
9	总投资收益率	—	6.86%
10	投资利税率	—	5.64%
11	资本金净利润率	—	21.35%
12	资产负债率（最大值）	—	80.00%
13	盈亏平衡点（生产能力利用率）	—	59.60%
14	盈亏平衡点（年产量）	MW·h	166869.10
15	度电成本	元/(kW·h)	0.2165

该项目资本金财务内部收益率为 18.98%，资本金净利润率为 21.35%，均远远大于资本成本率，表明该项目收益率良好。该项目度电成本为 0.2165 元/(kW·h)，低于综合上网电价 0.3097 元/(kW·h)（不含税），存在较大利润空间。

4.2 股权投资项目

对于股权投资项目，在履行项目前期、立项等管理程序后，需要进行投资尽职调查以评估项目的收益和风险并为决策提供依据，尽职调查主要包括技术尽职调查、法律尽职调查、资产评估、财务审计，投资者需要重点关注四大尽职调查的调查要点。

4.2.1 技术尽职调查要点

技术尽职调查工作应遵循独立性、科学性、实用性、反馈性的原则，依据国家标准和公司标准，以及委托公司的要求，开展技术尽职调查工作。技术尽职调查工作负责对拟调查的电站项目情况进行技术尽职调查，基于项目前期开发、设计资料，通过实地设备检查、调阅施工过程资料和运行数据，进行项目发电能力测算评估，对设备设施与设计的一致性，及其运行安全质量情况做出整体评价。

1. 项目整体运行情况

1）结合现场实际情况对洪评（洪水影响评价）、环评（环境影响评价）、水保、林业、压矿（压覆矿产）、非军事用地批复进行检查，检查时注意文件中的批复信息与所属电站信息是否正确。

2）检查土地预审、选址批复、土地证、相关土地租赁等文件，对土地的租赁方式、使用权、所有权、占地面积、使用年限等重要信息进行核查。

3）核查工程建设及验收主要节点情况。风电项目重点查阅风机基建转运营竣工报告、监理工作报告、质量监督检查报告、施工验收报告、国补申报结果、电网结算单等资料，明确项目竣工、首台风机并网时间、全容量并网时间等关键工程节点信息。风电项目还应查明风机全部通过240h试运行验收及质保时间。

4）检查运行规程、检修规程、安全管理制度、事故预案、消防制度的编制及执行情况，检查运行记录、维护记录。

5）查阅设备运行台账，确认场站设备是否发生过重大事故，设备问题是否及时得到有效处理，站内电气设备是否处于正常运行状态。现场查看设备标识、安全工器具、消防等安全设备设施配置情况。

6）核查一次设备（站内部分及箱变）、二次设备（主要为继电室保护屏）、

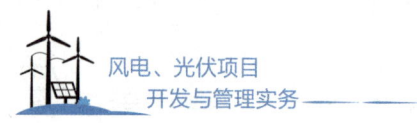

调度数据网等涉网设备配置及投运情况。

7）核查风电、光伏场区风机、光伏、变电设备运行情况，场址构造稳定性和适宜性，检查相关建筑物场址的工程地质条件和水文地质条件、查看地下水的质量报告、查看地基基础设计的相关岩土参数、查看冻土深度等。

8）核查项目场区内检修道路情况，水土保持、生态环境恢复情况与设计、批复的一致性。

9）通过查阅生产运行报表、SCADA 报表、电量结算单等有关数据，调研从投产年到调研年的生产运行指标，并进行对比分析。重点关注：全场实际结算上网电量、站端关口表电量、发电设备端电量，电网限电、设备计划/非计划停运损失电量、综合厂用电、场外因素等损失电量，设备可利用率，风机设备功率曲线，电网"两个细则"考核补偿情况及在同区域所处的排名水平。

2. 资源及发电量调查与评价

（1）风电项目资源及电量评价

1）收集项目前期原始测风数据，分析测风数据，复核项目风速、风向、风能、风频、湍流强度、风切变等资源要素，利用 CFD 模型软件复核场区范围内资源图谱等。

2）核查项目实际安装机型，复核项目机型的安全性，评估项目理论发电能力及产量。

3）对机位点及周边环境进行调研，对各机位点安全性、合理性及机位点风机噪声影响等可能引发电量损失的因素进行核查。结合实际年发电量，考虑项目实际运维水平和送出条件可能导致的故障、线路损耗、限电损失等因素，对项目整体实际发电能力做出综合评判。

（2）光伏项目资源及电量评价

重点核查以下边界条件，并综合评估项目发电能力。

1）核查确定组件安装容量、逆变器额定容量、箱变额定容量。

2）核查光功率预测数据（包括年度、月度辐照量等）是否与运维月报记录数据一致。

3）核查 SCADA 平台数据（包括逆变器发电量、上网电量等）是否与运维月报记录数据以及上网结算单数据一致。

4）核查光功率预测气象站安装方式、安装倾角、是否正常运行维护，是否定期清理，是否有遮挡等。

5）核查电站后台监控系统，收集实际辐照数据以及实际发电功率、电量等运行数据。

6）核查项目实际装机容量、场址中心点坐标以及海拔高度、投产时间、全容量并网时间、衰减率、弃光限电率、故障损失电量等数据。

7）必要时开展组件安装质量检验，并对组件抽样对衰减情况进行实验室检测。

3. 设备及安装工程质量调查与评价

通过查阅设备运行检修台账及缺陷记录，并对现场设备实际运行情况进行抽查或全面检查。抽查时需结合所选设备发电量、可利用率、故障率、功率曲线等指标进行综合判断。站内设备应做到尽可能全部检查到位，如因设备带电或隐蔽性工程无法就地检查，应对设计文件、试验报告、竣工报告及缺陷记录重点检查；检查结束后，应给出设备配置及规格参数是否符合设计规范，是否与技术协议一致，是否满足接入系统，是否存在重大质量问题，安装工程是否规范或存在重大隐患等评价结论，同时需要将重大问题或共性缺陷以图片形式展示。

（1）场区设备质量调查与评价

风机设备调查：主要检查叶轮、主轴、齿轮箱、发电机、变流系统、消防系统、塔筒、基础等，并核查机组是否获得有效认证的证书，认证机构认证所依据的标准和规范是否合理，认证评估内容是否完整，认证结论是否准确合理，实际装机与认证证书是否一致等情况。

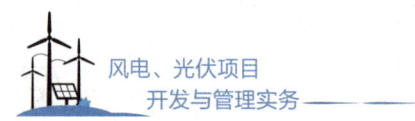

光伏区设备调查：根据某段时期发电量统计数据选取典型光伏发电单元进行容量和运行状况进行核查。主要检查：组件的正背面外观、连接位置、组件与支架的连接方式、组件的安装倾角、组件的支流线缆走线方式、是否存在遮挡和损坏等；支架的安装、构件的完整性和防腐情况；支架基础是否符合图纸设计要求；汇流箱和组串式逆变器的安装情况是否与图纸一致，是否做接地处理；箱逆变通风孔、积水情况，检修平台设置是否合理等。

此外，还有对箱变、集电线路、防雷、接地保护设施等进行调查。

（2）站内设备质量调查与评价

站内设备主要调查：项目接入系统情况；送出线路设计、施工及实际运行情况；升压站内 GIS、主变压器、接地变、断路器、隔离开关、避雷器配置及运行情况；升压站无功补偿装置配置及运行情况；高压室、二次继保室、监控室、水泵房内设备施工及运行情况；调度、通信设备及远动装置配置、供电电源、实际运行情况；升压站用电及照明配置及实际运行情况；升压站消防系统设施配置及运行情况；直击雷保护及配电装置的侵入雷电波保护的配置及运行情况；接地网设计及实际配置情况；其他附属设备、装置或系统配置情况，如设备监控系统、视频监控系统、火灾报警系统、SF6室内气体监测装置、工作电源、办公网络等。

4. 土建工程及施工质量调查与评价

1）依据电力行业土建工程施工标准，对照风电场、光伏区竣工图对场区土建工程风机基础、光伏支架基础、箱变基础总数量及总体道路质量情况，进行调查与评价。重点关注：风电机组、光伏支架、箱变、集电线路杆塔基础的外观，并进行回弹抽检；检修道路的宽度、坡度、转弯半径是否满足要求，现场道路是否平整，道路是否满足后期运维要求，场内检修道路是否设置错车平台，现场是否与图纸一致；电站水土保持措施情况是否到位，是否按水土保持设计满足要求，有无通过相关部门的水土保持验收；电站环境保护措施情况是否按设计执行，有无对环境破坏情况，是否通过相关部门的环境保护验收等。

2）对升压站选址、主要建筑物、土建工程、场内道路质量进行调查与评价。重点对升压站内所有基础外观进行外观检查，并对重要基础外露混凝土进行回弹测试。主要检查：升压站内综合楼各功能房间的配置情况（包含数量、面积等），建筑物外立面的实际情况，各建筑物是否有漏雨现象、室内室外地面沉降情况站区内排水，重点建筑物及设备基础沉降监测情况。

3）根据图纸要求现场检查相关构筑物的外观质量、防腐情况、螺栓紧固情况及安装情况等。重点检查：构筑物基础表面是否毛糙、有无破损、有无网状裂痕；预埋螺栓是否存在锈蚀现象、有无保护帽；构筑物类有无设置上人爬梯、爬梯是否有护笼；避雷针或构筑支架构件镀锌层是否存在划痕、锌疤、凹凸不平、老化生锈严重；主变（主变压器）是否存在围栏保护；油池是否设置卵石层、卵石层厚度是否达到图纸要求等。

土建工程具体资料审核要点如表 4-6 所示。

表 4-6　土建工程资料审核要点

要　点	内　容
施工资料核查	首先检查施工资料是否齐全，各分部、分项、子工程、隐蔽工程、消防工程验收等资料是否存在缺失现象，重点检查施工过程中有无重大施工事故，最后检查监理资料、竣工资料是否齐全，有无盖章，总结报告是否合格
地灾报告核查	查看项目地的地质环境条件、查看地质灾害类型、规模、形成条件。主要诱发因素及对工程的危害，查阅报告中描述的地质灾害体的危险性和危险程度、查看项目建设途中有无可能引发地质灾害、检查建设和规划用地适宜性和结论、核对现场有无相关的防治措施
地勘报告核查	查看光伏区的场址构造稳定性和适宜性，检查相关建筑物场址的工程地质条件和水文地质条件、查看地下水的质量报告、查看地基基础设计的相关岩土参数、查看冻土深度等
可行性研究报告	当现场未提供地勘报告和地灾报告时，可以参考可行性研究报告中的工程地质等资料
相关批复	结合现场实际情况对洪评、环评、水保、林业、压矿、非军事用地批复进行检查，检查时注意文件中的批复信息所属电站信息是否正确

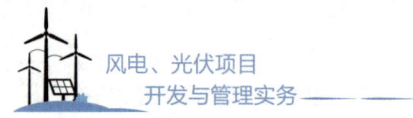

(续)

要　点	内　容
土地使用归属	现场需要检查土地预审、选址批复、土地证、相关土地租赁文件等，对土地的租赁方式、使用权、所有权、占地面积、使用年限等重要信息进行核查
项目方案核查	查看地块地貌、方阵及阵列数量、容量、系统方案等

4.2.2 法律尽职调查要点

法律尽职调查主要包括对并购标的、出让主体及交易内容的合法性、合规性进行全面评价，重点关注企业资质、股东背景、商业诚信、治理结构、股东约定、质押担保、或有负债、重大合同、房产土地、诉讼纠纷等核心问题，揭示可能存在的法律风险，提出防范建议。

风电、光伏项目股权投资项目的法律尽职调查，与其他行业的股权投资项目基本一致，一般从标的公司和标的项目两个层面涉及的合法合规情况进行评价，但在土地占用、项目的开发建设及运营等方面会存在其特殊性，下文将对风电、光伏项目这两个层面的尽职调查要点分别进行梳理。

1. 标的公司法律尽职调查要点

（1）公司资格

关注标的公司注册、股东及实际控股人的登记及变更的合规性情况，公司是否依法登记成立、存续，注册资本是否实缴，相应业务资质证照是否齐全，关注公司治理结构及历史沿革情况，特别关注是否存在实际信息与工商登记信息不一致，或股权、其他重要事项变更未体现于工商档案中的情形。

（2）股权受限

关注收购股权是否存在质押、查封等情况，是否存在转让限制的情形，关注股权转让方是否为需要履行特殊交易流程的主体，是否涉及国资应依据相关法律法规履行评估、备案/审批、进场等流程，重点关注收购标的发生过的股权变动及本次收购行为可能涉及的"倒卖路条"风险。

(3) 主要资产

对于土地，关注土地性质及获取方式（划拨、出让）的合规性，权属是否清晰、有无受限；对于房屋，关注房屋建设手续的合规性，房屋权属是否清晰、有无受限；对于固定资产，关注固定资产获取的合规性及权属情况，是否存在抵押、质押的情况。

(4) 重大债权债务及合同

关注标的公司对外负债情况，包括具体借款及还款情况、融资租赁情况等；公司对外担保的合法性，公司重要合同的签订及履行情况。例如，是否依法履行招投标手续、已签订合同内容是否合理、合同是否存在有效期问题、是否存在重大违约等。

(5) 财务及税务

关注标的公司执行税种及税率情况，是否受到过税务部门的处罚。重点关注土地使用税、耕地占用税、水土保持补偿费、草原植被恢复费、生态补偿费等可能涉及的税费缴纳的合规情况。关注标的公司取得税收优惠及财政补贴的情况。

(6) 劳动用工

关注标的公司员工聘用（包括劳务外包等情况）、劳动合同签订、社保缴纳、工资发放的情况。

(7) 诉讼、仲裁及行政处罚

关注标的公司、股东及实际控制人、公司主要人员涉及的诉讼、仲裁及行政处罚情况。

2. 标的项目法律尽职调查要点

(1) 项目备案/核准及项目建设指标获取情况

关注项目是否已经办理备案/审批手续并取得项目建设指标，关注项目是否按年度开发计划要求的时间及时开展了建设、并网工作。

(2) 项目开发、建设、验收及并网过程中审批手续情况

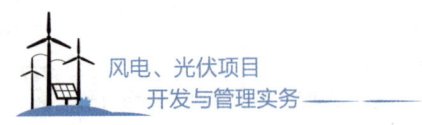

关注项目是否按照国家和当地的法律法规要求办理不同阶段的各类行政审批手续。

(3) 项目用地情况

关注项目用地手续办理情况，项目不同功能分区是否符合对应的用地原则和要求，关注项目用地是否涉及基本农田、林地、草地、自然保护区等生态红线或限制建设区域，对于特殊用地是否依法办理了相关手续。

(4) 项目实际建设情况与审批手续一致性情况

关注项目实际建设地点、建设规模及建设内容是否与审批手续一致。关注项目实际装机容量是否超出批复容量，项目超装幅度是否满足国家和当地政策要求，是否按要求提出核准变更申请或及时告知备案机关，是否对并网、补贴及限电定额产生影响。关注项目是否按照政策要求节点并网发电，是否存在并网节点只有少量设备并网的问题。

4.2.3 资产评估调查要点

资产评估是指评估机构按照有关法律、法规和资产评估准则、资产评估原则，采用公认的评估方法，对不动产、动产、无形资产、企业价值、资产损失或者其他经济权益进行评定、估算，最终形成资产评估报告。针对通过股权投资模式开展的风电、光伏项目投资，客观准确地进行资产评估，是项目收购方明确资产价值，确认交易对价的基础和前提。本节将对风电、光伏项目资产评估的关键因素以及主要评估方法选择分别进行介绍。

1. 资产评估关键因素确认

(1) 资产评估目的确认

基于委托方的经济行为及相关资料，全面了解委托方开展资产评估的目的，对于风电、光伏项目进行资产评估通常是为股权转让提供价值参考依据。

(2) 资产评估对象和范围确认

资产评估对象是指被评估的标的资产，评估范围是指评估对象具体表现形式和权利边界，评估对象和范围通常由委托方主要确认，由资产评估机构给予指导和协助。风电、光伏项目资产评估对象通常为被收购目标公司的股东全部权益价值，对应的评估范围为被评估企业的全部资产及负债。评估时应对评估对象的基本情况，包括所属行业、经营业务、资产负债和财务情况等进行深入了解。

（3）资产评估价值类型确认

资产评估价值类型一般包括市场价值、投资价值、在用价值、清算价值和残余价值。风电、光伏项目资产评估价值类型通常为市场价值，针对交易双方自愿情况下开展的正常公平交易行为。

（4）资产评估基准日确认

资产评估是对某一时点的资产提供价值参考。对于企业价值的评估，基准日通常选择会计期末，能够全面反映评估对象资产的整体情况。此外，资产评估基准日需要基于评估目的进行确认，确保满足评估资料收集和调查的开展，选择距相关经济行为计划实现日较接近的日期作为评估基准日。

（5）资产评估方法确认

企业资产评估通常有三种方法，包括收益法、资产基础法和市场法，需要根据评估目的、评估对象、价值类型、资料收集等情况，分析市场法、收益法和资产基础法三种资产评估基本方法的适用性，选择合适的评估方法。对于风电、光伏项目，资产评估时通常以收益法为主。

（6）资产评估结论确认

评估结论中，需要明确评估的最终数值和增减值情况，以及评估结论的使用有效期（通常为一年）。

2. 资产评估主要方法

（1）方法定义及适用范围

收益法，是指将预期收益资本化或者折现，确定评估对象价值的评估方法。资产评估时应当结合被评估单位的历史经营情况、未来收益可预测情

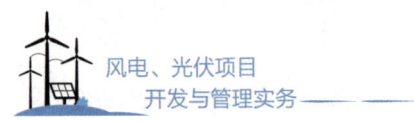

况、所获取评估资料的充分性进行选择。

市场法，是指将评估对象与可比上市公司或者可比交易案例进行比较，确定评估对象价值的评估方法。资产评估时应当根据所获取可比企业经营和财务数据的充分性和可靠性，以及可收集到的可比企业数量进行选择。

资产基础法，是指以被评估单位评估基准日的资产负债表为基础，评估表内及可识别的表外各项资产、负债价值，确定评估对象价值的评估方法。对于评估对象价值有重大影响且难以识别和评估的资产或者负债，应慎重考虑再进行方法选择。

（2）收益法评估要点

对于风电、光伏项目，其收入盈利模式较为简单和明确，对于未来收入及成本具备可预测性，故多采用收益法评估结果作为评估结论。

采用收益法进行资产评估时，通常选用企业净现金流折现，以被评估单位收益期企业净现金流为基础，采用适当折现率折现后加总计算得出被评估单位的主营业务价值，再加上非经营性、溢余资产的价值，减去非经营性、溢余负债的价值，得出被评估单位企业整体价值，之后减去付息债务价值得出股东全部权益价值。因此选用折现模型时，最关键的是对未来现金流的确认。对于风电、光伏项目未来现金流的确认，主要包括对收入、成本费用以及预测期限的确认。

收入方面，需要明确项目装机容量、利用小时和电价等重要指标。其中，对于装机容量，参考技术尽职调查报告，核实项目实际装机容量；对于项目利用小时，参考项目结算单和运行月报等资料，充分分析项目历史期的发电量及售电量情况。对于光伏项目需合理选取衰减率，同时结合项目所在区域情况合理预估项目限电水平；对于电价，包括标杆电价及补贴电价，随着电力市场的改革，风电、光伏项目参与交易，应结合项目历史期的实际结算情况，充分考虑市场化交易影响，合理预估未来收益。

成本费用方面，主要包括运维成本、管理费用、固定资产折旧和财务费用等，部分项目涉及土地租赁费用。对于运维成本，应结合已签订的合同协议以及当地和市场情况，考虑对运维成本进行合理调整。此外，对于税收方面，需根据企业取得的税收优惠以及减免时段，在对应的预测期内合理预测对应税率。

预测期限方面，风电、光伏项目一般具有明确的运营期，一般光伏项目为 25 年，风电项目为 20 年，需结合项目实际已投运时间和评估基准日的选择，明确项目剩余运营期作为预测期限。

4.2.4 财务审计调查要点

企业的财务审计，主要是指审计机构按照《中华人民共和国审计法》《中华人民共和国审计法实施条例》《国有企业财务审计准则》规定的程序和方法，对企业资产、负债、损益的真实性与合法性进行审查，最终形成审计报告，出具审计意见，反映企业资产、负债和盈亏的真实情况，揭示企业可能存在的主要财务风险。考虑到风电、光伏项目以及发电企业的特点，本节对财务审计主要内容及针对风电、光伏企业的财务审计特殊调查要点分别进行介绍。

1. 财务审计主要内容

财务审计报告主要包括对报表、资产、负债、所有者权益、损益的审计。

1）报表审计：主要是对企业资产负债表、利润表、现金流量表、会计报表附注及相关附表所进行的审计。

2）资产审计：主要是对企业流动资产、长期投资、固定资产、在建工程、无形资产、递延资产和其他资产的审计。

3）负债审计：主要是对企业流动负债、长期负债，包括短期借款、应付票据、应付账款、预收账款、其他应付款、应付工资、应付福利费、未交税金、未付利润、其他未交款、预提费用、长期借款、应付债券、长期应付款等会计项目所进行的审计。

4）所有者权益审计：主要是对企业实收资本、资本公积、盈余公积、未分配利润所进行的审计。

5）损益审计：主要是对企业销售收入、销售成本、销售费用、产品（商品）销售税金及附加、其他业务利润、管理费用、财务费用、投资收益、营业外收入、营业外支出、以前年度损益调整、所得税等会计科目所进行的审计。

2. 财务审计关注重点

（1）发电收入确认

风电、光伏企业的主要收入来自售电收入，对于补贴项目，还涉及国家和地方的政府补贴。售电收入的确认包括售电量及结算单价的确认，电网公司一般按月结算，国家补贴一般按年拨付，地方补贴拨付根据各省政策及项目情况有所差异。审计时应全面收集项目的电价批复文件、购售电合同、生产月报、电费结算单、电费发票等资料并开展详细分析，确认上网电量、账面收入与电费结算单数据的一致性，确认企业是否按照相关会计准则计列发电收入。

对于政府补贴，审计时应重点核查认定补贴依据的准确性，尤其针对可再生能源基金补贴，部分风电、光伏企业持有项目，即使没有进入可再生能源发电补贴目录，也将相关补贴收入计入营业收入中。审计时应结合项目上网电价的批复文件、项目是否进入补贴目录及是否符合进入的要求，以及是否通过补贴核查情况等进行全面核查确认。

（2）发电成本确认

风电、光伏项目的发电成本主要包括折旧、材料、维修、其他费用、职工薪酬等。审计时需详细梳理企业合同台账、各银行账户银行流水等，确认材料、维修、其他费用等成本费用是否完整入账，成本费用分摊是否合理。对于职工薪酬，重点核查企业工资政策、工资附加费的计提标准、职工五险一金的政策及标准等。

（3）固定资产确认

风电、光伏企业的固定资产占总资产的比例较高（可达80%以上），针对固定资产的所有权、存在及累计折旧的确认对企业财务数据准确性至关重要。审计时应收集项目竣工决算报告，确认决算报告数据与财务账面数值的一致性，核查固定资产清单（包含原值、累计折旧、开始使用日期、使用年限、已提折旧期限、本期折旧等）准确性和合理性，重点关注基建以及技改相关列支情况。

（4）关联交易确认

部分风电、光伏企业存在与股东及关联方的各类采购、销售、资金拆借等关联交易行为，财务审计时应进行重点核查并披露。审计时应收集企业涉及的各个关联方及对应关系，对于原为关联方，后该关联方注销或股权变动成为非关联方的，也应进行关注。同时，需梳理各关联方的关联交易，包括交易类型、交易金额及占同类交易总额的比例。交易类型主要包括采购、销售、担保、租赁、劳务、资金往来等。

（5）税收确认

风电、光伏项目具有较高的政策性，审计时应结合国家和地方最新税收政策，收集企业税收优惠所依据的文件并核查有效性，收集纳税申报表、纳税鉴定、汇算清缴、税审报告等资料并开展分析，重点关注项目是否涉及土地使用税、耕地占用税缴纳并收集税务部门意见文件，核查是否存在税务处罚及企业的补缴情况。

4.2.5 案例分析

2022年3月24日，国家发改委等三部委联合印发《国家发展改革委办公厅 财政部办公厅 国家能源局综合司关于开展可再生能源发电补贴自查工作的通知》，要求在全国范围内开展可再生能源发电补贴核查工作，进一步摸清可再生能源发电补贴底数。核查对象包括电网和发电企业，范围为截止到2021年12月31日已并网，有补贴需求的全口径可再生能源发电项目。核查重点主要集中在倒卖路条、超装、全容量并网等方面。2023年1月6日，

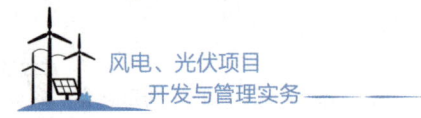

受国家发改委、财政部、国家能源局委托，国家电网与南方电网分别正式公布了《关于公布第一批可再生能源发电补贴合规项目清单的公告》。

1. 案例一

某公司于 2020 年 7 月完成某 200MW 光伏项目的备案，项目于 2022 年 3 月全容量并网投产。该公司曾于 2021 年 10 月发生股权变更。在对该企业进行并购前尽职调查的过程中，技术尽职调查机构在调查目标公司国补项目全容量并网时间时，未核查投产前是否擅自变更投资主体。收购后发现，该项目已被禁止申请国家可再生能源补贴，给收购方带来了严重的经济损失。

2. 案例二

某央企拟收购某公司 80% 的股权，该公司持有 6 个光伏项目公司，法律尽职调查机构通过对拟收购目标公司及其持有的 6 个项目公司的相关法律文件进行全面调查后发现，该项目公司持有的 6 个光伏电站项目中，有 2 个光伏项目已纳入国家补贴清单但尚未通过国补核查，存在国补退坡的风险。之后，在该项目进行资产评估时，评估机构参考法律尽职调查机构的国补退坡的风险提示，对这 2 个项目的上网电价进行相应核减，较为真实地反映了该目标公司的股权价值，交易双方根据最终评估值对目标公司的交易价款进行确定，同时在股转文件中，明确约定交易价格的调整机制，通过预留部分资金作为电价退坡风险的保证金，并设定转让款项退还机制，保障了项目收购方的利益。

可见，全面详细的尽职调查对于股权投资项目成功与否有着决定性作用。因此，在开展并购项目投资前，收购方需要聘请专业的尽职调查机构对项目风险进行全面梳理，防控风险，保证收购方利益最大化。

3. 案例三

公司 A 计划收购公司 B 某子公司 100% 的股权，该子公司涉及某 100MW/120MWp 分布式光伏项目，具体项目信息如下。

评估基准日的子公司基本财务信息：负债 30000 万元、货币资金 500 万元、应收标杆电费 100 万元、应收补贴电费 900 万元、应收公司 B 800 万元、应付公司 B 400 万元、剩余可抵扣税金 1000 万元、固定资产 35000 万元。

基本信息：使用寿命 25 年、已运行年限 5 年；股权对价 15000 万元，股权协议中，应收标杆电费和应收补贴电费归出让方所有，抵减子公司与出让方关联交易 400 万元；资本成本率 4.6%、短期贷款利率 3.45%、长期贷款利率 3.9%；还款年限 10 年，还款方式为等额还本付息。

本案例中，评估基准日子公司负债 30000 万元，但在股权对价协议中规定，抵减子公司与出让方关联交易 400 万元。所以在并购后，负债会减少 400 万元。另外，在接管子公司时，该子公司账面存有货币资金 500 万元，该货币资金也可直接用于归还负债。因此，在并购完成后，子公司负债可视为 30000-400-500=29100 万元，再加上股权对价的 15000 万元，公司 A 在并购该子公司时实际总投资为 44100 万元。

成本费用信息：残值率 3%，折旧年限 20 年（已折旧 5 年）；采用委托运维方式，不设人员，委托运维费 60 元/（kW·年），含材料费和维修费；保险费评估基准日固定资产净值×0.10%；土地租赁费每年 100 万元；扶贫专项款每年 300 万元；其他费用 40 元/（kW·年）。

收入和税金信息：装机容量 100MW/120MWp；首年无衰减利用小时为 1350h（全额上网）；综合上网电价 0.35 元/（kW·h）（含税，不参与辅助服务和绿电绿证交易），补贴电价 0.25 元/（kW·h）（含税，延期 2 年支付）；增值税率 13%；企业所得税率 25%，执行"三免三减半"政策，即项目运营后第 1～3 年企业所得税率为 0，第 4～6 年企业所得税率为 12.5%；城市维护建设税率为 7%；教育费附加税率为 5%；法定盈余公积金比例为 10%。

经计算，该项目的财务指标如表 4-7 所示。

表 4-7　并购项目案例财务指标一览表

序号	项目	单位	数值
1	投资回收期（所得税前）	年	8.10
2	投资回收期（所得税后）	年	9.59
3	全投资内部收益率（所得税前）	—	10.16%
4	全投资内部收益率（所得税后）	—	7.68%
5	全投资财务净现值（所得税前）	万元	6830.06
6	全投资财务净现值（所得税后）	万元	2215.67
7	资本金财务内部收益率	—	12.67%
8	资本金财务净现值	万元	6228.60
9	总投资收益率	—	7.55%
10	投资利税率	—	6.87%
11	资本金净利润率	—	24.32%
12	资产负债率（最大值）	—	80.00%
13	盈亏平衡点（生产能力利用率）	—	55.74%
14	盈亏平衡点（年产量）	MW·h	81298.29
15	度电成本	元/(kW·h)	0.3362

该项目资本金财务内部收益率为 12.67%，资本金净利润率为 24.32%，均远远大于资本成本率，表明该项目收益率良好。该项目度电成本为 0.3362 元/(kW·h)，大于综合上网电价为 0.3097 元/(kW·h)（不含税），如果没有电价补贴 0.25 元/(kW·h)，该项目将会产生亏损。

若股权对价协议中规定应收标杆电费和应收补贴电费归受让方所有，则应收标杆电费通常在短期内可以收回进入货币资金，因为可以将其等同货币资金处理，在负债中进行扣除，而应收补贴电费回收期较长，通常取 2～4 年不等。

依旧采用上述案例，其他条件不变，股权对价协议中，应收标杆电费和应收补贴电费归受让方所有，则最终总投资为：股权对价＋负债－关联方交易较小值-货币资金-应收标杆电费=15000+30000-400-500-100＝44000万元。另外，应收补贴电费回收期取4年。

经计算，此时该项目的财务指标如表4-8所示。

表4-8 并购项目案例财务指标一览表（应收费用归受让方所有）

序号	项目	单位	数值
1	投资回收期（所得税前）	年	7.94
2	投资回收期（所得税后）	年	9.40
3	全投资内部收益率（所得税前）	—	10.43%
4	全投资内部收益率（所得税后）	—	7.93%
5	全投资财务净现值（所得税前）	万元	7612.68
6	全投资财务净现值（所得税后）	万元	3021.40
7	资本金财务内部收益率	—	13.17%
8	资本金财务净现值	万元	6861.50
9	总投资收益率	—	7.57%
10	投资利税率	—	6.90%
11	资本金净利润率	—	24.44%
12	资产负债率（最大值）	—	80.00%
13	盈亏平衡点（生产能力利用率）	—	55.63%
14	盈亏平衡点（年产量）	MW·h	81132.92
15	度电成本	元/(kW·h)	0.3357

若股权对价协议中，应收标杆电费和应收补贴电费归受让方所有，该项目资本金财务内部收益率为13.17%，资本金净利润率为24.44%，相对于应收标杆电费和应收补贴电费归出让方所有均有所上涨。

第5章 风电、光伏项目开发商业模式

在风电、光伏发展的初期，因集中式发电具有规模效应和成本优势，能够降低单位发电成本，提高能源利用效率，集中式发电占据主导地位。随着风电、光伏技术的不断发展和市场的逐步成熟，单纯的集中式发电已经不能满足市场需求，分布式发电以其灵活性高、可靠性强、能够适应不同地区的能源需求和负荷变化的特点，逐渐展现出其独特的优势，"风电、光伏+"的概念应运而生。"风电、光伏+"是指将风电、光伏技术与传统产业、服务业等领域进行深度融合，形成新的产业生态和商业模式。例如，"风电、光伏+交通""风电、光伏+建筑""风电、光伏+农业"等领域都展现出了广阔的市场前景和发展潜力。因此，研究探索风电、光伏项目开发可行的商业模式，对于推动风电和光伏项目的广泛应用，促进可再生能源产业的发展具有重要意义。

5.1 风电、光伏项目开发商业模式与案例分析

风电、光伏项目的电力消纳途径主要有全额上网、"自发自用，余电上

网"以及全部自用三种。全额上网模式下，所发电量全部输入公共电网，并以规定的上网电价进行结算，这种方式适用于那些发电量大、自用比例低的项目。通过将全部电量上网销售，实现经济效益最大化。"自发自用，余电上网"则是指所发的电量自己用一部分，用不完的卖给电网，通过优先满足自身用电需求，将剩余电量上网销售，既保证了项目的自用需求，又能通过销售电量获得一定的经济收益。全部自用即项目所发电量全部为自己使用。

全额上网模式多适用于集中式风电、光伏项目，即将大型风电、光伏电站建在一个集中的场址上，通过电缆将发电后的直流电能转化成交流电，输送至电网中心再卖给用户。为促进可再生能源的快速发展，在此前我国中央和地方政府对风电、光伏发电一直通过"保量保价"政策进行保障性收购，确保风电、光伏项目的消纳。但风电、光伏发电装机容量快速增长带来的财政补贴压力及风电、光伏发电波动性大的缺陷会增加电网系统运营成本，成为电力市场建设过程中迫切需要解决的问题。自2015年《中共中央 国务院关于进一步深化电力体制改革的若干意见》发布以来，我国电力市场化改革不断深入，市场化交易电量占比从2016年的不到17%上升到2023年的超过61%。随着电力市场建设的加快，及风电、光伏在部分地区占比的快速提升，风电、光伏发电逐步开始参与中长期、现货市场交易。在绿电占比较高的省份和地区（如甘肃和蒙西），多数风电、光伏场站都参与了现货市场交易，蒙西地区除扶贫项目外全部参加了现货市场交易。为了保障风电、光伏发电（特别是退补后）的收益，在电能量交易市场之外，绿电的环境属性相关制度逐步配套建立。

"自发自用，余电上网"和全部自用模式多适用于分布式风电、光伏发电项目，即分布式项目以其分散性、小型化、灵活性的特点，近年来也实现快速发展，其投资主体多元化，资源利用效率高，商业模式较为灵活多样。国家也提出了大力推进分布式可再生能源发展的要求，推行终端用能领域多能协同和能源综合梯级利用的方式。

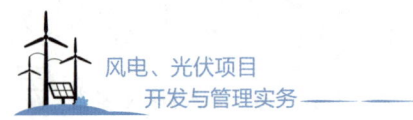

5.1.1 风电、光伏项目商业模式

风电、光伏项目商业模式主要有三种：全额上网；自发自用，余电上网；全部自用。

1. 全额上网

（1）保障性收购

2015年西北地区"弃光率"达到了17.08%，其中甘肃全年平均利用小时数为1061h，累计弃光电量为26.19亿kW·h，约占该地区全部弃光电量的56%，弃光率高达30.7%，弃光问题最为突出；其次为新疆，全年平均利用小时数为1042h，累计弃光电量为15.08亿kW·h，约占该地区全部弃光电量的32%，弃光率达到26%。风电方面，2015年全国弃风电量达到339亿kW·h，直接经济损失超过180亿元。

2016年，国家发改委、国家能源局联合印发《国家发展改革委 国家能源局关于做好风电、光伏发电全额保障性收购管理工作的通知》，核定并公布了重点地区风电、光伏发电最低保障性收购年利用小时数及相关结算、监管要求，如表5-1和表5-2所示。

表 5-1 风电重点地区最低保障收购年利用小时数核定表

资 源 区	地 区	保障性收购利用小时数/h
Ⅰ类资源区	内蒙古除赤峰、通辽、兴安盟、呼伦贝尔以外其他地区	2000
	新疆乌鲁木齐、伊犁哈萨克族自治州、克拉玛依、石河子	1900
Ⅱ类资源区	内蒙古赤峰、通辽、兴安盟、呼伦贝尔	1900
	河北张家口	2000
	甘肃嘉峪关、酒泉	1800

（续）

资　源　区	地　区	保障性收购利用小时数 /h
Ⅲ类资源区	甘肃除嘉峪关、酒泉以外其他地区	1800
	新疆除乌鲁木齐、伊犁哈萨克族自治州、克拉玛依、石河子以外其他地区	1800
	吉林白城、松原	1800
	黑龙江鸡西、双鸭山、七台河、绥化、伊春、大兴安岭地区	1900
	宁夏	1850
Ⅳ类资源区	黑龙江其他地区	1850
	吉林其他地区	1800
	辽宁	1850
	山西忻州、朔州、大同	1900

表 5-2　光伏发电重点地区最低保障收购年利用小时数核定表

资　源　区	地　区	保障性收购利用小时数 /h
Ⅰ类资源区	宁夏	1500
	青海海西	1500
	甘肃嘉峪关、武威、张掖、酒泉、敦煌、金昌	1500
	新疆哈密、塔城、阿勒泰、克拉玛依	1500
	内蒙古除赤峰、通辽、兴安盟、呼伦贝尔以外地区	1500
Ⅱ类资源区	青海除Ⅰ类外其他地区	1450
	甘肃除Ⅰ类外其他地区	1400
	新疆除Ⅰ类外其他地区	1350
	内蒙古赤峰、通辽、兴安盟、呼伦贝尔	1400
	黑龙江	1300
	吉林	1300
	辽宁	1300
	河北承德、张家口、唐山、秦皇岛	1400
	山西大同、朔州、忻州	1400
	陕西榆林、延安	1300

尽管国家已经发布相关政策，但是从实际来看，部分省份风电、光伏项目的实际保障性收购利用小时数逐渐降低，甚至完全没有保障利用小时数的概念。例如，陕西省发改委、国家能源局、西北监管局联合下发《陕西省2021年新能源发电企业参与市场化交易实施方案》，调整风电、光伏保障利用小时数至1700h、1250h；内蒙古工信厅发布《2020年度内蒙古西部电网发电量预期调控目标（征求意见稿）》，调整风电、光伏保障利用小时数至1500h、1200h；宁夏和甘肃调整风电、光伏保障利用小时数至不足900h、500h等。随着风电、光伏大规模快速发展，出现类似情况的地区在逐步增加，风电、光伏全额保障性上网收购压力越来越大。同时，风电、光伏承担系统调节费用越来越高，有越来越多的市场主体呼吁风电、光伏进入电力市场。

（2）电力市场

1）中长期交易。中长期电能量交易是指中长期电能量市场中以多年、年、月、周及日以上为交易组织周期，以电能量为标的开展的市场化交易。交易结果经交易校核通过后生效，交易形成的市场合约和电网代购市场电量合约，按各地区电力市场结算实施细则规定进行结算。

自2016年12月，国家发改委、国家能源局下发《电力中长期交易基本规则（暂行）》以来，全国大部分省份已出台本省中长期直接交易实施细则。北京电力交易中心和广州电力交易中心分别编制了《北京电力交易中心跨区跨省电力中长期交易实施细则》和《南方区域跨区跨省电力中长期交易规则》。2020年7月1日，国家能源局开始修订《电力中长期交易基本规则》的有关征求意见工作。

2）现货交易。现货电能量交易指在系统实时运行日前一天至实时运行之间，通过交易平台集中开展的电能量交易活动。现货电能量交易包括日前电能量交易、日内电能量交易和实时电能量交易。

2017年8月印发的《国家发展改革委办公厅 国家能源局综合司关于开展

电力现货市场建设试点工作的通知》，对现货市场建设的基本原则、市场模式选择、运营机制、市场衔接及配套机制等进行了明确，选择南方（以广东起步）、蒙西、浙江、山西、山东、福建、四川、甘肃8个地区作为第一批现货试点。2019年7月，国家发展改革委办公厅、国家能源局综合司印发《关于深化电力现货市场建设试点工作的意见》，根据国家发展改革委的部署，2021年，印发《国家发展改革委办公厅 国家能源局综合司关于进一步做好电力现货市场建设试点工作的通知》，选择上海、江苏、安徽、辽宁、河南、湖北6省市为第二批电力现货试点。

目前，风电、光伏参与市场化交易的省份，风电、光伏市场化交易电量占上网电量比例在15%~65%不等。陕西2021年放开风电、光伏15%的电量进入市场；新疆、甘肃、蒙东、宁夏地区风电、光伏市场化电量占比约2/3；蒙东地区全部的风电、光伏都参与市场，市场化程度较高。青海风电、光伏装机占比为60%，水电装机占比为30%，风电、光伏已成为主力电源。根据2022年1月印发的《国家发展改革委 国家能源局关于加快建设全国统一电力市场体系的指导意见》，全国统一电力市场体系到2025年初步建成，到2030年基本建成，届时风电、光伏将全面参与市场交易。

2. 自发自用，余电上网

2017年11月，《国家能源局综合司关于征求〈分布式光伏发电项目管理暂行办法〉修订意见的函》，重新定义了分布式光伏的概念。2009年我国开始提出分散式风电的概念，2011年开始出台了相关产业政策。分散式风电项目是指靠近负荷中心，不以大规模远距离输送电力为目的，所产生的电力就近接入当地电网进行消纳的风电项目。分散式接入风电项目装机容量一般在6~50MW，单个项目总容量不超过50MW。因不需要新建高压送电线路和110kV、66kV变电站，可以节省输配环节投资。分散式风电项目容量小，占比面积小，规划选址等前期核准手续流程短。

分布式风电、光伏项目商业模式有以下六种。

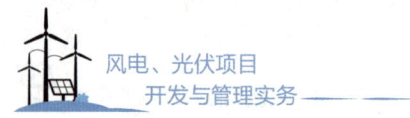

（1）屋顶租赁模式

在具备应用条件的党政机关、医院、学校、工商业及农村居民所属建筑物屋顶，采用屋顶租赁模式，租赁年限一般为 20～25 年，屋顶租金按照光伏组件的面积计算，单价在 20～50 元 /（块·年），由项目公司按年向屋顶业主支付租赁费用。

项目公司直接与业主签订《屋顶租赁与使用协议》或者《电站经营权承包租赁合同》等，在租赁屋顶后进行光伏电站的开发、运营和维护。所发电量"销售给业主，余电上网"，也可以全额上网，售电收益由项目公司独享。

（2）电量电价收益分成模式

在屋顶光伏电站运营期内，项目公司与屋顶业主协商确定，按照屋顶电站年度总发电量向屋顶业主支付电价现金比例分成，一般业主分成比例不低于 20%。适用于业主屋顶面积较大但消纳比例较低、原电费标准较低，采用全额上网的区域。

（3）"租金＋固定比例"收益模式

在资源非常优质的分布式光伏开发区域，政府与项目公司签订整县分布式光伏框架协议后，将所有公共屋顶交由项目公司投资运营，按固定年限收取租金；同时，政府协助项目公司完成整县分布式光伏项目落地和建设，项目公司在项目运营期 25 年内，每年从可供分配净利润中计提不少于 10% 支付给政府。

（4）电价打折模式

在消纳能力强，电费标准较高的地区，项目公司与屋顶业主协商确定签订《合同能源管理协议暨屋顶租赁与使用协议》，所发电量屋顶业主优先使用，屋顶业主购买使用光伏发电的电力，按一定折扣电价使用电能，一般在原价的 85%～95%，多余电力上网，不足电量由电网企业按当地电价向业主提供，不得高于光伏发电上网电价。一般消纳比例不低于 80%，采用余电上网模式。

（5）业主入股模式

为了招商引资，在光资源非常优质的分布式光伏开发区域，如果屋顶业主、政府投资实力强，采用业主入股模式。

项目公司出资建设运营，屋顶业主以屋顶面积折价量化参股，按比例分享发电收益，具体参股比例由双方自行协商。

政府与光伏开发企业成立合资项目公司，用于辖区内分布式光伏投资建设运营。项目公司出资建设、运营，屋顶业主以屋顶面积折价量化参股，按比例分享发电收益，具体参股比例由双方自行协商。政府既收取自有屋顶租金，又取得项目公司的股东利润分配。

（6）整县推进模式（特许经营权招标）

屋顶光伏特许经营权招标模式正在成为潮流。地方政府为了增加财政收入、盘活沉淀的屋顶资源，与经济效益好的央国企或本地企业实施集中连片开发、整镇推进，建设模式以屋顶为主，采用"TOT+BOT"（转让–运营–移交和建设–运营–移交）运作方式。

项目公司取得政府屋顶的建设运营光伏项目特许经营权，向政府方支付特许经营费，项目公司并网售电获得收入，负责项目投融资、建设、运营维护、移交，在特许经营期满后（经营年限一般为30年）将屋顶资源和屋顶光伏项目无偿、完好地一并移交政府部门。

3. 全部自用

光伏全部自用项目是指通过安装光伏发电装置，使其供电，用于自发产电和自备用电，从而消除居民及企业对电网电力的依赖。

光伏全部自用项目在农业和城市等各个领域都有广泛的应用。在农业领域，可以利用光伏发电为温室大棚提供电力，实现农业生产的恒温、恒湿等环境控制；为农田灌溉系统提供电力支持，提高农业生产的效益；为偏远地区的农业生产基地解决电力供应不足的问题。在城市领域，城市光伏发电系

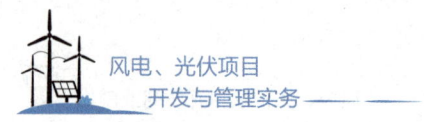

统主要利用太阳能电池板为城市提供电力支持,其应用场景包括公共设施、建筑物和城市电力系统等。总体来说,光伏全部自用项目是一种节能环保、经济高效的能源利用方式,对于推动绿色能源发展和应对能源危机具有重要意义。

5.1.2 案例分析

1. 集中式项目

蒙西地区风电、光伏资源富集,开发潜力巨大,并可助力京津冀大气污染治理,还能够充分发挥周边地区风光资源优势。某大型风电项目,项目位置位于内蒙古自治区(蒙西地区),风能资源总体十分丰富。该项目建设规模为 100 万 kW,风电工程投资概算编制执行国家能源局颁发的现行《陆上风电场工程设计概算编制规定及费用标准》(NB/T 31011—2019)和国家、部门或地区其他现行的有关文件规定的费率标准,设备、材料等按市场价格计算,项目单位投资约 5800 元 /kW。

根据国家发改委、建设部颁布实施的《建设项目经济评价方法与参数》(第三版)、《风电场预可行性研究报告编制办法》等相关管理规定,项目考虑流动资金为 30 元 /kW,自有资金占 20%、外部融资占 80%。

成本方面,主要包括折旧费、维修费、职工工资及福利费、劳保统筹费、住房公积金、保险费、材料费、摊销费、财务费用、利息支出及其他费用等,年均总成本费用约 40000 万元。此外,根据内蒙古自治区发布的相关政策要求,就地消纳项目应配置不低于 15%(2h)储能装置,充放电次数不低于 6000 次,单体电芯容量不低于 150A·h。因此,该项目考虑配置储能,各年储能运维费用按静态投资的 1‰计列且每隔五年递增。

收入方面,蒙西电力市场"新能源以及用户侧全电量参与现货出清""市场不分割,发挥价格发现作用",因此在中长期交易合同签订过程中,平价项目不参加保障电量分解,且协商电量总额不受限制。目前,协商市场价格基本与燃煤标杆电价持平，即 282.9 元/（MW·h）。平价项目虽无政府补贴，但可通过绿色权益来提高收益，回收投资成本。项目在各个市场中电价具体收益如下。

1）参与现货市场交易：约占每年全部发电量的 25%，交易电价约为 0.1729 元/（kW·h）。

2）参与绿电交易：约占每年全部发电量的 25%，在标杆电价为 0.2829 元/（kW·h）的基础上溢价 0.025 元/（kW·h），最终电价为 0.3079 元/（kW·h）。

3）参与中长期交易：约占每年全部发电量的 50%，交易电价为标杆电价为 0.2829 元/（kW·h）。

4）辅助服务费用/市场运行费用分摊：对于风电、光伏项目还需要考虑现货市场条件下的系统调节成本、市场运行成本或其他辅助服务费用的分摊，按 0.03 元/（kW·h）计列。

发电量方面，蒙西地区场址属温带大陆性季风气候，风能资源丰富，70m 高度实测年平均风速为 7~10m/s。场址海拔高度在 1000~1700m，为退化的草原和丘陵地形地貌，局部起伏较大。蒙西地区风资源较好，风速年内变化小，预估项目年利用小时数在 3000h。此外，由于风电、光伏发电与用电需求存在时间和空间上的不匹配性，使得所发电力不能被即时利用，只得弃电。根据全国新能源消纳监测预警中心发布的 2023 年全国新能源并网消纳情况，蒙西弃风率最高为 6.8%，因此本项目考虑每年弃风率为 10%。

根据以上边界条件设置，本风电场运营期为 20 年，计算期内基准收益率按 8% 计，就地消纳部分按照平价风电、光伏项目电量全部参与市场化交易，综合上网电价为 0.2379 元/（kW·h）。最终计算本项目资本金内部收益率可达 9% 以上，具有一定的盈利能力和偿债能力，总的财务指标较好，财务评价可行。

2. 分布式项目

云南地处低纬高原，北回归线贯穿于省内南部，各地海拔相对较高，加之所处地理位置的特殊性，使得全年可接受的太阳辐射能比较充裕。某屋顶分布式光伏项目，项目位置位于云南省内，太阳能资源丰富。该项目用于分布式光伏开发的屋顶有党政机关、学校、医院、村委会、工商业厂房，屋顶总面积近 50 000m²，建设规模为 8MW，光伏工程投资概算编制执行国家能源局颁发的现行《光伏发电工程设计概算编制规定及费用标准》（NB/T 32027—2016）和国家、部门或地区其他现行的有关文件规定的费率标准，设备、材料等按市场价格计算，项目单位投资约 4000 元 /kW。

根据国家发展改革委、建设部颁布实施的《建设项目经济评价方法与参数》（第三版）、《光伏发电工程可行性研究报告编制办法（试行）》等相关管理规定，项目考虑流动资金为 30 元 /kW，自有资金占 20%、外部融资占 80%。

成本方面，主要包括折旧费、维修费、职工工资及福利费、劳保统筹费、住房公积金、保险费、材料费、摊销费、财务费用、利息支出及其他费用等；屋顶租金为 4 元 /（m²·年）；年均经营成本费用约 80 万元，年均总成本费用约 240 万元。

收入方面，采用"自发自用、余电上网"模式。考虑光伏所发电量 50% 用于自用，自用电价按原价的 90% 让利结算取 0.46 元 /（kW·h）；50% 用于上网，上网电价为 0.3358 元 /（kW·h）。自用电价与上网电价加权平均的综合上网电价为 0.3979 元 /（kW·h）。

税金方面，根据国家税收政策，电力产品增值税税率为 13%；城市维护建设税和教育费附加（含国家和地方教育费附加），以增值税税额为基础计征，税率分别取 5% 和 5%；企业所得税按西部大开发优惠所得税税率（2021 年 1 月 1 日—2030 年 12 月 31 日），自该项目取得第一笔生产经营收入所属纳税年度起，第一年至第三年免征企业所得税，第四年至第六年减半征收企业所得税（7.5%），六年后所得税按照 15% 征收，2030 年以后企业所得税按 25% 征收。

发电量方面，云南地区站址太阳能资源很丰富，从资源等级划分属较适宜水平。该项目 25 年年平均利用小时数为 1225h，预计运行期 25 年平均上网电量约 990 万 kW·h。

根据以上边界条件，本光伏场站运营期为 25 年，计算期内基准收益率按 8% 计，本项目资本金内部收益率为 11.63%，具备一定的盈利水平，该项目财务评价可行，将是一个环保、低耗能、节约、经济型的光伏发电项目，适合投资。

5.2 "风电、光伏 +"项目开发商业模式与案例分析

2022 年，根据《国家发展改革委 国家能源局关于完善能源绿色低碳转型体制机制和政策措施的意见》，部分省份发布促进绿色低碳产业相关措施，都提出要构建以清洁低碳能源为主体的能源供应体系，培育绿色低碳新业态。随着国家与新兴产业发展相关的政策密集出台，政策导向越来越清晰、措施越来越具体，为绿色低碳产业发展提供了良好环境和重要发展机遇。光伏治沙、"农业 + 光伏"、可再生能源制氢等新模式、新业态不断涌现，分布式成为光伏发展主要形式，2022 年全国分布式光伏新增装机容量为 5111 万 kW，占光伏年度新增装机容量 58% 以上。

"风电、光伏 +"是指风电、光伏为主的新型能源，以先进技术突破和体制机制创新为支撑，与"农、林、牧、渔""工业、交通、建筑""生态、环保、旅游、扶贫"等多产业高度融合，打造"源网荷储"一体化，实现电源侧、电网侧、负荷侧资源和储能高度整合，提高能源利用效率，向终端用户提供清洁低碳、安全、高效的综合能源服务。目前，行业中已出现"风电、光伏 + 绿色生态""风电光伏 + 绿色化工""风电、光伏 + 储能"和综合智慧能源等类型的商业模式，未来将会涌现更多的产业交叉与融合。在新型电力市场环境下，以"风电、光伏 +"项目为主要研究对象，充分考察

政策、市场条件对项目收益的影响，通过量化风险，差异化地揭示各类型项目在各省域范围内的投资收益，对在双碳目标下明确产业发展方向、区域布局、投资重点，提高市场竞争力具有重要作用。

5.2.1　风电、光伏＋绿色生态

"风电、光伏＋绿色生态"包含光伏治沙、"光伏＋污水处理"、"风电、光伏＋海洋生态"及"风电、光伏＋植物工厂"等多种场景。

1. 开发流程

项目开发流程可分为前期开发、项目备案、设计施工、并网验收四个阶段。

前期开发阶段：寻找项目资源、项目筛选、业主接洽、踏勘收资、技术方案、确立开发合作意向、签订相关协议。

项目备案阶段：项目报送至发改委备案、电网公司批复接入方案。

设计施工阶段：采购招标、施工图设计、现场实施建设。

并网验收阶段：提出并网验收和调试申请、电网公司受理、与电网签订购售电合同和并网调试协议、安装关口电能计量装置、完成并网验收及调试。

"风电、光伏＋绿色生态"场景在开发过程中侧重点各有不同。

（1）光伏治沙

充分了解当地政府对光伏及沙漠治理的相关政策，积极争取当地政府的支持和补助。

（2）光伏＋污水处理

根据污水厂内不同位置的设施情况不同，选择合理的光伏组件安装形式，满足正常生产需要的同时提高装机规模。

（3）风电、光伏＋海洋生态

充分了解当地政府对海洋生态的相关政策措施，积极获取当地政府的支持和补贴，落实海域使用权的审批，选择合理的组件安装形式。

（4）风电、光伏+植物工厂

深度摸清当地农业的痛点和难点，规划好农业种植方案，为后续农作物营销模式和销售路径提供一体化的解决方案。

2. 商业模式

（1）光伏治沙

光伏治沙模式的核心就是"板上发电、板下种植、板间养殖、治沙改土、带动乡村振兴"，把沙漠地区可持续综合治理、光伏产业、现代节水农业、生态养殖业进行有机结合，统筹发展。

光伏治沙工程要先开展沙漠场平工作，使其达到光伏建设要求；在建设中后期开展沙漠生态治理工作，包括光伏电站外围防风阻沙带建设、光伏发电区固沙和生态治理工程。板下经济工程包括现代节水农业种植和板间生态养殖。板下现代节水农业种植适合规模化开展马铃薯、南瓜等有机蔬果及板蓝根、黄芪、黄芩等中药材作物的种植。板间生态养殖适合分区适度规模建设相应牛羊养殖圈舍和家禽禽舍。

（2）光伏+污水处理

在"双碳"目标下，国家鼓励污水处理企业综合利用场地空间，采用"自发自用、余电上网"模式建设"光伏+污水处理"项目。利用污水处理厂空间庞大的天然优势，加装太阳能光伏板，白天光伏发电，让污水处理用电即发即用，不仅可以降低电力成本开支，减少污水处理成本，同时光伏板对污水池的遮挡，能有效抑制污水池内水体藻类生长，提高污水处理效率，减少碳排放。

通过计算污水处理厂一定时间内处理单位污水直接和间接产生的二氧化碳排放总量，通过优化工艺、节能降耗、资源回收、新能源开发利用等方式，降低污水处理厂产生的二氧化碳排放量，实现污水处理运行阶段低碳化。

（3）风电、光伏+海洋生态

风电、光伏+海洋牧场是现代农业与风电、光伏产业高效结合的典型代表。在一定海域内，海上风电、光伏工程与渔业养殖相结合，既能生产绿电，桩基还可为鱼类、贝类和藻类等提供栖息和产卵场所，又吸引海鸟等生物，形成一条高度复杂的食物链，合理利用风电、光伏占用的海洋水域空间，使海洋资源价值最大化。

在海上风电、光伏建设之前，对桩基等进行专门的规划设计，在光伏板、风机水上部分建设水上平台，配套监测设备、人工驯化设备和水产养殖设备。在漂浮式海上光伏、海上风电场的中心区域，布置鱼类养殖网箱；在次中心区域，设置贝类养殖区；外围区域是藻类养殖区。通过打造"风光同场"一体化开发模式，使养殖收入覆盖项目建设成本。

（4）风电、光伏＋植物工厂

绿能植物工厂立足于构建能源产业与农牧生态产业合作生态圈，依靠风电、光伏发电，利用人工光合作用，保证多日恶劣天气条件下仍能提供连续稳定的植物生长环境，生产的蔬菜无病虫害，洁净无污染。光能是人工光型植物工厂的主要耗能设备，占整个植物工厂耗能的60%以上。因此，从降低植物工厂运行成本的角度出发，将风电、光伏发电与植物工厂相结合，可将风能、太阳能转变成电能后为植物工厂的运行提供能源。建设屋顶光伏、微风发电、储能等系统向植物工厂供电，实现绿电生产绿色农作物的附加值转化，使整个生产过程"零"碳排放。

3. 政策及市场环境

（1）政策环境

1）光伏治沙。在严格保护生态的条件下，探索生态保护修复共建机制，鼓励在沙漠、戈壁、荒漠等区域选址建设大型光伏基地，开展防沙治沙综合示范区和精准治沙重点县建设。在光伏资源丰富的西北地区，如宁夏、青海省在《"十四五"能源发展规划》中将因地制宜探索光伏治沙、加快建设大型光伏基地、持续提高清洁能源利用水平作为重点推进项目。

2）光伏＋污水处理。2022年，国家发改委、住建部、生态环境部印发

《污泥无害化处理和资源化利用实施方案》，鼓励推广"光伏+"模式，在厂区屋顶布置光伏发电设施。积极推广建设能源资源高效循环利用的污水处理绿色低碳标杆厂，实现减污降碳协同增效。全国污水处理企业主要集中在工业大省，浙江、山东等省份陆续印发实施工作导则，鼓励污水处理企业综合利用场地空间，建设光伏发电项目。

3）风电、光伏+海洋生态。2021年底，国务院、国家发改委印发通知，支持探索海上风电、光伏发电和海洋牧场融合发展。山东、浙江、福建、辽宁等沿海省份陆续发布《"十四五"海洋经济发展规划》，致力打造优势海洋装备产业集群，培育全域型海洋牧场新业态，深入实施近海闭环式开放式养殖全产业链模式，推进海洋牧场与海上光能、海域养殖、生态旅游等融合发展。

4）风电、光伏+植物工厂。植物工厂被国际上公认为设施农业的最高发展阶段，是衡量一个国家农业高新技术水平的重要标志之一，是一种21世纪新兴设施农业生产模式，也是解决人口、资源、环境问题的重要途径，可广泛用于花卉、蔬菜、药材的种植。2023年2月底，农业农村部印发《农业农村部关于落实党中央国务院2023年全面推进乡村振兴重点工作部署的实施意见》，实施集中育秧设施建设，加快发展集约化育苗中心和植物工厂。北京、河南已于同年3月发布大力发展日光温室、植物工厂建设的政策文件，其他省市也在陆续出台相关政策中。

（2）市场环境

1）光伏治沙。我国沙漠、戈壁、荒漠面积辽阔，约261万 km^2，约占国土总面积的27%，呈一条弧形带分布于西北、华北和东北地区，主要位于新疆、内蒙古、青海、甘肃、宁夏、陕西六省区。光照强、风力大、降水少等是沙漠、戈壁、荒漠的主要成因，因此"沙戈荒"地区也是我国风能、太阳能资源富集地区，开发利用前景较为广阔，"光伏+沙漠化土地改良"可以创造较好的经济效益和社会效益。

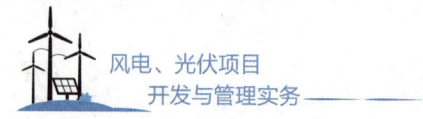

光伏治沙作为一种规模化、系统化工程治沙的手段，其最大的创新就是把沙漠可持续治理、节水农业、现代牧业、光伏产业有机结合，循环一体化发展；在中国西北部地区沙漠集中式光伏电站装机容量的快速增长趋势下，能够促进荒漠化地区农牧产业发展，带动农牧民增收致富，助力乡村振兴。

2）光伏+污水处理。根据住建部数据，截至2019年6月底，全国累计建成城市污水处理厂5000多座（不含乡镇污水处理厂和工业），污水处理能力达2.1亿m^3/日。专业机构测算，按每个污水厂平均可建设5MW光伏容量预估，我国污水厂可建设光伏电站的规模将超25GW，市场前景广阔。

目前，污水处理企业数量较多的全国前十的省份有山东、广东、江苏、河北、陕西、浙江、河南、安徽、四川、湖南。同时这几个省份作为经济较为发达的省份，通常存在常规能源匮乏，能源消费主要依靠外省调入的现象，正好可以利用省内较好的太阳能资源，发展推广适合的公共建筑屋顶光伏发电模式，发展光伏屋顶发电，减轻能源压力。

3）风电、光伏+海洋生态。我国海洋资源丰富，大陆海岸线绵延约1.8万km，面积$500m^2$以上的海岛有6900余个，管辖海域总面积约300万km^2，是名副其实的海洋大国。在国家政策的带动下，各地海洋牧场建设积极性空前提高，建设规模不断扩大。截至2023年3月，全国已累计创建169个国家级海洋牧场示范区，其中第八批新增16个示范区，覆盖河北、辽宁、山东等重点沿海省份。根据农业农村部规划，到2025年国家级海洋牧海示范区数量将达到200个左右，目前建设进度已接近目标。

海洋牧场示范区的设立和分布主要基于自然、人口、经济、劳动力等综合因素，我国山东、辽宁、广东、广西、浙江等海域周边城市气候宜人、环境优美，适合结合旅游业建设具有休闲垂钓功能的休闲海洋牧场。

4）风电、光伏+植物工厂。由于植物工厂不受自然条件限制，可为沙漠、海岛等不适合植物生长的地方提供解决方案，西藏、海南等地区具有可观的市场前景。北京、上海、广州等经济发达地区，消费者对健康食品购买欲望强烈，引导其他区域市场向绿色消费转变，发展潜力巨大。植物工厂集高技术、高投入、高产出于一体，更加集成化、产业化、智能化、网络化、多功能化，是解决当下食品安全、环境污染、土地资源紧张、劳动力成本上升的有效途径。

4. 投资效益影响因素及分析

绿色生态融合各项目的经济性影响因素如表 5-3 所示。

表 5-3　绿色生态融合各项目的经济性影响因素

类别	指标	内容及影响因素			
		光伏治沙	光伏+污水处理	风电、光伏+海洋生态	风电、光伏+植物工厂
投资	主要设备及安装费用、建筑工程费	从设备选型方面，防腐性能要求较高，沙漠中气候环境恶劣，地质建设难度较大，高温、大风等恶劣天气会使建设光伏电站的成本增加	污水处理厂水池横跨度长、管线多、障碍物高，实施光伏发电系统存在基础建设和安装成本高、对建筑器材的防腐蚀要求高等因素	在海上风电、光伏场区域内规划海洋牧场养殖区域，可实现在风电、光伏造价基本不增加的前提下，使海洋资源价值最大化	植物工厂需要在封闭环境下进行作物生产，因此需要通过外围护结构、空调系统、人工光源、营养液调控和智能监控系统等配套装备
成本	设备运维费、材料费、水费、土地租金、人工费、管理费、日常运维费用等	由于光伏治沙项目建设地一般比较偏远，运维成本也会增加。沙漠地区气候干燥，风沙大，降雨少，风沙会附着在光伏组件表面，发电效率就会大大降低，经常需要人工清洗	污水处理厂电能消耗占其成本比重为50%～70%，光伏自发自用可抵消一部分电力费用。此外，安装光伏板形成遮挡可降低待处理污水的温度，延缓池内藻类生长，提高污水处理效率，节约生产成本	生态环境与生物资源综合调查评估新技术、鱼贝类群体行为远程监控等技术不断应用于海洋牧场的管理运营中，通过科技手段降低运营成本	光源是人工光型植物工厂的主要耗能设备，占整个植物工厂耗能的60%以上。此外，还需要外购原材料（营养液、种子）等

（续）

类别	指标	内容及影响因素			
		光伏治沙	光伏+污水处理	风电、光伏+海洋生态	风电、光伏+植物工厂
收入	主要收入	光伏发电上网电量收入	余电上网产生的电量收入	风电、光伏发电上网电量收入	种植植物产生的收入和余电上网产生的电量收入
	其他收入	光伏板下种植、养殖产生的农牧业收入等	—	建设海洋牧场，渔业养殖的收入	亲子教育、休闲农业、采摘活动、休闲体验等旅游相关收入

根据目前绿色生态融合的商业模式和未来可能的发展趋势，将绿色生态融合的经济性测算分为光伏治沙，"光伏+污水处理"，"风电、光伏+海洋生态"，"风电、光伏+植物工厂"四种项目。各项目的边界条件如表5-4所示。

表5-4 绿色生态融合各项目的边界条件

场景	光伏治沙	光伏+污水处理	风电、光伏+海洋生态	风电、光伏+植物工厂
规模	100MW（10%/2h 配置储能）	5MW	100MW	1MW
运行期	25 年	25 年	25 年	25 年
投资	光伏 4.0 元/W，集中式储能为 1.5 元/(W·h)，资源费为 2000 万元	4.5 元/W	6 元/W	10 000 元/m²，5500 m²
融资	资本金为 20%，长期贷款利率为 4.2%，还款方式为等额本金利息照付，还款年限为 15 年，短期贷款利率为 3.45%			
折旧	残值为 3%，折旧年限为 20 年			
运维成本	委托运维为 450 万元/年，定员 1 人	委托运维为 38 万元/年，定员 1 人	委托运维为 500 万元/年，土地租金为 3 万元/年，定员 1 人	委托运维为 12 万元/年，外购原材料及运营管理为 720 万元/年，水电费为 25 万元/年，定员 1 人
利用小时	按各省实际情况			

(续)

场　　景	光伏治沙	光伏+污水处理	风电、光伏+海洋生态	风电、光伏+植物工厂
收入模式	上网电量收入和光伏板下种植、养殖产生的农牧业收入等	余电上网电量收入	上网电量收入、渔业养殖收入等	余电上网电量收入、种植植物产生的收入等

1）光伏治沙。辽宁、陕西、甘肃、内蒙古地区收益率较好，可考虑投资；受电价影响，宁夏、新疆、青海地区收益率不足8%。

2）光伏+污水处理。东北、西北、华北、华东地区收益率较好，适合投资；云南、湖南、广西地区收益率不足8%，但高于五年期LPR，可作为备选考虑；江西、河南、福建、贵州、广东、西藏、重庆地区收益率情况不佳，谨慎投资。

3）风电、光伏+海洋生态。除广西、福建、广东地区收益率不足8%，作备选考虑，其他沿海省份收益率情况较好，适合投资。

4）风电、光伏+植物工厂。北上广深、西北的陕西、甘肃、宁夏地区适合投资植物工厂；新疆、青海、西藏地区收益率虽不足8%，但可作为备选考虑。

5.2.2　风电、光伏+绿色化工

"风电、光伏+绿色化工"包括风光制氢、制氨、制醇等。本节重点介绍"风电、光伏+绿电制氢"，它是利用可再生能源所发电能输入制氢设备通过电解水制取氢气。"风电、光伏+绿电制氢"是一种技术的耦合，即风电、光伏发电技术与制氢技术协同融合。此种方式制取的氢气几乎不排放二氧化碳，为绿色环保的"零碳氢气"，即称为"绿氢"，同时降低弃风率和弃光率。

1. 开发流程

项目发起单位需要向相关部门提交"风电、光伏+绿电制氢"项目的

立项申请，包含项目的基本信息、技术方案、预期效益等内容。特别要强调项目将利用可再生能源（如太阳能、风能等）进行电力生产，并通过电解水等技术来制取氢气，相关部门会对立项申请进行综合评估。项目通过综合评估后，会获得立项批复，并获得项目开发所需的相关支持和政策优惠，如资金补贴、税收优惠、土地使用等方面的支持。获得立项批复后，项目单位进行详细设计和施工准备，包括确定项目的具体技术方案、设备选型、建设地点、建设周期等内容。建设完成后，需要进行技术及环境方面的竣工验收，验收合格后正式投入使用。在"风电、光伏＋绿电制氢"项目的开发过程中，要特别关注技术创新、成本控制、市场需求及前期政策支撑，开发流程可能会因地区、政策等因素而有所不同，因此在实际操作中需要根据具体情况进行调整。

2. 商业模式

"风电、光伏＋绿电制氢"的商业模式是利用风电、光伏发电电解水制取绿氢售卖给下游工商业用户获取收益。短期主要用于合成氨、甲醇制备、石油炼化等，长期用于交通领域、天然气加氢、炼钢用氢等。近年来，国内大规模开发利用"风电、光伏＋绿电制氢"产业，迎来快速商业化。

在煤化工领域，2020年4月宁夏宝丰能源集团股份有限公司国家级光伏电解制氢储能及综合应用示范项目开工建设，吹响了绿氢在工业领域大规模应用的号角，也是中国当前制氢规模最大的在运项目。在石油炼化领域，2022年中国石化首个兆瓦级可再生电力电解水制氢示范项目在中原油田顺利交付，项目配套建设3.66MW光伏发电和9MW风力发电。

2021年国家"双碳"政策落地和各地政府纷纷出台鼓励政策以来，绿氢制取、储运等技术快速发展，绿氢的商业化、规模化应用开始不断提速。越来越多的企业和资本加大在绿氢产业上的投入。内蒙古是石化和煤化工重地，绿氢有较大的商业应用空间，截至2023年2月，内蒙古已有37个风电、光伏制绿氢项目进入施工和规划阶段。按照其规划的产能显示，37个项目的氢产能将超过每年65万t，投资金额超1608亿元。从目前规模化商业制氢项目来看，我国各领域绿氢制取基本都处于示范应用阶段，大规模应用依然任重道远。

3. 政策及市场环境

（1）政策环境

近年来，氢能产业发展在我国获得前所未有的关注，受国家"双碳"战略和供给侧结构性改革的影响，传统制氢被绿氢替代已是必然趋势。2019年，我国首次将氢能写入《政府工作报告》。2022年2月，国家发改委等四部委联合印发《高耗能行业重点领域节能降碳改造升级实施指南（2022年版）》，提出烧碱行业探索氯碱－氢能－绿电自用新模式，煤化工行业推动绿氢与煤化工项目耦合技术开发，合成氨行业增加绿氢原料比例。2022年3月，国家发改委、国家能源局联合印发《氢能产业发展中长期规划（2021—2035年）》中，将氢能定位为未来国家能源体系中的重要组成部分和实现绿色能源转型的重要载体，也从战略层面对氢能的产业发展进行了设计。2022年6月出台的《"十四五"可再生能源发展规划》提出，推动可再生能源制氢和多能互补开发，推动可再生能源规模化制氢利用，"风电、光伏＋绿电制氢"已经开始步入示范应用的新阶段。

（2）市场环境

氢能应用场景逐步增多，从传统石油化工替代扩展到建筑交通冶炼，应用场景多样化为绿氢发展提供了众多潜在市场需求和广阔发展前景。氢能的应用场景集中在交通、工业、发电及建筑四大领域。其中，交通、工业为主要应用领域，建筑、发电和供热等仍然处于探索阶段。短期用于合成氨、甲醇制备，长期增量空间来自交通领域、天然气加氢、炼钢用氢。

4. 投资效益影响因素及分析

"风电、光伏＋绿电制氢"项目的经济性影响因素如表5-5所示。

表 5-5 "风电、光伏＋绿电制氢"项目的经济性影响因素

类别	指标	内容及影响因素
投资	主要设备及安装费用	受风电、光伏发电种类及容量、制氢规模、电解槽种类、通货膨胀等因素影响
	用地费用	土地获取成本的高低会影响工程其他费用
成本	能源成本	电力成本占电解制氢生产总成本比例为60%～80%，风电、光伏的度电成本降低对制氢成本降低起着关键作用
	折旧费用	其主要受初始投资金额、折旧年限、残值率及折旧方式影响
	运维费、修理费、材料费、人工费用	主要受设备质量、日常生产管理及采购价格影响
	原材料	水、氢氧化钾等价格
	利息	受项目公司谈判能力和当地金融政策支持程度影响
	其他	土地使用费、房屋租赁费等
收入	主要收入	绿氢销量和价格直接决定项目的收入水平 氧气收入，氧气是"风电、光伏＋绿电制氢"项目的副产品，如果项目生产氧气，则其销量和价格也将影响项目收入
	其他收入	目前诸多省份都有相关产业补贴政策和税收减免政策

"风电、光伏＋绿电制氢"替代灰氢是全球绿色发展的一个趋势。项目商业模式较为简单，即出售绿电、绿氢或附属产品获取项目收益。离网型风电、光伏配储绿电制氢项目的边界条件如表5-6所示。

表 5-6 离网型风电、光伏配储绿电制氢项目的边界条件

项目		离网型风电、光伏配储绿电制绿氢
规模	风电 /MW	30
	光伏 /MWp	10
	储能设施	15MW/30MW·h
	制氢设施 /（MW；Nm^3/h）	21；4200
	年产氢量 /（万 Nm^3）	2180

第 5 章 风电、光伏项目开发商业模式

(续)

项　　目	离网型风电、光伏配储电制绿氢
制氢技术路线	3 台 5MW 1000Nm³/h 碱性制氢设备 6 台 1MW 200Nm³/h PEM 制氢设备
运行期	20 年
总投资	各省实际情况
融资	资本金为 20%；长期贷款利率为 4.2%，等额本金还款；还款年限为 15 年
维修成本	风电、光伏部分：固定资产投资的 1% 制氢部分：固定资产投资的 2.5%
制氢年利用小时	根据各省风电和光伏利用小时数确定
收入模式	绿氢销售，价格为 1.86 元 /Nm³

根据设置的边界条件，吉林、内蒙古资本金内部收益率高于当前五年期国债利率，在目前制绿氢初始投资高、绿氢价格较低的市场行情下，项目经济效益很难达到预期目标要求。

5.2.3　风电、光伏 + 储能

"风电、光伏 + 储能"项目是指将风能和太阳能发电与储能技术相结合，以实现可再生能源的高效利用和电力系统的稳定运行。这种组合利用了风能和太阳能的互补特性，通过储能技术来平衡风电、光伏的波动性和间歇性，从而确保电力供应的稳定性和可靠性。

1. 开发流程

在前期准备过程中，要充分了解当地储能市场的需求和趋势，确定项目的可行性、潜在收益及相关补贴政策，考虑地理位置、交通条件、电力接入等因素，选择合适的地点进行"风电、光伏 + 储能"项目开发。制订资源配置计划，确定任务分配，并对技术方案进行论证，包括设备制造厂家资质认证、设备性能指标论证、工艺流程论证及成本论证等。在此基础上，启动审批流程获得必要的许可和批准文件，包括土地使用权、环境影响评估等，并

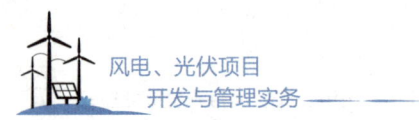

与当地电网公司沟通，了解电网接入条件和要求，确保项目的电力接入顺畅。取得批复后，进行储能系统的工程设计和规划，制订详细的工程计划，根据设计规划进行设备采购和建设工作。建设完成后，对储能系统进行调试和测试，确保系统正常运行并达到预期的性能指标。根据市场需求和规定，进行储能系统的运营管理，包括电量购买和销售、市场参与和调度、运行优化和风险管理等。投入运行后，对储能系统进行日常运营和维护，包括设备监测、故障排除、性能评估等，提高系统的运行效率和可靠性。但是，不同类型的储能项目开发流程可能存在一些差异，如储能技术不同、应用领域、应用场景不同等，在具体的项目开发中会有相应的调整和特殊的要求。此外，在项目开发过程中，还需要关注政策变化和市场动态，及时调整项目计划和策略，确保项目的成功实施和长期运营。

2. 商业模式

"风电、光伏＋储能"的商业模式主要由国家及各省市政策驱动形成，经过2021年政策推动与2022年示范项目探索，其商业模式为"容量租赁＋现货套利＋容量补偿＋辅助服务"。目前，独立储能技术已趋于成熟，在政策驱动下，独立储能发展迅速，已步入快速成长期。2021年印发的《国家发展改革委 国家能源局关于鼓励可再生能源发电企业自建或购买调峰能力增加并网规模的通知》，直接驱动2022年全国并网投运和启动施工建设和EPC/设备招标的独立储能电站总规模达到16.5GW/35GW·h，主要分布在山东、山西、甘肃等开展电力现货市场试点的省份，独立储能商业模式已初步形成，但收入来源因各省政策不同而有较大差异，需要不断补充和完善。

工商业储能的商业模式主要有两种，一种是工商业业主自投建设模式，适合有一定资金实力的大工商业用户，或是耗能较高的工商业用户；另一种是合同能源管理模式，能源服务商投资建设并与工商业业主签订能源服务协议，能源服务商收取一定比例（通常为90%或85%）的收益作为服务费，工商业业主获得剩下的收益。目前，工商业储能技术已经成熟，国内工商业储能已步入发展成长期。

3. 政策及市场环境

（1）政策环境

储能可以在弃风、弃光时削峰填谷，提升电力系统灵活性和可靠性。在高比例可再生能源消纳压力下，储能被视为应对风电、光伏大规模并网和消纳的重要手段，是构建新型能源体系不可或缺的关键技术。近年来国家对储能行业给予高度重视，并积极引导、支持其发展，相继出台诸多利好政策。2022年1月，国家发展改革委、国家能源局发布《"十四五"新型储能发展实施方案》提出，到2025年新型储能由商业化初期步入规模化发展阶段，具备大规模商业化应用条件；到2030年新型储能全面市场化发展，加大"风电、光伏+储能"支持力度，探索推广共享储能模式，鼓励风电、光伏电站以自建、租用或购买等形式配置储能，发挥储能"一站多用"的共享作用。2022年5月，印发《国家发展改革委办公厅 国家能源局综合司关于进一步推动新型储能参与电力市场和调度运用的通知》。2023年6月，国家能源局发布《新型电力系统发展蓝皮书》，首次明确指出电力系统形态由"源网荷"三要素向"源网荷储"四要素转变，把储能确定为电力系统的第四要素。

地方层面，截至目前超过20个省市要求风电、光伏项目配置10%～20%、时长1～4h的储能，并作为可再生能源并网或核准前置条件。其中江苏、安徽等十个省份要求风电、光伏电站强制配储。规划方面，全国有25个省份明确"十四五"期间的储能规划，总装机容量超过7000万kW，超出国家"十四五"储能装机容量1倍多。

（2）市场环境

2020年以来，风电、光伏发电受益于国家"3060"目标的持续推进而迎来高速发展，全国风电、光伏发电新增装机并网连续三年突破1亿kW，屡创历史新高。2022年，全国风电、光伏发电新增装机达到1.25亿kW，占全国新增装机容量 78%，累计为 7.58 亿 kW，占全国总装机容量的 29.56%；风电、光伏发电量为 1.19 万亿 kW·h，同比增长 21%，占全社会用电量的 13.8%，同比提高 2%。按照国际能源署对低碳转型不同阶段的定义，我国 VRE（可变可再生能源）发电处于低碳转型的第三阶段，而此阶段的明显特征就是在优化原有电力系统的基础上，已很难使 VRE 的渗透率进一步提升，需要借助储能来提高电网的承载力和安全性，为清洁能源的发展提供更为坚实的后盾。按中关村储能产业技术联盟的口径，2022 年中国新型储能新增装机达到 7.3GW/15.9GW·h，功率规模同比增长 200%，储能规模同比增长 280%，创历史新高。2023 年新型储能延续去年快速增长势头，一季度投运新型储能 2.9GW/6.0GW·h，已接近去年全年的一半。储能能够缓解风电、光伏发电给电网安全稳定运行带来的威胁，伴随风电、光伏的高速发展，储能必将迎来高速发展，行业前景广阔。

4. 投资效益影响因素及分析

"风电、光伏＋储能"项目的经济性影响因素如表 5-7 所示。

表 5-7　"风电、光伏＋储能"项目的经济性影响因素

类别	指标	内容及影响因素
投资	主要设备及安装费用	受储能电站规模、储能电池类型、通货膨胀影响
	用地费用	土地获取成本的高低会影响工程其他费用
成本	能源成本	充电成本占总成本的比例较高，购电成本或风电、光伏的度电成本降低对总成本降低起着关键作用
	折旧费用	其主要受初始投资金额、折旧年限、残值率及折旧方式影响
	运维费、修理费、材料费、人工费用	主要受电芯使用寿命、设备质量、日常生产管理及采购价格影响
	利息	利息费用的影响因素为项目公司谈判能力及当地金融政策支持程度
	其他	土地使用费、房屋租赁费等

第 5 章　风电、光伏项目开发商业模式

（续）

类别	指标	内容及影响因素
收入	主要收入	电费收入，独立储能和用户侧储能主要收入方式为峰谷电价差套利
		容量租赁，主要由市场供需决定，山东、河南等十几个省份都有，价格在 300 元/(kW·h·年) 左右
		容量补偿，根据各个省份政策执行，如山东 2023 年容量补偿电价约为 0.00991～0.1982 元/(kW·h)
		辅助（调峰/调频）服务收入，根据政策，为提供的辅助服务收取费用
		调峰容量市场，根据各个省份政策执行，如甘肃补偿标准上限为 300 元/(MW·日)
	补贴收入	目前诸多省份都有相关产业补贴政策和税收减免政策

当前较为成熟的储能应用场景有独立/共享储能、工商业储能及用户储能等，鉴于政策及电力市场因素，较为可行的场景为独立/共享储能和工商业储能，其收益模式如表 5-8 所示。

表 5-8　储能应用场景及收益模式

应用场景	收益模式	备注
独立/共享储能	容量租赁、峰谷电价差套利、辅助（调峰/调频）服务收入和容量补偿等	各省因政策不同而有差异
工商业储能	峰谷电价差套利和负荷侧响应等	负荷侧响应根据各省具体情况定

独立/共享储能和工商业储能的边界条件如表 5-9 所示。

表 5-9　独立/共享储能和工商业储能的边界条件

项目/模块	独立/共享储能	工商业储能	备注
规模	100MW/200MW·h	2MW/4MW·h	
技术路线	磷酸铁锂电池	磷酸铁锂电池	

（续）

项目/模块	独立/共享储能	工商业储能	备注
运行期	20年	10年	
造价	1.85元/(W·h)	1.8元/(W·h)	独立储能考虑第10年换电芯，价格为0.6元/(W·h)
融资	资本金为20%；长期贷款利率为4.2%，还款方式为等额还本利息照付；还款年限：独立/共享储能为15年，工商业储能为10年		
流动资金	30元/kW		
运维成本	5元/[(kW·h)·年]	10元/[(kW·h)·年]	委托运维模式
充放电循环次数	按各省实际情况	运行300天，一天2次	
效率	充放电效率为85%，充放电深度为90%，年衰减为2%		
收入模式	按各省实际情况	峰谷电价差套利	不考虑各省政策补贴收入

根据设置的边界条件，在独立储能方面，安徽、宁夏、江苏、青海、甘肃等省份收益率较可观，其他约2/3的省份在设定的边界条件下不适合投资独立储能电站。各个省份独立储能的收益方式因政策不同而不同，直接影响资本金财务内部收益率，如山东储能收益方式灵活多样，有容量租赁、容量补偿、峰谷电价差套利等三种收益；山西有容量租赁、调频服务收入；宁夏、甘肃有容量租赁、调峰服务收入等。工商业储能方面，收益率较好的省份主要分布在沿海经济发达地区或毗邻沿海省份，其次还有一些为中西部或东北重要省市如湖南、湖北、四川、重庆、吉林和黑龙江等。

5.2.4 综合智慧能源

综合智慧能源以分布式光伏、分散式风电、储能为主，并因地制宜结合项目所在地的资源禀赋，再与微风发电、生物质垃圾发电、热泵、小规模集中式光伏、户用储能、村县级小共享储能、充电桩、可调用户负荷等相结合，以三网融合平台连接，形成包括源、网、荷、储各要素在内的综合智慧控制系统。区别于常规火电，综合智慧能源不仅能够提供绿色电力供应，还能通过负荷聚合调节，实现最大限度的调峰保供。

1. 开发流程

要对项目所在地的能源需求进行详细分析，包括用电量、用气量、用热量等，以了解能源需求的规模和特点。分析当地的可再生能源资源，如太阳能、风能、水能等，评估其潜力和可利用性。根据能源需求分析结果，设计综合智慧能源系统的技术方案，包括能源供应、储存、转换和分配等环节。选择合适的技术和设备，确保系统的安全、可靠和高效运行。在此基础上，考虑土地利用、环境影响、交通等因素，选择合适的项目建设地点，进行项目规划设计，包括项目布局、设备选型、工程量清单、施工图样等内容。完成前期调研和准备工作后，进行项目立项申报，提交相关文件和资料。经过审批后，获得项目的立项批准和资金支持，进入建设施工阶段，建设完成后将各个子系统进行集成和联调联试，确保系统的稳定性和可靠性及功能正常运行。正式进入生产运行阶段后，定期对智慧电力能源系统进行运行监测和优化调整，确保系统的高效运行和效果达到预期，收集和分析系统数据，为后续的运营管理和优化提供依据。综合智慧能源项目的开发流程可能因项目类型、规模、地理位置等因素而有所不同。因此，在实际操作中，需要根据具体情况进行灵活调整和优化。

2. 商业模式

目前，综合智慧能源项目应用的主要场景有工商业楼宇/厂房、美丽乡村等，具体可应用的商业模式如下。

1）参与电力现货市场。根据光伏、储能、各类用户的发用电时段特性，结合电网峰平谷价格，优化储能在不同时段的充放电行为、部分可调负荷的用电行为以及充电桩充放电价格信号，以收益最大化为目标开展优化，赚取差价收益。

2）需求侧响应。当电网营销部门因电网运行需要提前发布需求侧响应邀约时，运营商可根据相关时段各类资源运行情况和需求侧响应激励力度，通过削减负荷、改变充电桩价格、调整储能充放电功率等获得收益。

3）参与调频、备用等辅助服务。系统本身具有平滑过渡、调频调压等功能，可通过参与电网辅助服务赚取收益，根据旋转备用容量、提供时间获取补偿。

4）资源协同代理商服务收益。综合智慧能源项目在建设完成后，可向其他希望进入此项业务但没有实际技术的主体提供技术服务并收取费用。

5）降低用电成本。根据企业的电力设备运行规律、电网峰谷电价区间等，分时调整储能、分布式发电与电网能量交换量，达到整体用电效益优化。

3. 政策及市场环境

（1）政策环境

关于综合能源服务相关政策，我国相继出台多能互补集成、清洁供暖等政策文件，在《"十四五"现代能源体系规划》《"十四五"可再生能源发展规划》等文件中已经部署了综合能源服务有关任务。在国家层面发布系列政策后，浙江、海南等地政府也相继发布能源强度和总量双控、能源综合改革方案等地方性指导意见。整体上看，近年来国家和地方政府高度关注综合能源发展，支持政策呈现出鼓励多能互补一体化发展思路、关注产业规划等特点。

虚拟电厂作为综合能源服务重要的实现方式之一，为综合智慧能源项目的发展提供了政策环境。尽管国家层面没有出台专项的虚拟电厂政策，但各省市出台了相关建设方案，其中山西出台了《虚拟电厂建设与运营管理实施方案》，这是我国首个省级虚拟电厂建设方案，广东出台了《广州市虚拟电厂实施细则》，宁夏出台了《虚拟电厂建设工作方案（试行）》等，对建立现货背景下的虚拟电厂市场化运营机制提出了具体实施方案。随着各省专项或相关政策的持续出台，各地加快推进虚拟电厂试点示范，虚拟电厂业务模式逐步具有商业可行性，将步入快速发展阶段。

从综合智慧能源项目收益政策来看，在辅助服务方面，江苏、湖北、辽宁、湖南、河南、安徽、福建、贵州、江西等省份，以及东北、华东等五大区域出台或对电力辅助服务政策进行了修订，华北、华中、浙江、江苏等地能源主管部门开放了虚拟电厂等第三方主体和用户资源参与调峰辅助服务身份；在需求侧响应方面，当前部分省份制订了需求侧响应方案，内部可调节负荷单元较多的综合智慧能源项目可以通过参与需求侧响应获取补偿。在此种收益模式下，主要由电力机构出于系统安全需要发布需求，需求侧进行响应申报，在响应后获得补偿，补偿资金来源通常为财政支持、电力用户分摊等。与辅助服务不同，需求侧响应的需求通常并非常态化，而是多发于夏季等用电高峰期。

（2）市场环境

内蒙古、河北、新疆风电装机容量最大，山东、河北、浙江光伏装机容量位居前三。风电方面，装机容量快速增长，西部、北部将持续集约化开发；东、中部近期推进分散式风电和海上风电开发以实现就近清洁电力供应，远期逐步开发远海风电。光伏发电方面，其装机容量逐步超过风电成为第一电源品种，近期东、中部分布式和西部、北部集约化开发协同推进，远期重心将重回西北部大型光伏、光热基地。

除了增加调节能力，综合智慧能源项目还可以广泛结合存量分布式风电、光伏协同发展。数据显示，2022年全国光伏发电新增并网容量为87.408GW，其中集中式光伏电站为36.294GW、分布式光伏为51.114GW，其中户用分布式光伏为25.246GW。从各省份来看，山东、河北、浙江、江苏累计分布式光伏装机容量位列前四，河南、山东、浙江、河北新增分布式光伏装机容量名列前茅。

综合来看，内蒙古、河北、新疆、山东、河北、浙江的风电或光伏装机容量较大，需要配备一定调节电源，适合综合智慧能源项目发展；山东、河北、浙江、江苏分布式光伏装机容量较大，综合智慧能源项目有助于结合存量分布式风电、光伏资产协同发展。

在发用电平衡方面，保供端近年来电力输出能力有了明显提升，继 2011 年内蒙古成为首个净供电量超过 1000 亿 kW·h 的省份后，2016 年云南、四川也加入其中，2020 年和 2021 年山西、新疆也先后入列。在消费端，2021 年电力消费量大于发电量的省份数量为 17 个，除广东外，山东、浙江、江苏、河北的电力缺口超过 1000 亿 kW·h，河南、上海、北京也在 700 亿～800 亿 kW·h 区间内。

综合来看，内蒙古、云南、山西、四川、新疆为发电大的省份，广东、浙江、江苏、山东、河北用电量较大，在这些发用电不平衡的省份，综合智慧能源项目可以充分发挥保供优势，促进清洁能源充分消纳，保障电力系统安全运行。

4. 投资效益影响因素及分析

综合智慧能源项目的经济性影响因素如表 5-10 所示。

表 5-10 综合智慧能源项目的经济性影响因素

类别	指标	内容及影响因素
投资	主要设备及安装费用，包括分布式光伏、风机等发电侧设备，充电桩、充电站等负荷侧设备，还包括应用于不同场景下的地源热泵、储能、植物工厂相关设备	主要设备受风电、光伏装机规模、充电桩数量及储能配置规模影响；控制系统受开发人员技术水平及规模效应影响；用地费用受所处区域位置影响较大，如经济发达区域用地费用普遍较高
	控制系统开发费用	
	用地费用，包括厂区建设投资、征地费用等	
成本	运维费、修理费、材料费、人工费用	运维费用的影响因素为项目所在地的整体用工成本水平；燃料费用的影响因素为地方生物质资源密集程度；利息费用的影响因素为项目公司谈判能力及当地金融政策支持程度；折旧费用的影响因素为项目折旧速度和残值价值；土地租赁、其他耗能成本等与当地经济水平直接挂钩
	燃料费用，如涉及生物质综合利用的零碳电厂中，所需要的生物质燃料费用	
	利息费用	
	折旧费用	
	其他费用，包括用地租赁费用、土地使用费及其他耗能成本等	

第5章 风电、光伏项目开发商业模式

(续)

类别	指标	内容及影响因素
收入	电费收入，包括风电、光伏发电直接上网的电费收益，储能利用峰谷电价差充放电套利收益	零碳电厂的电费收入、辅助服务收入及其他服务收入水平主要与当地电力市场的发展水平相关，包括当地电力市场交易品种、电价水平、碳市场发展阶段等
	辅助服务收入，包括项目提供调频等辅助服务产生的收益，及根据旋转备用容量、提供时间获取补偿	
	其他服务收入，包括充电桩等绿能交通服务收入、绿电交易收入、需求侧响应收入等	

根据目前综合智慧能源项目的商业模式和未来可能的发展趋势，可将综合智慧能源项目的经济性测算分成两种方案，其收益模式如表5-11所示。

表5-11 综合智慧能源项目方案类型及收益模式

方案类型	方案名称	模块构成	收益模式
方案一	工业园区方案	分布式光伏 工商业储能 充电桩 能源站	为工商业用户供电、供冷、供热，本质是为用户节省用能成本，综合智慧能源项目获取工商业用户支付的用能费用收益
方案二	智慧乡村方案	分布式光伏 分散式风电 户用储能 充电桩	为可直接抄表到户的城乡居民供电，通过户用储能的能量时移，为用户节省用电费用

工业园区场景的边界条件如表5-12所示。

工业园区模式下，海南、广东、吉林、黑龙江、江苏的资本金内部收益率可达到11%以上，这些地区峰谷电价差较大或资源条件较好，综合智慧能源项目模块间协同效益最大，具备一定的投资价值；其次是安徽、蒙东、辽宁、天津、山东、湖北、北京、河南、浙江等中、东部地区，资本金内部收益率处于4%~11%，具备一定的投资发展前景，可作为工业园区综合智慧能源项目培育基地；其余地区的资本金内部收益率低于4%，投资效果相对不理想。智慧乡村场景的边界条件如表5-13所示。

表 5-12 工业园区场景的边界条件

模块	①分布式光伏	②工商业储能	③充电桩	④能源站（仅夏热冬冷、寒冷地区）	⑤其他
规模	10MW	20MW/40MW·h 磷酸铁锂电池	14个直流快充充电桩，10个交流充电桩	2台冷机、4台燃气锅炉	—
运行期	25年	20年	20年	10年	—
造价	4元/W	1.7元/(W·h)（考虑第10年换电芯，0.6元/(W·h)）	总投资为180万元（考虑第11年更换设备为80万元）	2000万元	—
运维成本	委托运维，50元/(kW·年)	25元/(kW·年)；用户收益分成10%；每年考虑一定的电池衰减率	运维费用为2.5万元/年；充电费用为40万元/年	用能成本（天然气、电力、水）合计为180万元/年，基站维护费用为30万元/年	其他费用为100万元/年（包括综合运维费、系统运行费等）
收入模式	100%自发自用，工商业用户协议折扣电价收入	扣除用户分成后的峰谷价差收入	合计服务费收入为50万元/年	接入费为1280万元（第一年）、年供冷收入为229万元、年供热收入为119万元	—

智慧乡村模式下，黑龙江、广西、吉林、辽宁、浙江的资本金内部收益率较高，可达到10%～15%。因为零碳乡村模式较接近于风电、光伏全额上网模式，因此在这些风电、光伏利用小时数较高或电价较高的省份具备一定的经济效益。其次是湖南、上海、广东、四川、云南、江苏、福建等省份，资本金内部收益率处于8%～10%，具备一定的投资发展前景。其余地区资本金内部收益率低于8%，投资效果相对不理想。

第 5 章 风电、光伏项目开发商业模式

表 5-13 智慧乡村场景的边界条件

模块	①分布式光伏	②风电	③户用储能	④充电桩	⑤其他
规模	30MW	30MW	10MW/20MW·h 磷酸铁锂电池	14 个直流快充充电桩，10 个交流充电桩	—
运行期	25 年	20 年	20 年	20 年	—
造价	4 元 /W	6 元 /W	2.5 元 /（W·h）（考虑第 10 年换电芯，1.1 元 /（W·h））	总投资为 180 万元（考虑第 11 年更换设备 80 万元）	—
运维成本	委托运维，50 元 /（kW·年）	委托运维，50 元 /（kW·年）	25 元 /（kW·年）；用户收益分成为 10%；每年考虑一定的电池衰减率	运维费用为 2.5 万元 / 年；充电费用为 40 万元 / 年	其他费用为 100 万元 / 年（包括综合运维费、系统运行费等）
收入模式	90% 发电量上网，取得上网电价收入；10% 电量冲给储能，供用户发电时移		乡村用户协议折扣电价收入	合计服务费收入为 50 万元 / 年	—

5.2.5 案例分析

本节的案例分析主要针对综合智慧能源项目，其构成元素基本涵盖了上述"风电、光伏 +"各类元素。

在国家保供形势日益严峻的情况下，综合智慧能源项目将分布式电源、可控负荷和分布式储能设施、电动汽车充电桩等通过物联网有机结合，配合三网融合等技术，实现对各类分布式能源和负荷的整合调控，作为一个特殊电厂参与电力市场和电网运行。综合智慧能源项目由源、网、荷、储和其他等元素构成，其中，源侧可包含分布式光伏、分散式风机、微风风机、沼气、生物质综合利用、垃圾（含厨余）发电、热泵清洁供冷热等；网侧可包含微电网、增量配网、可再生能源局域网、供热（冷）管网等；荷侧可包含绿电制氢、换电技术、充电站（桩）、CCUS（碳捕集、利用与封存技术）等；储侧可包含电化学储能、氢储能、储热（冷）技术、其他新型储能等；其他元素可包含三网融合、植物工厂、绿色化工、污废处理、生态修复、"能源+市政设施"等。

某项目为位于河南的综合智慧能源项目，各模块具体包含以下元素：户用屋顶光伏为40MW、工商业屋顶光伏为25MW；绿电交通光储充车棚2座、V2G（车载能源到电网）车辆2辆。在此基础上，增加风电、储能、微风机、地源热泵、生物质综合加工（颗粒燃料）等场景元素及具体方案，采用三网融合管控平台作为数字化基础设施，以能源管理为核心，统一规划、分期实施。

参照国家现行的财税制度、现行价格和《建设项目经济评价方法与参数》（第三版）《光伏发电工程可行性研究报告编制办法（试行）》，对项目进行财务效益分析，考察项目的资本金内部收益率，以判断其在财务上的可行性。

（1）成本方面

1）分布式光伏、储能、光伏车棚和微风机：考虑委托运维，委托运维成本为50元/(kW·年)；储能考虑每10年换一次电池，换电池费用为12万元。

2）县域分布式"屋顶光伏+村域集中"储能：储能考虑每10年换一次电池，换电池费用为6600万元。

3）充电桩：项目首年考虑车辆保险及使用风险费为120万元，车棚运维费为1.5万元；运营期第二年起，考虑车辆保险及使用风险费为1200万元/年，车棚运维费为30万元/年，充电站运维费为160万元/年，人员工资为100万元/年，调度平台运维费为100万元/年，用电损耗为320万元/年。

4）生物质综合利用（颗粒燃料）：项目考虑颗粒燃料材料费为700万元/年，电费为80为万元/年，其他费用为140万元/年。

5）综合运营成本：运维人员费用为200万元/年，系统运行费用为150万元/年。

（2）收入方面

1）分布式光伏、储能、光伏车棚和微风机：本项目考虑年均上网电量为90万kW·h，上网电价为0.3779元/(kW·h)；车棚年均收益为3万元；

储能年充放电720次,度电收益为0.3元/(kW·h)。

2)县域分布式"屋顶光伏+村域集中"储能:本项目考虑储能年充放电720次,度电收益为0.3元/(kW·h)。

3)绿能交通:本项目首年考虑车辆出租及服务费收益为300万元,车棚收益为20万元;运营期第二年起,车辆出租及服务费收益为3000万元/年,车棚收益为30万元/年,充电站年收益为1900万元/年,补贴15万元/年。

(3)财务评价结果

根据以上边界条件,最终计算本项目资本金内部收益率可达9%以上,具有一定的盈利能力和偿债能力,财务指标较好,项目具有可行性。

(4)社会效益评价结果

1)提供绿色电力:每年向项目所在县市提供绿电。

2)增强电力保供能力:提供电网顶峰能力为200~300MW;为电网增加调峰能力为300MW;为电网提供300MW调频容量。

3)减少污染物排放:减少CO_2排放130万t,减少SO_2排放300t,减少NO_x 300t。

4)提供绿色肥料:每年提供生物质颗粒燃料,满足绿色供暖需求,优化农村环境。地源热泵替代常规空调系统,实现高效、节能、环保供暖。

第6章 风电、光伏项目开发风险

风电、光伏项目的自主开发、资产并购，需要综合考虑项目的手续合规、资源情况、场址选择、工程设计、施工建设、并网发电、运营维护等诸多环节，任一环节有问题都会导致项目存在风险，轻者影响项目收益，重者面临项目违规拆除，导致投资失败。项目开发、资产并购过程中的潜在风险，主要因国家政策调整、市场环境变化、建设管理不当、经营管理不善等内外部因素的影响而产生。

6.1 项目政策风险

风电、光伏项目政策风险，主要有土地政策风险、生态环保政策调整风险、税收政策风险等。企业及时掌握国家和地方最新政策要求及其变化，通过科学的风险评估与预判，可以有效规避合规风险。

6.1.1 土地政策风险

土地政策风险是指因政策变化导致用地条件发生相应变化、土地权属不清晰等情形而造成的项目无法顺利拿地、用地的风险。该风险对于项目进度的影响较大，极可能造成项目迟迟不能开工，或开工后工期停滞问题，给项目经济性的实现带来较大的不确定性，同时也可能给企业带来声誉风险。

项目用地权属方面，项目用地的权属不清主要有两大类情形：一是土地本身在不同管理部门登记的性质不同，不同部门均具有监管权；二是由于项目公司前期审核工作未落实。

从外部环境来看，目前征地管理存在权属不清、管辖部门对用地性质未统一现象。同一项目用地在自然资源管理部门和林业管理部门可能具有不同的土地类型，如自然管理部门和林业管理部门的认定标准不一，可能会导致项目公司在自然资源管理部门取得土地预审批复后，因不符合林业管理部门用地类型不予批复，或者用地类型与可行性研究报告不符，需要重新办理批复，从而增加项目的时间成本。

从内部管理来看，项目公司对土地权属的审核不严格是造成项目额外投入的主要原因。例如，河北某光伏发电项目公司取得土地证并完成项目核准和备案约一年后，方得知该用地占用草原，需补办草原征占用手续，同时面临现金处罚及补交征占费用的情况。另外，在项目实际建设过程中，部分项目公司同村集体签订租赁合同时，未核实村集体对该块土地的权属证明，也忽视了前往自然资源管理部门查证权属。若该块土地权属不清或存在争议，项目公司往往在后期运营中需付出较大的沟通成本，甚至存在项目无法正常运营的风险。

为规避土地政策风险，建议项目公司积极与项目所在自然资源、林业、水利等部门对接，认真核实项目所占地面、坑塘水面性质及权属，涉及性质不明、权属不清的土地的项目，禁止开发建设。

6.1.2 生态环保政策调整风险

生态环保政策调整风险是指因政策变动、各地政府规划调控等因素使项

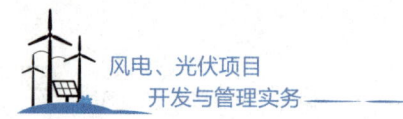

目用地被纳入生态环保用地或环保区域，成为红线用地，导致项目被终止、机组被拆除的不确定性。各地政策与规划对环保的重视程度变化、调控的时间点都是造成生态环保政策调整风险的影响因素。政策的变动可能使土地性质发生改变，或造成项目用地占用生态环保红线，导致项目中止，甚至承担巨额赔付的风险。

如某渔光互补项目，部分光伏方阵由于占用行洪通道以及未依法依规办理水行政许可手续受到生态环境保护督察组与水利委员会的核查，要求将不符要求的光伏等设施因地制宜、有计划地调整退出，做到应清尽清、能清速清。

为应对生态环保区域政策调整风险，建议采取如下风险应对措施。

新能源企业应重视项目用地问题，在电站建设之前应该充分了解相关土地管理政策，确定土地性质，以避免开发的项目成为违规项目，提前预防损失。

6.1.3 税收政策风险

各地对税收优惠政策执行力度参差不齐，且地方政策存在较大的不确定性，如增值税抵扣延缓、抵扣时间缩短，可能会影响项目收益的稳定性。地方政府土地税收政策不稳定，随意进行大面积土地调规，可能调高城镇土地使用税，增加项目运营成本，导致项目难以实现可行性研究报告的预期收益。例如，青海某 1GW 光伏电站项目，根据省政府已经下发相关文件，拟定从 2024 年 4 月 1 日起开征土地使用税，之前是暂缓征收。保守估计该 1GW 光伏电站每年需缴纳约 1000 万元的土地使用税，如果将所有的土地成本计算在内的话，1GW 光伏基地的前期需一次性缴纳的土地费用将高达 2.2 亿～2.5 亿元，整个项目将面临严重亏损。

6.2 项目市场风险

风电、光伏项目市场风险，主要有上网电价和电力消纳风险、设备价格波动风险等。企业需要充分考虑拟投资地区的经济发展速度、电力消纳情况及竞争环境，充分做好市场需求预测及调研，了解市场竞争现状及供需变化情况，跟踪设备价格波动情况，加强对电力市场政策和形势的分析研判，适时开展设备采购，制定有效营销策略积极参与市场交易。

6.2.1 上网电价和电力消纳风险

根据《国家发展改革委 国家能源局关于做好风电、光伏发电全额保障性收购管理工作的通知》，明确核定了重点地区风电、光伏发电最低保障收购年利用小时数。保障性收购电量应由电网企业按标杆上网电价和最低保障收购年利用小时数全额结算，超出最低保障收购年利用小时数的部分应通过市场交易方式消纳。但有的项目招投标文件中明确，如项目开工、投产时间晚于特定时间，该项目将不能按照标杆上网电价消纳，且不能获得最低保障收购年利用小时数。

2023 年 10 月 25 日，江西省能源局印发《关于开展逾期光伏项目清理工作的通知》，34 个光伏项目因未开工被取消建设指标，估摸总计 2.894GW。

相关建议：如遇到项目延期、无法保障发电按规定消纳和费用支付，建议投资方向地方政府合理反映诉求，争取有利电价电能消纳。

6.2.2 设备价格波动风险

（1）风电项目

2022 年陆上风电整机厂商全年中标均价为：金风科技（2377 元 /kW 含塔筒，1935 元 /kW 不含塔筒），远景能源（2169 元 /kW 含塔筒，1768 元 /kW 不含塔筒），明阳智能（2365 元 /kW 含塔筒，1801 元 /kW 不含塔筒），三一重能（2181 元 /kW 含塔筒，1713 元 /kW 不含塔筒），东方电气（2192 元 /kW 含塔筒，2007 元 /kW 不含塔筒），运达股份（2374 元 /kW 含塔筒，1898 元 /kW 不含塔筒），中车株洲所（2399 元 /kW 含塔筒，2138 元 /kW 不含塔筒），联合动力（2373 元 /kW 含塔筒，2006 元 /kW 不含塔筒），中国海装（2020 元 /kW 含塔筒，1760 元 /kW 不含塔筒），中车山东风电（2107 含塔筒，1749 不含塔筒），华锐风电（2230 元 /kW 不含塔筒），哈电风能（2160 元 /kW 不含塔筒）。

2023 年 4 月，单机容量＜ 5.0MW，投标单价在 1548 ～ 1750 元 /kW；5.0MW ≤单机容量＜ 6.0MW，投标单价在 1450 ～ 1768 元 /kW；6.0MW ≤单机容量＜ 7.0MW，投标单价在 1250 ～ 1620 元 /kW；7.0MW ≤单机容量，投标单价在 1200 ～ 1460 元 /kW。塔筒在 7780 元 /t（联合动力）至 9100 元 /t（东方电气）。2023 年比 2022 年风机价格下调幅度较大。

（2）光伏项目

2022 年光伏组件中标均价为：1 月 1.87 元 /W、2 月 1.83 元 /W、3 月 1.86 元 /W、4 月 1.88 元 /W、5 月 1.90 元 /W、6 月 1.94 元 /W、7 月 2.02 元 /W、8 月 1.94 元 /W、9 月 1.99 元 /W、10 月 1.97 元 /W、11 月 1.94 元 /W、12 月 1.90 元 /W。

2022 年全年光伏组件中标均价呈现先上升后下降的趋势，从 3 月开始光伏组件中标均价攀升，从 1.83 元 /W 升至 2 元 /W，7 月光伏组件中标均价达到峰值，为 2.02 元 /W，后期随着硅料新产能释放，上游产业链价格下行，光伏组件价格从 9 月开始逐步下滑，年底的光伏组件中标均价降至 1.9 元 /W 左右。2022 年一季度、四季度，单面光伏组件与双面光伏组件的中标均价差在 0.02 ～ 0.03 元 /W，二季度、三季度单面光伏组件与双面光伏组件的中标均价差达到 0.05 元 /W。在品牌方面，二线厂商的光伏组件中标均价与天和、隆基、晶澳、阿特斯等一线品牌大概有 0.05 元 /W 的差距。

2023 年，1 月光伏主流组件（单玻、双玻）中标均价在 1.73 ～ 1.78 元 /W；2 月光伏主流组件（单玻、双玻）中标均价在 1.73 ～ 1.786 元 /W；3 月光伏主流组件（单玻、双玻）中标均价在 1.67 ～ 1.74 元 /W；4 月光伏主流组件（单玻、双玻）中标均价在 1.65 ～ 1.70 元 /W；5 月光伏主流组件（单玻、双玻）中标均价在 1.64 ～ 1.69 元 /W；6 月光伏主流组件（单玻、双玻）中标均价在 1.39 ～ 1.49 元 /W；7 月光伏主流组件（单玻、双玻）中标均价在 1.31 ～ 1.37 元 /W；

8月光伏主流组件（单玻、双玻）中标均价在 1.16～1.25 元/W；9 月光伏主流组件（单玻、双玻）中标均价在 1.15～1.25 元/W。10 月至年底，光伏组件中标均价可能在 1.0 元/W 左右。

某项目位于新疆维吾尔自治区吐鲁番市，拟利用某镇东北 30km 处戈壁荒地建设 900MW 的光伏电站。该项目直流侧装机规模为 1170MWp，采用 570Wp 单晶硅双面双玻组件，电站共设 288 个 3.125MW 的发电单元。2022 年 11 月，该项目可行性研究报告收口阶段，组件价格暂按 1.91 元/Wp 计列，测算收益：项目投资财务内部收益率（所得税后）为 8.88%，资本金财务内部收益率为 20.43%，总投资收益率为 6.41%，项目资本金净利润率为 21.63%，投资回收期（所得税后）为 10.15 年。若项目其他边界条件不变，N 型单晶硅双面双玻组件价格按 1.55 元/Wp 计列，项目初投资将减少 42120 万元，测算收益：项目投资财务内部收益率（所得税后）为 10.58%，资本金财务内部收益率为 28.01%，总投资收益率为 7.89%，项目资本金净利润率为 27.31%，投资回收期（所得税后）为 7.91 年。因组件价格下调，该项目资本金财务内部收益率提高了 7.58%。反之，若光伏组件价格在 2023 年触底反弹，以当前组件价格进行项目投资决策，项目收益不达预期风险概率升高。

为规避主要设备价格波动给项目收益带来的风险，建议投资方进行以下操作。

1）实时关注风机、塔筒、光伏组件、逆变器、箱变等主设备价格，结合设备产能、市场需求，做好价格走势分析。

2）项目通过投决、拿到投资计划，尽快开展招标采购、锁定设备价格，规避设备价格波动造成的不利影响。

6.3　项目建设管理风险

风电、光伏项目建设风险，主要有工程勘察设计管理引发的施工风险、

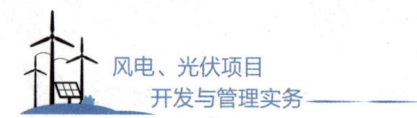

招标和合同管理风险、项目工期违约和未批先建风险、送出工程与电站建设进度不匹配的风险等。通过完善管理环节，合理规划施工管理方式及进行有效的协议约定，能有效规避风险，确保项目建设施工环节顺利收口。建设施工阶段风险的发生将直接影响后续运营质量与项目收益。

6.3.1　工程勘察设计管理引发的施工风险

工程勘察设计管理风险指工程在勘察设计时对于工程关键技术问题重视不足，缺乏必要的专题研究，工程设计方案流于一般化、通用化，与工程实际条件不相符，没有针对工程具体特点设计方案、施工工艺，从而导致较大规模的工程质量问题。

某光伏项目中这一问题较为突出，表现在对于冻胀问题的处理。最初工程设计方案基本没有考虑冻胀问题，支架基础方案采用适用一般条件下的表土层、粉土层地质条件的螺旋桩，在发现有严重冻胀问题后，先是采用混凝土灌注桩加钢套方案，后又部分采用条形基础方案，均没有对冻胀问题进行系统性的治理，致使目前冻胀导致的基础变形、位移与光伏组件翘曲仍有发生。

为规避工程勘察设计管理的风险，建议投资方完善工程勘察设计管理中对于项目具体工程建设条件的分析、针对设计、施工工艺措施的审查、复核，对于具有区域性、典型性的技术问题在必要情况下进行专题论证，要求设计单位提出具体可行的针对性设计方案和工程措施，防止工程勘察设计方案盲目套图、照搬其他工程设计方案。

6.3.2　项目招标和合同管理风险

合法规范的招标和合同管理对于保障投资方和项目公司的利益，避免经济风险具有重要意义。如缺乏风险意识，存在项目合同管理不够规范、项目采购招标及合同签订过程中的程序及内容等问题，项目就有可能存在一定的合规风险。

例如，某项目施工Ⅰ标段第二阶段合同招标采购程序不规范；施工Ⅱ标段中水泵房招标清单中未给出水泵房结构部分工程量；施工Ⅰ标段第二阶段合同价款调整约定前后不一致。电气二次电缆采购合同预付款比例为50%，预付款比例过高；施工A标段、四通一平标段合同签订日期均晚于约定开工日期，110kV开关设备合同签订日期早于中标通知书时间，合同签订日期审核不严格。

为管控好项目招标和施工等合同方面的风险，建议项目公司进行以下操作

1）建立专业的采购和合同管理部门，提高相关人员的专业能力和水平，重视并规范招投标和合同的全过程监管。

2）设立项目合同台账，及时记录款项结算和合同履行结果等方面的信息，避免因合同签订或结算履行等造成不必要的损失，起到事前监督、防患于未然的作用。

6.3.3 项目工期违约和未批先建风险

地方政府在风电、光伏项目开发建设协议中，往往约定项目建设、并网期限及延期违约责任。然而，在具体实施中，受项目前期手续复杂、施工资源紧张、部分地区有效施工工期较短，再加上企业内部招投标程序复杂等因素影响，使项目如期开工、并网面临较大挑战。根据《中华人民共和国建筑法》，未取得施工许可证或者开工报告未经批准擅自施工的，责令改正，对不符合开工条件的责令停止施工，可以处以罚款。如为赶工期，未取得施工许可证或者开工报告未经批准，擅自施工的，将可能被依法责令改正，责令停止施工，处以罚款。

为此，建议项目公司采取下述措施确保项目工期和符合项目建设的有关法规规定。

1）倒排工期计划，加强与当地部门沟通协调，安排专人推进项目环评、

水保、压覆矿、工程建设等手续办理。

2）项目开发协议中约定，如因不可抗力、行政审批延误、电网公司送出工程建设迟延等原因导致项目建设、并网迟延的，可以免除相应责任。

3）加强与地方电网公司沟通和对接，提前明确送出工程投资建设主体。如由电网公司投资建设，协助其办理工程核准、前期手续、征地等工作，通过协议明确建设工期及逾期责任，跟踪施工进度，确保与电站主体工程建设进度匹配。如我方先行投资建设、电网公司后续回购，通过协议事先明确其回购责任、回购条件、估值方式，加强工程质量管理，确保条件成就、如期回购。

4）在特定情况下，可考虑多家发电企业联合建设送出工程，或由一家建设，多家共担投资、共享线路。

6.3.4 送出工程与电站建设进度不匹配的风险

按照《国家发展改革委办公厅 国家能源局综合司关于做好新能源配套送出工程投资建设有关事项的通知》，考虑规划整体性和运行需要，优先电网企业承建风电、光伏配套送出工程，满足风电、光伏并网需求，确保送出工程与电源建设的进度相匹配。因风电、光伏电站由发电企业投资建设，如送出工程建设滞后，必将迟延项目并网发电，进而影响项目如期获益。

江西某光伏项目，与周边另一个电站共同接入1个220kV升压站，送出线路采用合建的方式，但因第二个项目工程建设进程延期了半年，导致第一个项目的工期也被迫顺延，延缓半年并网发电。

为此，建议项目公司妥善规避项目工期风险，把控送出工程建设进度。

6.4 项目经营风险

项目经营风险主要有现金流风险、电力营销风险和运行管理风险等。通过加强财务管理和营销管理，企业可强化运行监控，保证项目稳定运行和投资效益。

6.4.1 现金流风险

现金流风险是指由于日常的资金支付管理、资金流动性以及应收账款产生的项目收益的不确定性。该风险主要表现在资金使用、应收账款等方面。具体如下。

资金使用方面：由于资金管理不到位，资金支付未经适当授权审批，可能导致公司多付、重复支付款项，造成经济损失。此外，未制定合理的融资方案，可能导致公司融资成本过高，或资金出现短缺而引发债务危机。

应收账款方面：应收账款催收机制不健全，或未及时收回应收账款，可能导致应收账款长期挂账，影响资金流动性。此外，对风电、光伏项目而言，政府补贴是影响现金流的重要因素。政府承诺补贴不到位或公司自身资金流动性不足，可能导致公司难以及时还本付息，影响资金使用效率及公司正常运营，甚至对二级单位授信造成不利影响。目前，政府对风电、光伏项目补贴力度在下降，且实际发放的额度和及时性不确定。考虑现金的时间成本，补贴延迟发放对公司的现金流会产生一定影响。

为避免出现资金短缺的风险，建议项目公司进行以下操作。

1）根据本公司及上级单位的资金管理要求，合理安排使用资金。研究资金变化趋势，根据历史数据进行资金缺口预测分析。

2）建立资金使用监管机制，编制筹措资金本息及股利的偿还计划。与商业银行、财务公司建立战略合作关系，以便在流动性出现问题时及时获得资金支持。充分了解不同融资方式的差异，包括渠道、地点、时间等，强化融资成本的控制能力。

3）建立有效的应收账款催收机制，定期分析应收账款账龄，对呆账、坏账进行定期催缴。

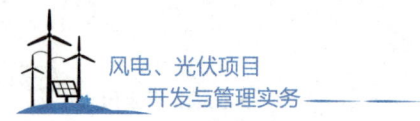

4）关注政策补贴发放进度，做好相关资料的整理，积极推进补贴发放进程。合理安排还款计划，减少由于补贴发放不及时而导致的无法按期还款的可能性。

6.4.2 电力营销风险

电力营销风险是指受行业趋势和市场供求关系的综合影响，导致购售电营销策略的制定对风电、光伏项目收益带来损失的不确定性。2015 年 3 月 15 日发布的《中共中央 国务院关于进一步深化电力体制改革的若干意见》，标志着电力市场正逐步打破垄断、有序放开竞争性业务，在市场竞争中寻找和发现新的增长点和利润点。加强电力营销是所有项目公司必须面对和不容忽视的问题。根据电力营销风险的识别情况，该风险主要表现在市场需求、营销策略、营销能力等方面。具体如下。

市场需求方面：由于区域经济环境变化引起市场需求波动，可能导致实际营销电量与可行性研究预期存在差异，影响项目实际收益。

营销策略方面：制定的营销战略或定价策略不合理，或策略的制定与国家政策、市场供需状况不匹配，可能导致无法精准营销，难以达到开拓电力市场份额、增加发电量的目标。

营销能力方面：若公司对电力营销的资源投入不足，或公司内部政策支持性与鼓励性不足，可能导致电力营销人员工作热情不高，无法在激烈的竞争中赢取客户，从而影响项目收益。

此外，定价能力不足或由于定价核算方式不科学，可能导致定价不合理，影响售电规模。

在电力市场化不断深入的市场环境下，建议项目公司立足国家电力改革政策，在严格执行国家规定的电价政策的基础上，制定符合自身的营销策略。以需求预测管理为基础，以用户需求为导向，积极开展多种市场营销策略相结合的方式，不断开拓市场，优化、提升售电定价能力，提高竞价上网的市场竞争力。同时，加强对销售人员的培训，提升营销人员综合素养，并引进公司所需的有经验销售人才，组建优秀的销售管理团队，不断提升营销管理水平。此外，完善考核制度，提高对电力销售人员的绩效奖励措施。

6.4.3 运行管理风险

运行管理风险是指由于对公司有限资源配置不够优化、不到位，或人员、物料、设备等组织和整合过程不顺畅而对生产运行造成不良影响，最终影响项目经济效益。该风险主要表现在运行管理分析、投保与索赔等方面。具体如下。

运行管理分析方面：经济运行分析管理不到位，可能导致电站生产不符合安全、环保、经济效益等要求，造成企业市场竞争力减弱。例如，未定期进行生产运行数据对标管理，可能导致实际运行数据低于同行业标杆值的情况，若未被及时发现并做出调整，会影响项目公司盈利能力。另外，缺乏对设备可靠性的分析，可能导致电站运行设备存在安全隐患，影响设备的正常运行，甚至造成人员伤害。

投保与索赔方面：部分风电、光伏项目存在"应保未保"情形，工程项目涉及金额较大，但没有与之相匹配的保险作为保障支持，会使投资方承担较大风险。此外，若部分已投保的项目存在未及时要求索赔的情况，可能导致投资方承担较大的资金压力。

为减少运营过程带来的风险，建议项目公司在实际运营管理中采取以下措施。

1）建立运行管理制度体系，明确电站的运行管理机构、职责、权限及操作流程。运行管理部门应制订科学的运行管理计划，并经恰当的审批，重点关注运行管理计划的完整性和适用性。

2）开展电力设备运行分析活动，把运行指标分析和可靠性指标分析以及技术监督指标、行业标准有机结合，实现运行设备的安全、可靠、在控。所

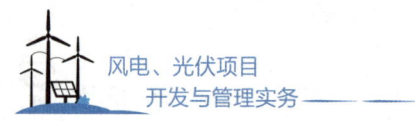

属单位应按季度整理汇总对标指标，发布对标信息；定期对对标数据进行检查，对错报、误报、谎报、迟报等情况进行通报批评及考核；对于对标差异情况进行原因分析，及时整改，保证发电量。

3）重视并加强项目保险管理。对于达到预定可使用状态的工程或设备，应及时投保财产一切险及机器损坏险，以分担项目风险，并在出险时及时进行索赔工作。

6.5 股权交易风险

股权交易风险指在实施并购行为时，由于并购准备不充分或信息不对称而遭受财产损失、影响战略目标达成的可能性。股权投资项目的风险主要包括交易对手合规风险、股权交易风险、尽职调查风险、资产估值风险、并购协议风险、整合风险等。

6.5.1 交易对手合规风险

风电、光伏发电项目并购中的交易对手为项目的直接转让方（项目权益的原持有人），亦包括其后的实际控制人，前者的合规情况是判断并购交易能否正常进行的首要因素，而转让方背后的实际控制人也可能对交易走向造成实质性影响，因此在并购交易中需要同步审查二者的合规情况。在实践中，并购交易的直接对手可能只是未实际开展经营活动的夹层公司，履约能力不足。

为降低履约风险，建议投资方将转让方及其实际控制人纳入交易当事方（对转让方履约承担一定的保障义务和责任等）。在对交易对手的合规情况进行调查时也应同步开展对其实际控制人的调查，根据其与直接交易对手之间的控制关系，综合判断并购交易是否可正常进行。对实际控制人的调查要点和对前文所述对交易对手的调查要点基本一致，并根据项目实际情况进行调整。

6.5.2 股权交易风险

在风电、光伏项目资产交易过程中，倒卖路条、股权质押以及国有股权交易等情况都可能造成股权交易受限的风险。例如，未经重新备案/核准，项目公司股东在风电、光伏发电项目建成并网前不得擅自转让项目公司股权、变更项目投资主体，即倒卖路条。这可能会导致项目从年度建设规模中取消、无法申请可再生能源补贴、相关投资主体在一定期限内可能不能参与后续项目的配置，或影响开展其他项目的投资审批、受到行政处罚的风险。原股东利用项目公司股权质押进行融资的现象非常普遍，并且融资合同中往往约定"未经金融机构同意，项目公司股权不得对外转让"。甚者，因目标公司融资纠纷，债权人申请法院对其股权进行查封。例如，债权人不同意解除质押或查封，或股权工商变更前，债权人行使质押权或申请法院执行，均将影响收购目的实现。按照国资监管相关法规，国有产权转让应履行资产评估、进场交易等程序，如国企未履行上述程序而直接签订股权转让合同，可能导致合同无效。

为减少股权交易风险，建议投资方通过公开途径，如国家企业信用信息公示系统等官方网站，以及目标公司提供的工商内档，对目标公司及其上级控股公司从设立以来的投资人变更及股权变动情况进行详细摸底，并对照规定综合判断是否存在倒卖路条的情况。判断项目是否处在指标倒卖的"敏感时期"，同时结合规定判断本次投资行为是否为文件所禁止的情况。为了防止在投资完成后，有关部门认定项目存在倒卖路条的情形，可以通过在相关的投资协议或股权转让协议中对此部分或有损失的承担及追偿进行明确约定的方式，在一定程度上控制可能发生的投资风险。再有，委托有资质的法律尽职调查及财务审计机构，核实股权质押所担保主债权的真实性，要求原股东及时结算主债权本息，解除股权质押或查封，并将质押解除作为股权转让的前提条件。对于国有股权，则严格规范履行国有

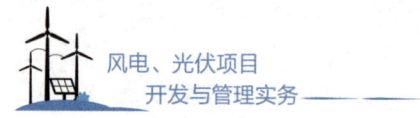

股权转让程序。

6.5.3 尽职调查风险

并购项目的尽职调查不全面、不真实，或未委托具有专业资质的单位施行，可能导致公司无法准确掌握并购方的资产、负债及收益情况，造成决策错误，导致并购后公司面临额外的义务或经济损失。同时，由于部分财务、法律顾问容易陷入只懂专业不懂行业的误区，使得尽职调查报告中要么仅仅指出问题不给答案，要么给出的建议可行性不足。另外，由于项目交易由卖方主导，卖方大多秉承"非必要不配合、非强制不提供"的策略，使得尽职调查的深度和周期被迫进一步压缩。

因此，为发挥尽职调查的作用，建议投资方聘请专业的第三方法律、审计、评估、财务、技术等机构对被收购公司的法律、业务运营、财务状况、内部管理、资产质量等各方面展开彻底、深入的尽职调查，全方面了解并购对象。投资方应首先明确参与尽职调查机构的工作范围，其次遴选切实具有风电、光伏并购行业经验的财务、法律顾问，并在尽职调查工作范围、报告设计时点就给顾问机构提出具体明确的要求。根据项目开发历程、特点，从项目层面、项目公司（可能存在两层或多层公司）、项目公司原股东三个层面开展尽职调查。此外，投资方应设置一些投资红线，要求尽职调查顾问在进场一周后向投资人提供关键问题清单，如项目不具备哪些文件（如接入批复、土地预审），或存在哪些情况（如限电率高于一定水平或没有改善迹象），则可以提前终止交易。

6.5.4 资产估值风险

投资人若对标的公司财务数据信赖过度，没有充分的尽职调查做支撑，对表外事项未加以重视，将对标的公司价值研判产生偏差；若各参与并购主体处于信息不对称的情况下，标的公司所提供的财务报表数据常常缺失并可能存在错误；若资产评估第三方缺乏专业价值评定能力，则无法准确评判标的公司真实价值，使得估值结果严重偏离标的公司价值本身，进而可能因报价过高导致投资方付出对价过高而投资回报降低，也可能因报价过低而难以促成优质项目进行并购合作。

因此，建议投资人从多途径、多层面、多方面对并购项目展开研究分析，根据项目所在国家或地区的行业政策，结合专家意见对风电、光伏项目做出政策预判，结合项目本身或者类似项目的电价、年发电小时数和电量、交易电量、税费、运行维护成本等因素，预测标的公司并购后发展趋势、盈利能力以及风险隐患，有效管控标的公司价值评估风险。根据项目情况，合理选择评估方法。投资人在运用三种评估方法时要建立相应的评估模型，合理确定测算模型的边界条件和取值，避免因测算模型考虑因素不全或者取值偏差大而造成估值不科学，直接影响并购是否成功和最终的实际经济效益。

6.5.5 并购协议风险

并购协议中未全面考虑股权转让先决条件、价格条款、支付节点安排不恰当、过渡期损益约定不清、未对其他潜在风险进行保证与承诺等情形，均会对项目收购造成较大风险。由于股权并购业务的复杂性及不确定性，过渡期可能时间较长，而在此期间，并购项目如果发生生产经营和财务管理上的重大变化，会对整个并购业务的继续开展造成颠覆性的影响。此外，过渡期发生了新的或有债务，可能导致并购方增加费用支出。

为减少并购方过渡期的风险，建议收购方对股权转让先决条件做出具体条款约定，约定转让方不能实现转让条件的违约责任，设置合理的股权转让价款支付节点。通过约定针对性条款、签订补充协议、取得责任主体承诺函等方式，争取使出让方及其他相关方对项目风险做出更全面的承诺与保证。在并购协议中对过渡期的损益约定归受让方所有，或结合损益情况约定其他合理分配方式，并约定，若目标项目公司出现任何重大不利影响的情形，

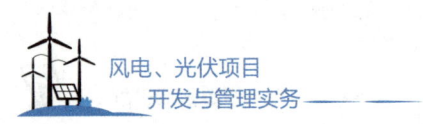

转让方应及时通知受让方，且转让方应于交割日前消除该等重大不利影响的情形并弥补该等重大不利影响所造成的损失，确保受让方、目标公司不受损害。

6.6 案例分析

1. 案例一

2015年《关于支持新产业新业态发展促进大众创业万众创新用地的意见》和2017年《关于支持光伏扶贫和规范光伏发电产业用地的意见》打开了光伏用地的新空间，从未利用地到农用地、林地，进而催生了农光互补、林光互补、渔光互补等各类"光伏+"项目，促进了我国光伏应用形式的多样化以及电站下游市场的快速增长。但是，在近十年的发展过程中，光伏用地的土地类型、标准以及项目所需办理的相关手续都在不断变化中，这导致了此前部分合法合规的项目被动成为"违规"项目，进而不得不被拆除。对于存量电站而言，用新规来判定既有项目已经成为当前光伏用地面临的最大风险之一，而这些主打跨界融合发展的"光伏+"项目则成为用地风险高发领域。

2022年，某渔光互补项目部分光伏方阵由于占用行洪通道以及未依法依规办理水行政许可手续受到生态环境保护督察组与水利委员会的核查，要求将不符要求的光伏等设施因地制宜、有计划地调整退出，做到应清尽清、能清速清。该项目于2019年11月开工建设，2020年8月全容量并网投运，在项目前期申报阶段，项目所在县水利局对该项目的批复意见为不影响县河道、湖泊的行洪和蓄洪功能，同意该规划报告及实施方案。2021年《水利部关于印发河湖管理范围内建设项目各流域管理机构审查权限的通知》要求，对违规项目进行追溯。2022年5月水利委员会会同省河长办、水利厅对违建光伏等碍洪问题进行视频督办，要求在5月底前完成对占用湖泊行洪通道的光伏设施、围网拆除，在 12 月底前完成对湖泊其他区域光伏等设施整改，共拆除涉及项目被认定占用行洪通道的光伏设施约 3.99 MWp。

该案例说明，项目在投产运营过程中，面临着政策变动使土地性质发生改变的风险，将最终导致项目部分光伏设施被拆除，使项目收益受影响。作为项目投资方，对于该项目涉及水域的管理问题、生态保护现状了解不够充分，对相关问题敏感度以及后续事态发展的严重性认识不足，在得到政府有关部门的同意或承诺后未能进一步对相关问题进行深入了解，使得前期工作隐含缺陷，最终导致部分光伏设施被拆除。建议风电、光伏企业在项目用地方面建立长效机制，加强标本兼治，密切关注政策动向与变化，进一步把控项目边界条件，充分研究环保、水利等项目制约因素，避免类似情况出现。

2. 案例二

辽宁某大型风电项目，依靠前期关停火电机组换取指标，于 2022 年 8 月获得指标，2022 年 10 月完成核准，期间可行性研究报告编制完成，2022 年 11 月完成电力接入报告批复，2022 年 12 月通过投资决策。在投产任务时间节点倒排工期越来越紧张的情况下，项目公司不畏困难，对于各节点紧前紧后工作以及全流程精细化把控，但由于自身经验不足，对项目的部分事项未得到高度重视。例如，项目用地中包含部分灌木以及乔木林，但因未与林业管理部门及时沟通，导致将部分乔木林划入机位选项，后期进行了机位调整，启用了备用机位；另外因为当地环评标准要求距离风机 500m 处噪声昼夜间贡献值可满足《声环境质量标准》（GB 3096—2008）Ⅰ类标准要求，故部分风机轮毂高度由 140m 调整至 115m，相应叶轮直径也对应调整，虽然满足当地环评要求，但对于全年满发小时数造成部分影响。

建议今后项目公司对于风电项目开发加强前期工作的投入力度，对于政策的解读做到先行，提前对各项手续的办理重视起来。

第7章 风电、光伏项目后评价

项目后评价是项目投资开发的最后一环,通过对项目前期及决策、项目实施、生产运营、项目投资效果与效益、项目政策市场和可持续性等方面进行评价,发现项目存在的问题,总结项目投资开发的经验与教训,从而为后续项目的投资提供参考和借鉴。项目后评价主要服务于投资决策,是投资人对投资活动进行监管的重要手段,项目后评价的实施能够加强企业固定资产投资项目管理,提高企业投资决策水平和投资效益,完善投资决策机制,同时也可以帮助企业改善经营管理。

7.1 后评价概念、原则及方法

本节主要对后评价概念、原则及方法进行介绍,帮助投资人了解后评价的工作流程、工作内容和意义。

投资项目后评价是指投资人对已经完成竣工财务决算(或完成并购)并运营一定时间的投资项目的管理及效益,运用规范、科学、系统的方法开展分析、评估、提出改进建议等活动。投资项目后评价分为项目事后全面评价和专题评价。项目事后全面评价是指对已完工项目进行全面系统的评价，项目专题评价是指对项目前期、建设或运行的某一阶段、某一问题的评价以及对重要项目的跟踪评价。

投资项目后评价需遵循独立性、科学性、实用性、透明性、反馈性、保密性的原则。

独立性是指从事项目后评价的机构应相对独立，凡参与项目可行性研究报告编制、评估、设计、监理、项目管理、工程建设等业务的机构不得承担该项目后评价工作。

科学性是指评价报告的分析和结论应有充分可靠的依据，评价机构和评价专家应具有相应的资质，评价方法应当科学可信。

实用性是指后评价报告所总结的经验教训具有可借鉴性，报告所提出的建议对决策能产生作用。

透明性是指后评价工作应有较高的透明度，做到客观公正并接受各方监督。

反馈性是指后评价工作应保持畅通的信息沟通，评价成果应及时反馈到投资决策层，作为新项目立项和评估的借鉴，作为调整投资规划和政策的依据。

保密性是指资料的使用仅限于后评价工作，不得外部扩散。

后评价常用方法如下。

1）前后对比方法：是将项目实施前和项目完成后的情况进行全面比较，而预测出工程效益的一种方法。详细的对比内容是要对工程建设项目前期的可行性预算相关的所有数据与实际施工后的效果相比较而产生的结果。

2）有无对比方法：是将项目施工的具体状况与假设无项目时可能发生的情况进行对比，来对比出工程项目的工作量，以便能有效地评价工程项目的真实效益，并估量出工程项目对其他方面的影响和作用。

3）逻辑框架方法：是美国国际开发署（1970年）提出的项目管理工具，

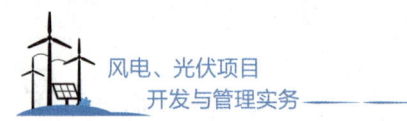

通过逻辑框架矩阵（LFA）系统梳理项目目标、活动、成果和假设间的因果关系，整合规划、实施、监测各环节，提升复杂项目的整体可控性。

4）成功度评价方法：是一种经验化的评价方法，评价的主体是专家，专家经过综合项目中的真实数据，罗列出整个施工过程的真实情况，依据后评价给出的工程项目中的各项指标来评价各个方面的实施结果，进而对项目的成功度做出定性的结论，也就是通常所称的打分方法。

7.2 后评价工作管理流程

后评价工作的管理流程主要涉及后评价项目组织、项目收资、报告编制、报告评审及资料归档工作等。

1. 项目组织

后评价项目一般由企业主管项目投资或审计的部门来主导，选取已完成竣工决算（或完成并购）且运营一定时间（一般2～5年）的项目，依据工作计划及项目特点，自行开展或委托第三方咨询机构开展项目后评价工作。

受委托的后评价咨询机构一般应具备以下几方面条件：项目后评价经验丰富、具备相关资质认证（如工程咨询资质、会计师事务所执业证书、ISO质量管理体系认证证书等）、市场声誉和口碑良好。

开展后评价工作前，咨询机构应首先确定项目经理，由项目经理组建后评价工作组，工作组成员由在专业技术、经济评价、法律合规和工程管理等方面经验丰富的内部人员和外部专家组成；同时，项目经理应组织编制后评价工作方案，方案重点关注评价目标、范围、内容、标准以及人员分工、进度安排等。

2. 项目收资

按照项目开发方式，主要分为基建项目和股权并购项目。由于两类项目在后评价阶段关注的重点不一样，应收集的项目资料也不同。项目经理应根

第7章 风电、光伏项目后评价

据项目类型,向委托方发送后评价收资清单,委托方应按清单收集相应资料并向咨询机构反馈。

3. 报告编制

编制后评价报告,首先应遵循或参考国家及行业标准,例如《项目后评价实施指南》(GB/T 30339—2013)、《火力发电工程项目后评价导则》(DL/T 5531—2017)、《燃气分布式能源项目后评价标准》(DL/T 2446—2021)等,其次还应遵循所属企业的内部标准。

后评价工作一般应在2~5个月内完成,其中资料收集及研阅需2~4周,报告编写需1~2个月,现场调研访谈需1~2周,报告评审、修订及归档需2~3周。

对于基建项目,后评价报告主要从项目前期、建设、生产、经营、效益、政策、市场等方面列写报告大纲,并依据大纲详细编制报告内容。针对并购项目,后评价报告主要从项目前期尽职调查、并购决策、并购实施、投后整合、风险防控、投资效益、投资影响等方面列写报告大纲,并依据大纲详细编制报告内容。

项目经理应根据项目特点及进度要求,选择不同专业的内部人员和外部专家组成后评价工作组,成员数量根据项目要求而定。项目经理应结合后评价大纲和人员专业对后评价报告的各个章节进行分工,并按要求编制报告内容。

按照工作执行进度,在特定时间节点,项目经理应向项目公司、投资人或主管部门反馈相应工作成果。例如,在签订合同后,反馈收资清单;在研阅资料后,反馈资料问题清单;在现场调研前,应完成报告主体框架,并反馈调研问题清单;在完成现场调研后的规定时间内,反馈送审版报告;在评审验收会后的规定时间内,反馈最终版报告。

4. 报告评审

后评价报告完成后,咨询机构首先应进行内部审核,重点对报告的结论、经验、教训及建议等部分进行审核讨论；而后，将内审后报告发送项目公司审核，收集意见后修订形成送审版报告；最后，由后评价主管部门组织相关领导和外部专家，对报告进行评审验收。通过评审验收，对报告进行质询、交流和研讨，形成专家评审验收意见。咨询机构根据意见对报告完成修订，按合同要求出版后评价报告。

5. 资料归档

后评价报告通过评审验收后，后评价机构应将后评价工作期间所有过程资料进行分类整理、归档和备份，主要的归档资料应包括：

1）商务文件：招标及投标文件、中标通知书、后评价合同等。

2）后评价方案。

3）项目资料。

4）现场调研资料：调研策划、通知、纪要、签到表、录音（或录像）以及调研重要事项确认单等。

5）后评价报告初稿及审核意见。

6）报告评审验收资料：评审会议策划、通知、汇报材料、纪要、签到表、录音（或录像）、验收意见等。

7）后评价报告终版。

待咨询机构将最终版后评价报告以及全套后评价归档资料提交项目公司或主管部门后，标志着后评价项目完成验收结题，后评价合同内容执行完毕。

7.3 后评价主要内容

根据项目开发形式、投资类别的不同，后评价的方式也不相同。以下分别就自主开发项目、股权投资项目明确后评价报告内容及相关要求。

7.3.1 自主开发项目

自主开发项目的后评价主要包括项目前期筹划、决策实施、建设运行、经营效益等方面进行总结分析，总结项目经验教训，提出建议措施。

前期决策总结与评价。主要包括：项目决策背景、筹备条件、建设理由；项目外部核准申请及相关前期文件的获取情况；可行性研究报告内容范围与深度、审查情况及批复主要意见；上级管理部门或公司内部关于项目立项、决策、开工等申请文件、过程和程序文件、批复文件等。对项目前期合规性、决策的合理性、科学性进行评价；对前期工作的政策敏感性、战略符合性、市场契合性，是否充分、高效，项目执行概算是否合理、项目决策过程的依据是否充分合理，批准程序是否合法合规等进行评价。

建设实施总结与评价。主要包括：项目建设实施的组织管理模式、制度等情况；项目勘察设计供方、设计方案、设计变更、设计创新等情况；项目采购招标制度的建立，主要设备、重要标段的招标情况；项目征地及土地费用、交付等情况；主要重大合同的台账、谈判、签订、履约情况；项目融资方案的制定与实施情况；项目竣工决算的投资控制情况；竣工验收相关工作的落实情况，验收报告管理及归档等工作情况。从工程安全、质量、进度、造价管理方面，重点分析管理成效、问题原因，全面评价工程建设的管理水平和实施效果，总结问题及良好实践。

运行经营总结与评价。主要包括：项目生产运营管理组织机构及人员配备情况等；生产运行指标与预期目标、行业水平的差异情况；设备检修及技改等情况；投产后各年电量、收入、成本、利润等经营指标的实现情况；通过财务评价，分析项目财务效益指标与预期的差异；项目采用技术的先进性、创新性及所获奖项等；风险评估报告的编制、实施、应对措施、执行效果等；减排、水土保持治理等环境效益情况；带动经济发展、推动技术进步、改善民生、拉动就业等社会效益评价。

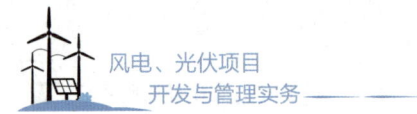

对自主开发项目各阶段工作实施过程和效果综合分析，明确项目开展工作中存在的问题，得出结论；总结优秀做法、不足和教训；提出改进建议和对策，供后期项目借鉴学习。

7.3.2 股权投资项目

股权投资项目的后评价主要包括项目立项、尽职调查、审计评估、决策、签订协议、交易、协议履行、监管要求、投后管理、风险防控、效果效益、影响及可持续性等方面内容，总结项目经验教训，提出建议措施。

股权投资实施全过程总结与评价。对项目的由来、前期论证、立项文件上报及批复情况等进行总结。从项目选择的合理性（市场、效益、政策、战略等）、论证充分性及立项阶段程序规范性出具评价意见。总结法律尽职调查、技术尽职调查、财务审计、审计评估、资产评估等尽职调查的程序规范性，报告要具有全面性、合理性，问题和风险揭示要具有准确性和全面性，出具评价意见。总结提炼实施方案的要点，对决策阶段的程序规范性、风险防范方案的制定、决策意见是否有效落实等，出具评价意见。从股权交易的完整性、规范性、及时性，股转协议对相关风险的控制措施是否完备、交割过程是否顺利高效，出具评价意见。从相关方协议是否有效履行，履行过程是否存在风险出具评价。从国内（外）监管要求调查的全面性、准备的充分性及落实情况的合规性出具评价意见。根据项目投后管理整合方案及实际情况，总结项目财务、人力、企管、生产等信息系统交接与整合情况，以及企业文化融合情况等。

风险防控有效性评价。总结项目各项尽职调查、风险评估、各级审查所提示的风险或问题、应对措施，评价落实情况。对股权投资实施过程未识别的风险及股权投资之后新发生的风险事件进行总结，提出应对措施。对项目全过程风险防控有效性进行总体评价，包括：风险点识别的全面性、防范措施制定的有效性、对未预见风险的应对及时性，指出项目尚存的主要风险。

对类似项目的风险防控工作提出合理化建议。

项目投资效果和效益评价。总结股权投资前后生产经营、财务状况，对主要经营指标、财务指标和经济指标等进行投资前后对比分析。通过测算财务效益指标（内部收益率、经济增加值等），并基于资产及债务状况进行全面深入的分析，给出项目经济效益评价结论。对比责任书、实施方案等预期目标，以及转让方及其他利益相关者目标，综合评价投资决策的正确性与投资目标的实现程度。对项目的股权投资行为对企业相关方的直接影响、社会经济的间接影响进行分析；综合分析项目外部环境因素与内部优劣势的影响程度，给出项目持续性评价结论。

对股权投资项目各阶段工作实施过程和效果综合分析，明确工作中存在的问题，得出结论；总结优秀做法、不足和教训；提出改进建议和对策，供后期项目借鉴学习。

7.4 后评价成果的应用

通过投资项目后评价成果的应用，可以提高项目投资决策水平，提升项目建设及运营管理水平，并为后续投资项目提升效益提供借鉴。分阶段来看，在项目投资决策阶段，后评价成果将为战略规划、发展或投资部门提供决策支持，为投资决策纠偏、做出正确的决策、提高整体的投资决策水平提供支撑；在项目前期阶段，后评价成果将为项目建设单位提供手续办理、可行性研究报告设计、合同管理、资金筹措等方面的经验借鉴及建议，从而确保前期手续办理规范性，提高可行性研究报告设计深度及合同管理水平，优化融资结构及降低财务费用；在项目建设阶段，后评价成果将为项目建设单位揭示同类型项目建设实施过程中可能存在的风险点，避免发生同类问题，确保项目顺利建设并如期建成，为整体提升项目的管理水平提供借鉴；在项目生产运营阶段，后评价成果将为项目公司提示运营中可能存在的问题并提出建议，以提高项目运营管理水平，进一步提高项目的效益提供建议。

投资项目后评价成果在项目公司和上级单位层面的应用侧重点有所不同。在项目公司层面，一是利用报告后评价成果完善公司管理。项目后评价完成后，应及时将后评价成果提交项目公司领导、各部门及各单位，快速将后评价的结果在公司范围内分享，辅助项目公司加强合规管理、改善经营。二是将后评价成果按年度进行汇总及分析，汇编成册，在单位范围内印发，方便各级管理人员、专业人员查询项目信息及了解后评价项目的经验、教训及建议等成果，对照检查本单位、本部门所负责的项目建设、运营情况，进行完善、提升。三是日常工作中开展后评价宣传。在投资审计、各类培训、后评价进展会及现场调研等工作中，通过对后评价目的、方法、与审计的区别、以前年度的评价成果进行宣讲，帮助加深相关人员持续提高对后评价的认识。四是开展后评价成果的内部培训和研讨。主要围绕总结项目经验教训，以供后续同类项目借鉴、提升投资项目决策管理水平，并辅以宏观的投资决策、发展战略、政策措施建议。通过内部培训和研讨，更好地理解后评价的理论方法和实务方法，促进项目投资决策和管理水平的不断提升。

在上级单位层面，推动后评价成果应用的方式包括：一是在全系统内通报成果。汇总分析各级组织机构后评价工作总结报告，并向全系统发布通报。同时将后评价成果及时向上级单位决策机构汇报，包括公司主要领导、相关投资领域分管领导，以及法人治理、战略规划、计划财务、投资管理等投资协调会、投资专题会成员部门，以推广良好经验和实践、警示问题、吸取教训，更好地防范化解投资风险、提升投资管理水平。二是多维度应用成果。将后评价成果纳入下级单位投资管理评价，纳入投资项目责任书考核等。建立投资项目后评价档案，并在信息系统建立经验库与问题库，动态跟踪成果应用情况。

第 7 章　风电、光伏项目后评价

7.5　风电、光伏项目后评价发现的典型问题

本节分别针对自主开发项目和股权投资项目在开展后评价过程中发现的典型问题进行分析，并对成功案例和失败案例进行简要介绍。

7.5.1　自主开发项目

在自主开发项目中，主要存在以下几种问题。

（1）违法用地或水域，项目出现颠覆性风险

在项目前期土地手续办理阶段，项目公司对土地的权属审核不严格，未及时确认项目用地类型，选用的土地为政策红线内用地，一旦被监管部门发现将面临巨额罚款甚至被强行拆除的风险。另外，项目非法占用水域对河道的防洪功能和生态环境造成不良影响，也将面临被相关部门严令审查并叫停的重大风险。

（2）前期文件办理滞后，合规性工作存在风险

在项目实施过程中，项目前期工作存在个别流程倒置现象，如开工前未取得项目投资批复、开工批复、环评批复及水土保持批复等。在实际后评价工作中，发现很多项目建设用地和开工建设审批手续不完善，如未办理开工备案、建设用地规划许可证、不动产权证及施工许可证。实际租用土地性质、价格与协议签订内容发生变动，且镇政府代表村委会与用地单位签订协议，这些不合规让项目存在较大的合规性风险。

（3）可行性研究深度有待提升，勘察设计不到位

部分项目可行性研究深度不足，未结合项目实际情况开展充分论证和勘察设计，可行性研究报告作为项目决策依据的可信度降低，对工程质量和进度造成不利影响。具体包括：资源条件论证不充分，风光资源数据不一致，对发电量预测产生了一定影响；对于项目场址所在地区的典型常见问题缺

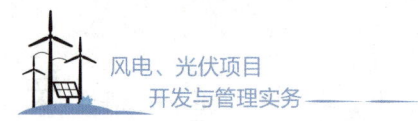

乏敏感性和深入分析，可行性研究报告编制流于形式化、程序化，缺乏针对性，对项目工程特点没有针对性的研究分析。

（4）合同管理不规范，法律风险管控意识不足

部分项目在合同管理方面存在不规范的情况，导致对项目运行及效益即将或已经产生重大影响。合同管理不规范主要体现为：合同内容签订不完善，无签订日期或缺少相关条款；土地租赁协议租赁期限较短或超过20年；EPC（工程总承包）合同签订时间晚于项目开工时间，存在倒签合同问题；项目未按合同约定的时间节点支付承包费，存在违约风险；合同台账不完善，相关合同文件未及时归档等。上述问题在项目实施过程中可能会导致业主方的利益得不到保障，未能及时对责任相关方进行考核，增加合同履约风险，从而影响项目收益。

（5）建设程序不规范，影响工程进度及质量

部分项目存在边征地、边设计、边施工的不规范现象，违反了工程建设程序，工程管理措施不到位。在进度和质量控制方面，未充分利用管理工具进行进度质量控制，没有开展进度质量风险评估，对施工组织管理和全程监控的手段不足，对施工单位的进度考核和管理不到位，最终导致项目质量和工期目标未按计划实现，对项目建设带来不利影响。

（6）项目财政补贴未到位，存在现金流风险

对风电、光伏项目而言，政府补贴是影响现金流的重要因素。由于项目公司对补贴申报重视不足，督导力度不够，很多项目存在未进入补贴目录或者补贴滞后的情况。项目电价补贴作为项目收入的重要组成部分，补贴的滞后导致项目账面处于盈利状态，但应收账款在总资产中的占比不断提高，最终对经营现金流产生不利影响。

7.5.2 股权投资项目

在股权投资项目中，主要存在以下几点问题。

第 7 章 风电、光伏项目后评价

（1）尽职调查不够规范全面，埋下风险隐患

部分项目财务尽职调查与财务审计委托单位为同一家会计师事务所，不利于相互印证，存在财务尽职调查与审计均未对项目未完成竣工决算情况、项目股权冻结仍未解除情况进行风险提示。技术尽职调查方面，技术尽职调查报告未对关键设备相关风险进行评判，造成并购后关键设备的故障排查困难、维修费用较高等情况，可能对项目后期运营产生不利影响。

（2）投资决策未充分考虑补贴滞后对收益率的影响

并购实施方案未考虑补贴滞后对项目现金流的影响，这对项目公司现金流造成一定压力。该情况已不是个例问题，而是目前市场上绝大部分可再生能源发电项目都面临的难题。补贴滞后对电站正常运行影响较大，对项目经营和现金流造成一定压力。从财务评价的结果指标来看，若按某一基准值作为决策项目的参考标准之一，是否考虑补贴延迟这一因素有可能产生颠覆性意见。

（3）并购后部分合规性文件取得仍存在困难

在项目并购前期调研、尽职调查、实施方案中，发现部分合规性文件尚未取得，或处于办理或申请办理进程中。对此，交易双方可以在股权协议中以股权对价尾款预留支付的形式对此风险做出防范，并以若无法取得相关文件导致项目无法正常运行而给受让方带来经济损失，则出让方需要无条件回购项目作为最终保障。但在并购后，仍存在部分合规性文件无法及时取得的不确定因素，从而导致项目无法进行竣工验收，项目管理经营存在隐患。

（4）资料归档、交接流程不够完善

股权投资项目管理流程烦琐、复杂，涉及各类数据、文件、资料的分类、整理、归档，需要多方管理部门相互配合，当发生人员变动或企业重组等组织机构变化时，该项工作任务更加重要。后评价进场实地调研、交流访谈过程中，发现某些项目的部分文件材料归档、整理的工作分工职责不明确，个别项目存在关键资料缺失的情况，不利于对项目并购及电站运行中的

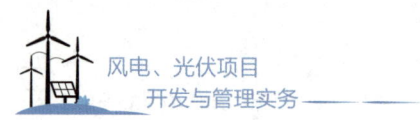

经验和教训进行梳理和总结。

7.5.3 成功案例分析

某海上风电项目核准总装机规模为300MW，2019年底开始海上主体施工，2020年底完成全部机组并网发电。项目后评价就该项目前期规划开发、建设过程管控、投产后的生产运营及技术管理水平进行分析、评估，总结出一系列值得借鉴的良好经验。

前期工作完整合规。该项目于2016年年中取得省能源局路条，之后历经机型调整、生态环境部门对项目所在地环保限批6个月的禁令、省海洋环保行政机构改革等重重困难，项目公司克服困难，取得各专项批复文件，最终于2018年底取得省发改委核准。

建设过程管控效果良好。一方面，在建设实施阶段，工程开工建设初期遭遇新冠疫情突然暴发，同时受"抢装潮"的影响，海上风电行业设备供应市场严重失衡，各设备制造厂家的订单远超其实际产能，导致供货进展滞后，严重制约工程建设进度。项目公司坚持疫情防控和复工复产两手抓、两不误，在疫情防控关键阶段，攻坚克难，保障工程快速推进。另一方面，针对设备供货滞后的问题，项目公司审时度势，主要领导挂帅成立物资保障工作组，全部进驻厂家，开展重要设备催交工作，准确摸排船机资源档期、掌握作业性能效率。设立中转存储场地，进行设备存储，减小主要设备材料涨价的影响。最终不到3个月时间就完成了75台风机全部高质量调试并网，同时单位造价水平仍优于行业平均水平，实现保工期和控造价双目标。

管理创新效果显著。项目建设管理实行项目管理承包模式（PMC模式），充分发挥项目管理公司的管理专业技能、经验和优势，有利于工程建设项目投资、进度和质量控制。建设过程中开发应用首个海上风电综合进度管理系统APP，实现了工程建设阶段的数字化、智慧化管控，有效提高风机利用小时和设备可靠性，降低工程投资，提高全生命周期运营效益和安全风险管控能力，实现风电场更安全、高效、经济运行的目的。

及时纳入可再生能源发电补贴项目清单。该项目于2020年底全容量投产，2021年11月该项目正式纳入可再生能源发电补贴项目清单。及时纳入补贴清单，增加电费收入的同时，大大降低了财务费用，对项目公司缓解资金压力、降低财务成本有着极其重要的意义。

社会评价高，荣获多个奖项。项目建设阶段，项目公司坚持疫情防控和复工复产两手抓、两不误，在疫情防控最吃劲的关键阶段，凝心聚力、攻坚克难，保障工程快速推进，按期建成。作为疫情防控和复工复产优秀案例，本项目被央视新闻联播等权威媒体广泛报道，为公司赢得广泛赞誉。后续该项目荣获"电力行业年度示范智慧电厂"称号，在中国电力企业联合会组织的全国风电场生产运行指标对标中获得"AAAA级"优胜风电场的荣誉。

7.5.4 失败案例分析

某屋顶分布式光伏发电项目，采用"自发自用，余电上网"的模式建设，于2017年底开工建设，2018年年中建设完成具备并网条件。后评价过程中发现了以下几点主要问题。

国有股权转让未按规定执行。2017年9月，原100%持股的国有公司出让项目公司30%的股权给某民营企业，共同建设该项目。11月底，项目公司完成了股权变更，根据《企业国有产权转让管理暂行办法》第十二条的规定，"企业国有产权转让事项经批准或者决定后，转让方应当组织转让标的企业按照有关规定开展清产核资"，以及根据《企业国有资产评估管理暂行办法》第六条的规定，产权转让应当对相关资产进行评估。但在后评价过程中发现，股权转让方未能提供资产评估报告及股权转让审批文件、进场交易的相关资料，股权转让行为违反了国家的有关规定。

项目公司对建设过程管控不到位。合作开发模式下，更应加强对项目建设过程的管控。然而，在项目实施过程中，项目公司未采取积极有效的措施

对项目建设进行管控，对合作方和EPC单位约束不够。民营公司虽然仅占30%的股权，但负责项目主要设备材料的供应，且该公司全资子公司负责施工。从该项目参建单位构成情况看，该民营公司通过设备供应、施工等途径实际主导了整个项目的工程建设。大股东未能充分行使权利，未对监理、设计、采购和施工单位招投标等重大事项进行管控。

外部环境应对不足，错失申报补贴的时机。本项目在2018年年中具备并网条件后，因屋顶业主生产线未按期建成投产，尽管由当地政府出资建设的110kV变压器及送出线路已基本建成，但屋顶业主就支付容量费一事与电网公司及当地政府未达成一致，项目并网事宜就此搁置。后续项目公司虽采取了向屋顶业主致函、咨询法律意见、持续向政府部门沟通等措施力求解决问题，但应对方法较为简单，力度不大，未取得实质性进展。直至2021年初项目最终以"全额上网"方式实现并网发电。同年6月屋顶业主生产线建成投运，该项目"自发自用，余电上网"的目标才得以实现，此时距项目具备并网条件已逾3年。并网时间推迟造成投资增加、资产闲置、电费收入减少，失去获取可再生能源电价补贴的机会，直接导致项目严重亏损。

项目技术效果有待考验。在项目公司与屋顶业主签订的合同能源管理协议书中，用户方要求使用BIPV（光伏建筑一体化）技术，而民营公司是具有BIPV技术的供应商之一，屋顶业主遂选择该民营公司作为该项目合作方。根据现场踏勘，该项目的BIPV工艺是仍在原屋顶围护彩钢瓦结构上通过导轨夹具安装光伏组件，使用格栅步道和盖板进行封装形成整体屋面，并非真正意义上的BIPV技术。与常规的导轨夹具安装的彩钢瓦屋顶光伏相比，光伏板背面通风散热能力大幅下降（影响电量），增加了施工难度和材料数量（增加造价），且不便于故障检修。目前，项目运行时间较短，暂未发生系统性问题，但技术上有待时间考验。

最终，根据后评价的主要结论，该项目目标未能全部实现，经济效益远低于预期，总体上未达到决策预期，项目投资不成功。

第8章 风电、光伏投资经济性评价工具

编者单位依托自身业务能力和丰富的项目经验,按照"1个平台+N个子系统"总体规划,开发建设了新能源技经服务数字化平台,可为新能源项目开发人员提供规范便捷的经济性测算和边界条件查询工具,有效支撑投资业务开展和管理决策,更好把握投资机会。新能源技经服务数字化平台页面如图8-1所示。

新能源技经服务数字化平台以打造电力行业首个"经济性测算、投资边界条件查询工具和技经业务系统集成平台"为目标,经过3年多的持续开发,现已上线风光资源在线普查、新能源造价测算、能效评价等5个投资边界条件查询子系统,新能源项目动态经济性评价、新能源并购经济性评价、零碳能园经济性评价等9个投资场景的经济性评价子系统以及可行性研究审查、技术尽职调查、资产交易服务等5个远程智能技经业务系统。

投资边界条件查询系统集成多个边界条件查询工具,依托平台风光资源数据库和造价数据库,可快速确定投资边界条件,开展投资经济性测算;多个投资场景的经济性评价系统,相比传统能源形式单一、可固化边界条

件少的经济性评价工具，在满足"风电、光伏+"复杂投资场景的快速测算要求的同时，可有效提高投资测算结果的全面性和准确性；远程智能技经业务系统支持在线开展业务咨询和实施。新能源技经服务平台主要业务如图8-2所示。

图8-1　新能源技经服务数字化平台页面

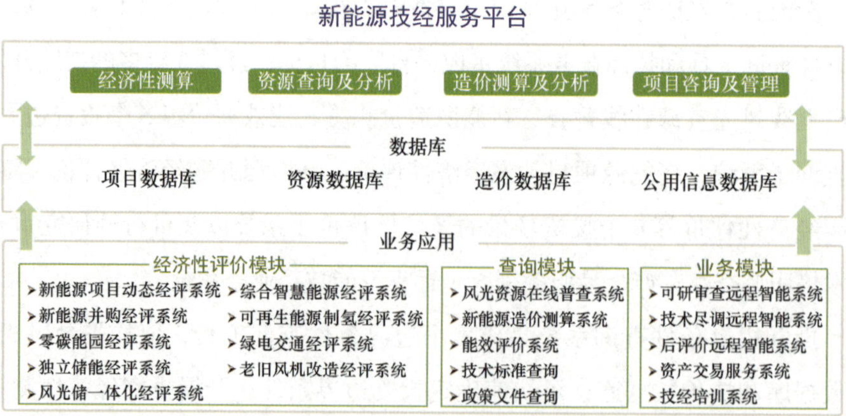

图8-2　新能源技经服务平台主要业务

8.1 风光资源在线普查系统

1. 系统简介

风光资源在线普查系统部署多套模拟风光资源数据，包含 Solargis 和 Meteonorm 气象软件，基于大量实测数据进行融合订正得到的高精度风资源数据，以及逐月更新的长时间序列再分析数据（ERA 5、MARR2）。同时，支持用户录入多种类型的实测数据，包括测风塔和测光站实测数据、电站实际运行数据等。

系统基于以上资源数据库开发，可提供中国境内任意点风光资源数据查询及发电量估算、测风数据处理分析、电站全生命周期数据管理等功能。

风光资源在线普查系统以有效提高专业使用者的工作效率和产出质量为目标，通过上述资源信息的一站式查询、处理、分析和共享能力，结合系统严谨的安全权限管理策略，在确保资源信息的安全共享的前提下，积极促进新能源领域的共创发展。

2. 核心价值

测风数据在线标准化处理：系统提供完整的测风数据在线处理流程，包括数据导入与解析、数据质控控制、数据插补、代表年订正等处理工具，以及风资源参数的分析和报告生成。

电站全生命周期数据管理：可录入电站基础信息、设备信息、资源数据、运行数据、相关文件等，覆盖全面的电站生命周期信息管理，并利用精细化的权限管理限制不同类型用户可查看的数据范围，从而有力确保数据安全。

3. 系统功能

风光资源在线普查系统的功能结构示意图如图 8-3 所示，测风塔数据处理分析页面见图 8-4。

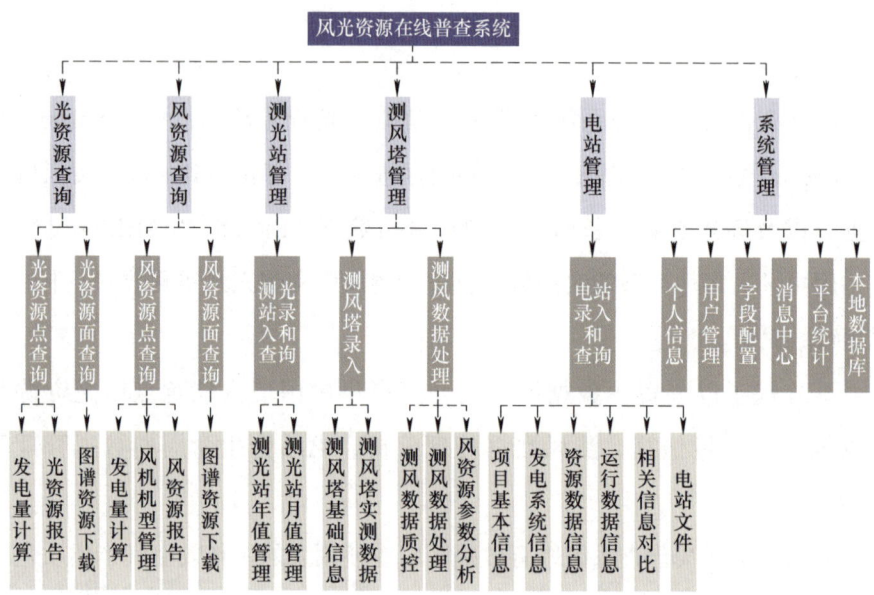

图 8-3　风光资源在线普查系统的功能结构示意图

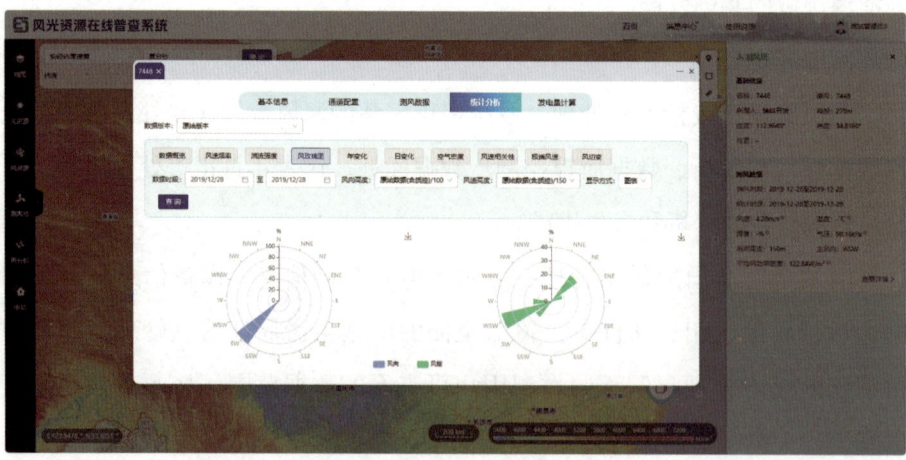

图 8-4　风光资源在线普查系统的测风塔数据处理分析页面

4. 同类产品

格林威治风场设计平台，致力于解决风电发展过程中面临的挑战，以保障风电资产投资经济性指标为使命，为用户提供风电场规划、测风塔监控管理、风资源评估、精细化微观选址、低风速风场/海上风场优化、风机基础设计优化、道路平台设计优化、集电线路设计优化、升压站选址优化、升压站设计、风场造价评估、经济性评价、资产后评估分析等全方位的服务功能和数据支持。

8.2 能效评价系统

1. 系统简介

能效评价系统通过对新能源场站（风电和光伏）生产经营阶段能效指标数据的收集，建立场站关键指标体系及能效评价模型，可一键得出风电、光伏场站不同指标维度的能效评价结果。

2. 核心价值

能效评价系统的核心价值体现在以下三个方面。

1）内置关键能效评价指标的参考值，可快速判断电站指标评分是否达标。

2）多维度评价体系模型，得出综合和全面的评价结果。

3）可根据平台的数据积累进行评价模型不同指标的权重调整，使评价结果更加科学合理，贴近实际。

3. 系统功能

能效评价系统根据能效评价模型，快速对用户填报的电站数据从不同维度进行评分，可帮助电站运维人员或上级管理单位了解电站各指标水平所处区间，识别电站问题，反馈和指导生产运维工作。能效评价系统页面如图 8-5 所示，其功能结构示意图如图 8-6 所示。

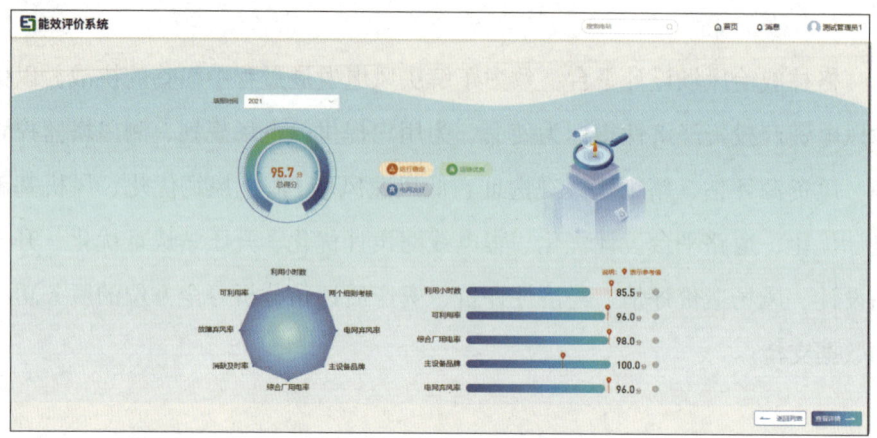

图 8-5 能效评价系统页面示意图

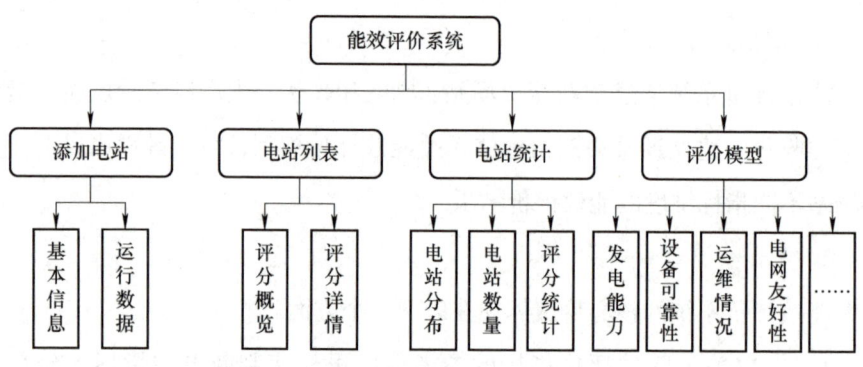

图 8-6 能效评价系统功能结构示意图

8.3 投资项目经济性评价系统

按项目不同类别，投资项目经济评价系统可分为新能源项目动态经济性评价系统、新能源并购经济性评价系统、零碳能园经济性评价系统和独立储能经济性评价系统等。各系统能满足不同类项目前期开发时的测算要求。

8.3.1 新能源项目动态经济性评价系统

1. 系统简介

动态经济性评价系统基于仿真 Excel 模式的算法模型管理功能体系、大数据存储及数据处理技术，实现利用同一算例模型，同时计算静态、乐观、最大概率和保守四种情景水平的评价结果，并保存评价结果。可实现在政策变动、未来电价电量变化、多指标评价等情况下预测风电、光伏项目全周期投资潜力，弥补传统经济性评价方式在模型固化、电价电量固定、方法固定等方面的不足，全面、科学、真实地评价参与电力现货交易项目的投资经济性。

2. 核心价值

1）基于仿真 Excel 模式的算法模型管理体系，可相对快速开发配置测算模型，支持通过修改 Excel 后便捷化修改测算基础参数或者计算公式的功能，从而进一步解决未来由于国家政策调整、税收政策调整等带来的需要对测算功能代码进行大量修改的问题，从而减少维护动态经济性评价模型的成本。

2）可实现在政策变动、未来电价电量变化、多指标评价等情况下预测风电、光伏项目全周期投资潜力，弥补传统经济性评价方式在模型固化、电价电量固定、方法固定等方面的不足，全面、科学、真实地评价项目经济性。

3）利用同一算例模型，拥有同时计算多种评价结果的能力，在计算过程中，隐藏计算公式，保护知识产权，并通过思维导图、比对等多种灵活方式展示经济分析结果，评价项目的可行性，进一步提升投资决策水平。

4）可通过算例复制、算例分享、算例比对、算例锁定、算例导出等，对所有多情景评价项目（算例）进行统一管理，并可实现同一算例在不同时期政策变动下的评价结果比对。

3. 系统功能

系统可实现建设期 1～4 年的动态变化，为了便于用户快速录入数据，表单实现数据的等量填充功能，自动进行录入数据合法性校验。同一算例模型，一键计算四种情景水平（静态、乐观、最大概率、保守）的评价结果，且关键指标同屏展示。实现多种情景水平状态下的单因素、多因素敏感性分析、各项关键指标整个运营期的图像分析及多种情景水平状态下的数据反算。实现两两同类型项目关键指标对比，比对结果直观清晰。若算例模型已发生变更，查看历史算例时，显示模板变更提示，引导用户操作。动态经济性评价系统的功能结构示意图如图 8-7 所示，系统页面如图 8-8 所示。

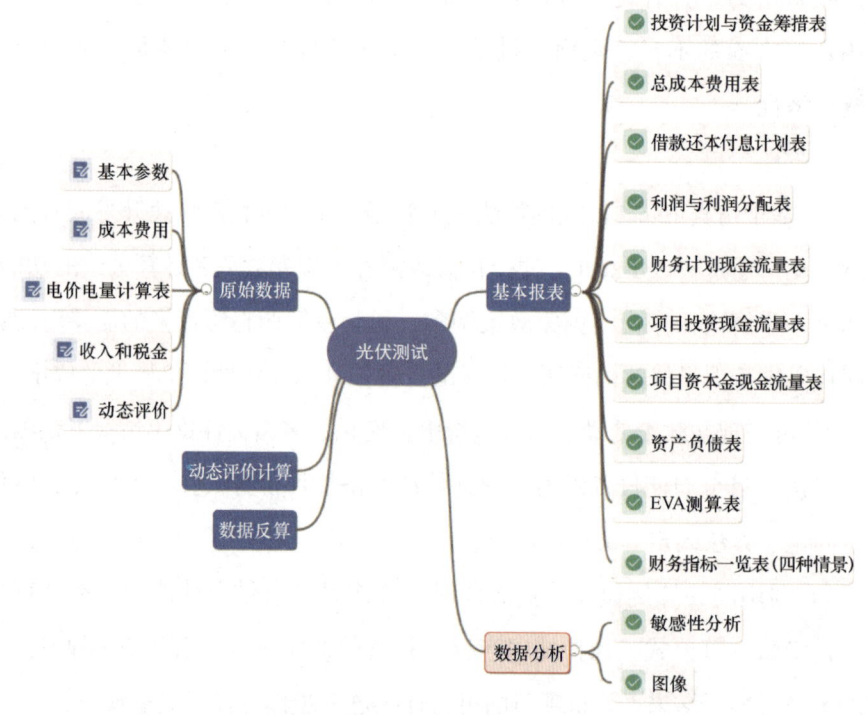

图 8-7　动态经济性评价系统的功能结构示意图

4. 同类产品简介

木联能经济评价系列软件分为新建项目和收购项目两个模块，输入基础数据，可生成需要的财务报表，且具有敏感性分析和反算功能，可进行多方案比选。根据项目参数及计算结果，自动生成可行性研究报告中财务评价相关部分的报告内容。

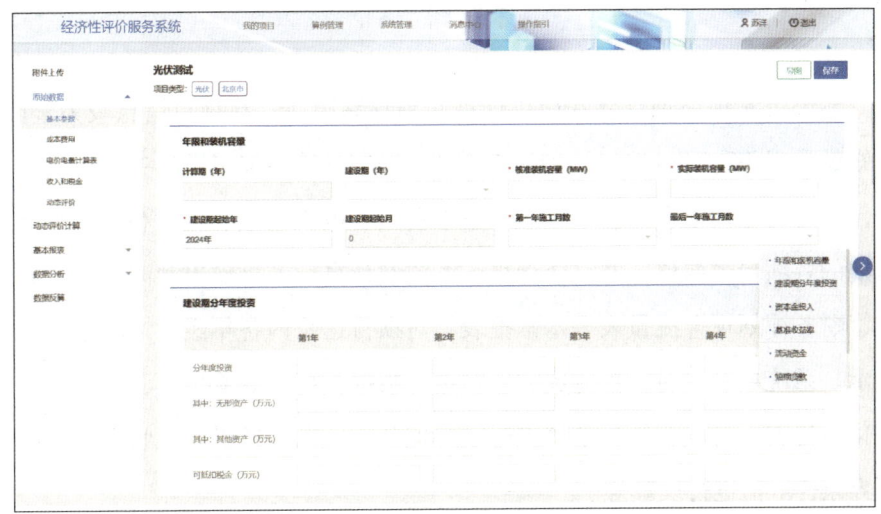

图 8-8　动态经济性评价系统的系统页面

国家能源集团技术经济研究院自主开发了具有鲜明企业集团特色的专业应用平台，融合了行业政策、技术水平以及电力市场特点，为集团公司构建了标准化、规范化的评价系统，以支持集团公司各级用户科学高效进行项目经济性测算，可大大缩短可再生能源资源项目前期工作的筹备周期。

目前经济性评价软件使用模型选择上，木联能软件和大型企业集团线上平台等 Excel 自编模型在行业有 95% 的占有率，剩余 5% 为其他软件。

8.3.2　新能源并购经济性评价系统

1. 系统简介

可实现并购（合作开发）风电、光伏项目在剩余生命周期内经济性测算与评价功能，能源类型包括光伏、陆上风电、海上风电，供应产品类型为供电。采用新能源并购经济性评价系统，应用于风电、光伏项目并购前期、实施阶段、后评价等多环节，实现对并购项目全过程盈利能力和清偿能力等技术经济分析，评价项目在财务上的可行性，助力投资人把控并购投资和投后运营质量，进一步提升并购项目投资收益水平。

2. 功能简介

系统可实现详细计算和简单计算两种计算模式。在项目信息较为全面、已知的情况下，可以选择详细计算模式（详细计算功能见图8-9），在该模式下，用户可输入项目的基本参数、成本费用、电价电量、收入和税金等全运营期的各项参数取值，并完成计算。系统经计算后，可输出利润与利润分配表、财务计划现金流量表等基本报表，对项目运营内各年经营情况进行详细展示。系统还可以对计算完成的项目进行数据分析，如输出运营期部分参数变化趋势图、对重要边界条件进行敏感性分析，以及通过既定收益率对部分边界条件取值进行反算等。

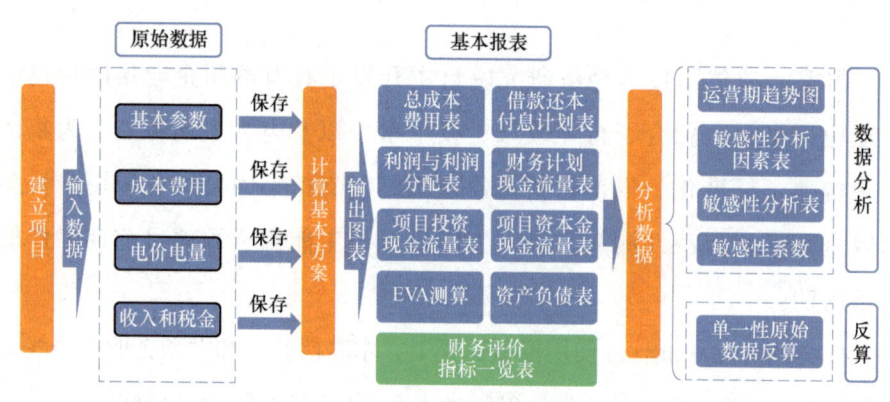

图8-9　详细计算功能图

在风电、光伏项目未确定实施并购阶段，项目信息不完整、数据不精细，为初步了解项目剩余生命周期效益情况，新能源并购经济性评价系统提供简单计算功能（见图8-10），仅需要输入少量如项目容量、项目投资等数据指标，即可输出项目收益率，方便快捷，有助于前期对并购项目进行初始筛选和判断。

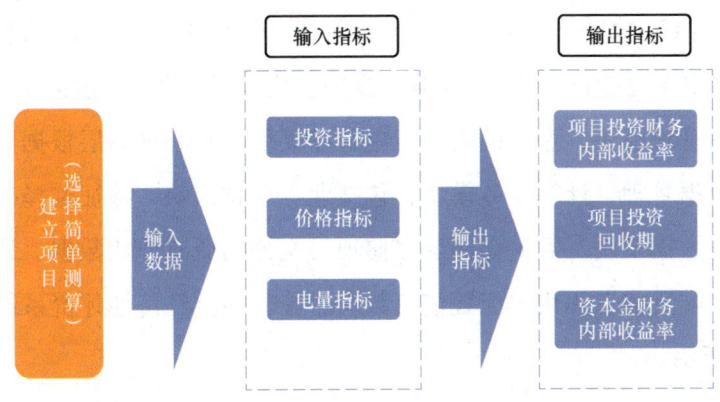

图 8-10　简单计算功能

3. 同类产品简介

根据国家发改委和国家能源局对电厂建设的有关规定，木联能在水电水利规划设计总院的指导下，开发了风电、光伏发电工程经济评价软件。软件具备通过输入基本参数、成本费用、收入和税金、敏感性参数，计算生成财务评价报表并进行敏感性分析等功能。

该软件的目标项目类型包括独资新建项目、合资项目及收购项目，在收购项目计算模式下，可通过输入项目交易价格、收购方借款等参数，对收购方案进行测算，有助于用户对收购方案进行筛选和决策。

8.3.3　零碳能园经济性评价系统

1. 系统简介

零碳能园经济性评价系统为对各聚合类型及应用场景下的零碳能园项目进行定制化开发，用于评价各类零碳能园项目的经济性，系统包括了聚合要素独立/合并计算、数据分析、图形展示、各类经济性指标反算、敏感性分析等功能，用于辅助项目公司在前期判断项目价值开展后续投资工作。

2. 功能简介

零碳能园经济性评价系统针对不同业务需求和应用场景，实现不同应用功能。系统主要由三层组成：业务展示层、核心计算层、数据存储层。业务展示层主要包括需要向用户呈现数据的模块和用户页面，包括项目管理模块、视图管理模块、登录模块和表单打印模块。核心计算层根据用户的输入原始数据管理，计算业务模块，包括业务管理模块，特征选择模块以及所有业务数据模块。数据存储层存储项目文件的所有原始数据、计算结果以及软件配置信息和用户配置信息数据。零碳能园经济性评价系统页面如图 8-11 所示。

图 8-11　零碳能园经济性评价系统页面示意图

零碳能园经济性评价系统针对"源、网、荷、储"侧不同场景下的不同业务模式和应用场景，实现不同商业模式下的测算功能。评价系统包括原始数据、基本报表、数据分析、反算四个主要模块（见图 8-12）。其中数据分析模块包含盈亏平衡点预警分析图像，根据用户在原始数据输入端口所填各项边界，对关键经济性指标如交易电价、原材料价格、供电量、供热量、调峰价格、调频价格等进行边际取值反算，给出目标收益率条件下各关键指标的取值限值；根据运营情况，给出项目实时盈亏平衡点。

3. 同类产品简介

中国能建中电工程华北院开发的综合能源经济评价智慧平台软件实现了

"N合一",一个软件实现了综合能源项目投资一站式经济评价,既满足了经济评价的使用需求,又有助于协助优化全寿命周期、定制化的技术经济咨询服务。

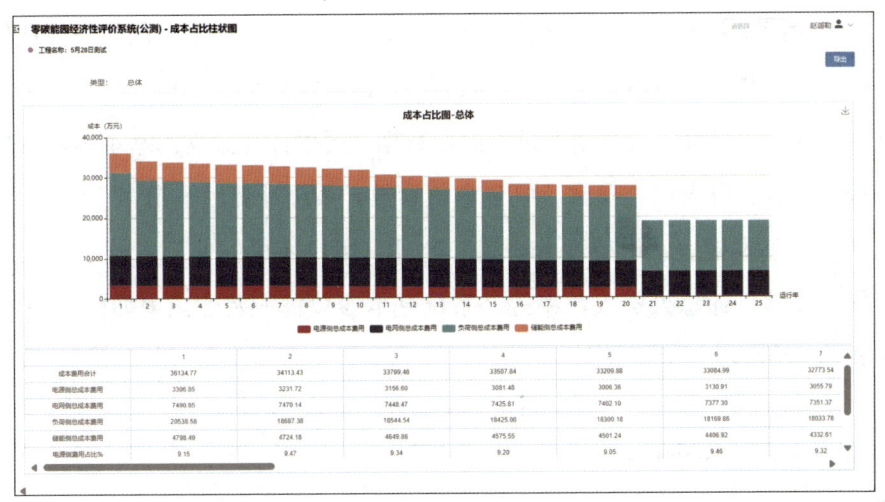

图 8-12　零碳能园经济性评价系统功能结构示意图

智慧能源(国核电力院)技术经济中心自主研发的新能源全场景快速评价系统仅需少量核心参数,即可实现对目标区域新能源项目进行快速评估和初步筛选,提高了新能源项目开发阶段的初筛效率和响应速度。

综合来看,目前国内外已有一些新能源技术经济评估软件,但已有软件大多仅限用于风电、光伏等单个或两个电源品种。零碳能园作为"源、网、荷、储"一体化项目的落地模式,聚合了包含电源侧、电网侧、负荷侧及储能侧的多类市场主体。目前,已有软件局限于单独项目评价的模式,无法满足现有各类零碳电厂的经济性考核需求。本项目将在现有研究基础上,开发对应的工具系统,针对各具体应用场景建立最优的测算模型和系统,建立针对集团下属各二级单位零碳电厂项目的专业经济评价系统,为各具体应用场景的项目投资建设运营提供有效指导建议,促进集团高质量发展。

8.3.4 独立储能经济性评价系统

1. 系统简介

独立储能经济性评价系统是技经中心新能源技经服务平台的经济性评价系统之一，为集团内用户进行独立储能项目的经济评价工作提供高效准确的测算工具。用户可以通过线上录入原始数据，提供计算必需的基本参数、成本费用参数、收入税金参数、电量电价参数，系统计算后输出多个结果表，包括项目基本报表、敏感性分析表。此外，用户还可以使用系统中的反算功能，计算目标总投资收益率等。系统基本参数输入及输出表如图 8-13 和图 8-14 所示。

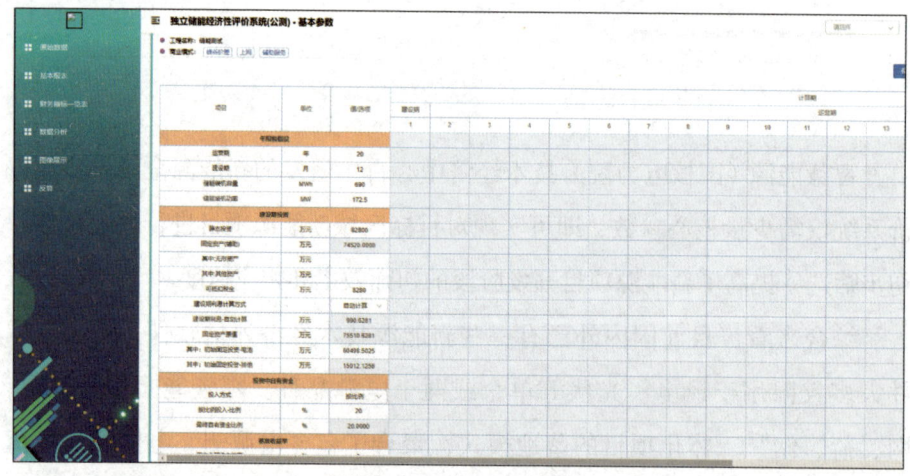

图 8-13 独立储能经济性评价系统原始数据的基本参数输入表

2. 功能简介

独立储能经济性评价系统的主要功能包括项目管理、原始数据（输入）、计算数据（输出）、数据报表导出、项目指标反算和敏感性分析功能，如图 8-15 所示。

第 8 章 风电、光伏投资经济性评价工具

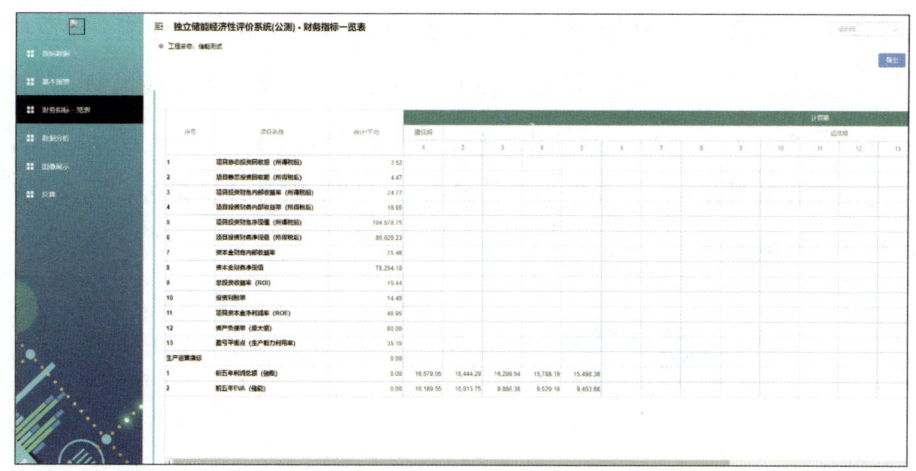

图 8-14 独立储能经济性评价系统报表输出的财务指标一览表

1）项目管理。用户可以创建、删除项目算例。

2）数据（输入）。用户在创建算例后填写项目基本参数表、成本费用表、收入与税金表和电价电量计算表，用于系统计算项目经济性。

3）计算数据（输出）。算例计算结果为项目基本财务报表，包括总成本费用表、借款还本付息计划表、利润与利润分配表、财务计划现金流量表、项目投资现金流量表、投资计划与资金筹措表、资本负债表、EVA 测算表和财务指标汇总表。

4）数据报表导出。系统支持项目报表以 Excel 形式导出。

5）项目指标反算。用户输入目标资本金财务内部收益率，选择反算指标包括动态投资、年充放电次数、放电电价、外购电价和容量租赁收入，系统反算出相应收益率下的指标值。

6）敏感性分析。系统支持单因素敏感性分析、多因素敏感性分析、敏感度系统计算，用户通过自定义变量变化幅度，计算相应情况下项目收益率水平。

3. 同类产品简介

目前，独立储能经济性评价系统主要的同类产品是木联能项目经济性

测算软件。木联能经济评价系列软件包括风电、光电、水电、储能、建设项目、输变电、火电、光储、风储、抽水蓄能等。据了解，木联能风储/光储工程经济评价软件可以计算风电/光电项目、储能项目、风储/光储项目，并能根据设置导出风电/光电财务评价报告、储能财务评价报告、风储/光储财务评价报告。

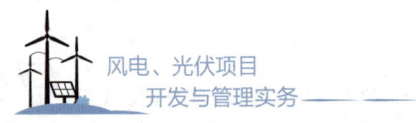

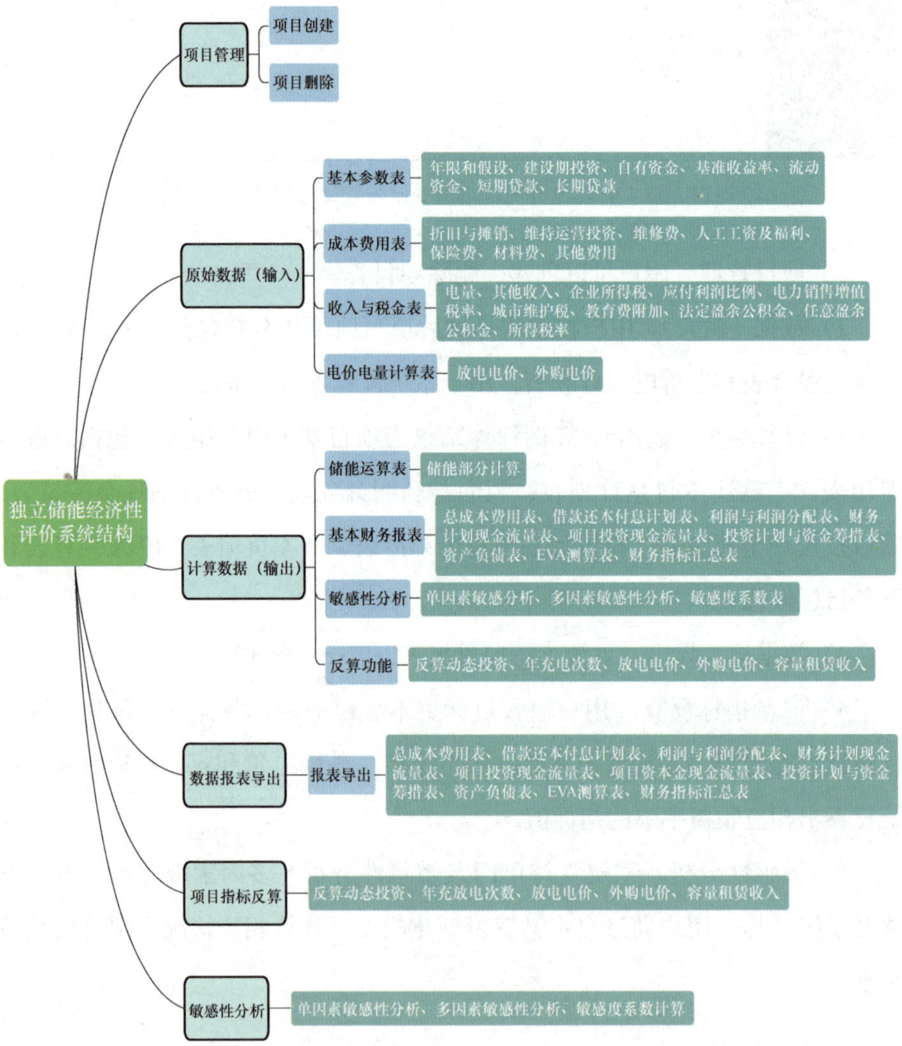

图 8-15　独立储能经济性评价系统的功能结构示意图

8.4 新能源造价测算系统

1. 系统简介

新能源造价测算系统是基于风电、光伏造价计算基本原理，运用大数据技术对既有项目复杂而庞大的造价数据进行智能化统计分析，依据地域、地形、时间等维度得出各子项造价指标，并结合数据库设备材料价格信息及用户个性化输入信息计算新建项目总投资估算的智能软件。新能源造价测算系统如图 8-16 所示。

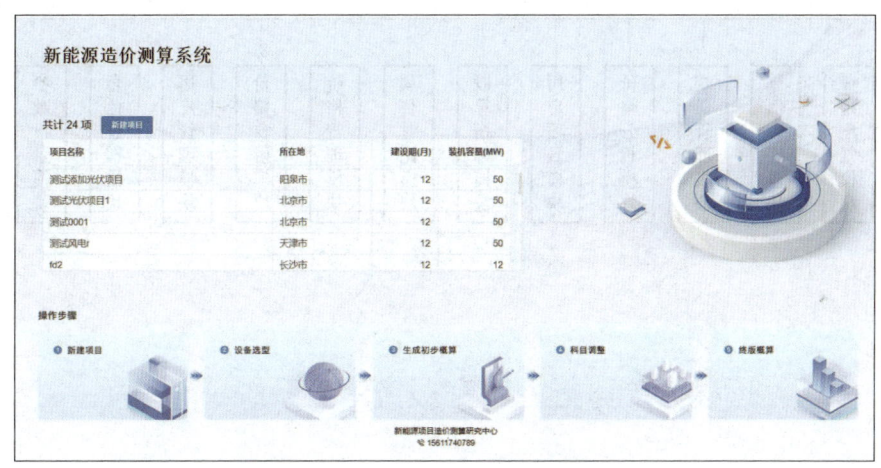

图 8-16　新能源造价测算系统

2. 核心价值

新能源造价测算系统能够利用大数据技术对既有典型风电、光伏项目造价案例进行智能化统计分析，用户仅需输入拟开发项目的基本信息，如场址信息、地形、装机容量等，系统便自动计算出该项目的总投资，用户还可根据自身情况调整关键设备价格，能够更好地匹配拟开发项目总投资估算。同时，该系统还可以进行不同技术方案总投估算对比，为拟开发的风电、光伏项目投资决策提供依据，保障企业科学决策，提高企业经营管理效率。

3. 系统功能

新能源造价测算系统具有新建项目费用配置、算例管理、变量管理、价格分析、用户项目、概算指标、项目对比、价格管理、价格映射、用户管理、角色管理、参数设置等功能（见图8-17），以实现新建项目投资测算、案例录入（导入）及分析、概算生成、概算调整、报表生成导出和系统管理等目标。同时，该系统具有不同技术方案总投资估算对比功能。

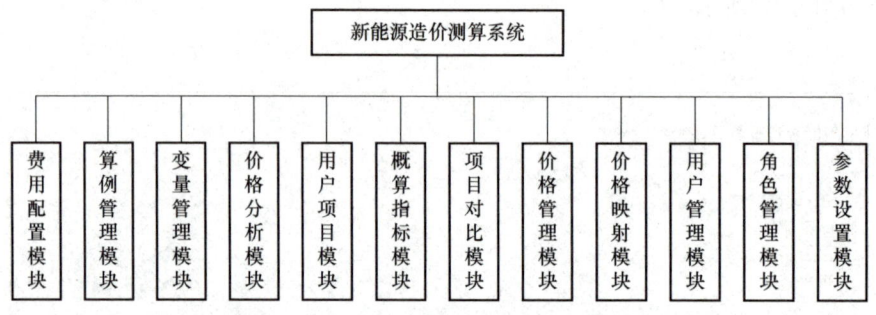

图 8-17　新能源造价测算系统功能需求图

8.5　远程智能可行性研究报告审查系统

可行性研究报告审查是相关领域专家组将项目可行性研究报告进行审阅的过程。以往在线下进行可行性研究报告审阅的方式，会带来审阅成本高、审阅周期长、审阅效率低等问题。国家电投集团中央研究院技术经济研究中心结合目前实际情况，提出建设远程智能可行性研究报告审查系统。

该系统可以辅助可行性研究报告评审业务人员更好开展风电、光伏项目的可行性研究报告审查工作，实现可行性研究报告审查业务线上化，实现项目数据自动抓取和评审意见自动生成，有效提升可行性研究报告审查工作的智能化和工作效率。

第 8 章　风电、光伏投资经济性评价工具

可行性研究报告审查系统可以提高可行性研究报告评审审批效率，覆盖全国地区、快速报审、迅速审批、实时跟进；从而提高可行性研究报告审查的速度、质量，降低评审成本。

可行性研究报告审查系统可以建立专家评审库，实现评审专家与项目无缝对接，加强评审水平，提升评审质量。

可行性研究报告审查系统可以高效、安全的存储可行性研究报告数据；数据储存时可以按照类别、地理区域、项目性质进行标签化存储，将可行性研究报告数据资产化；为以后高效、精准的项目数据查询提供有利条件，为大数据平台建设提供底层数据支撑。远程智能可行性研究报告审查系统整体架构如图 8-18 所示。

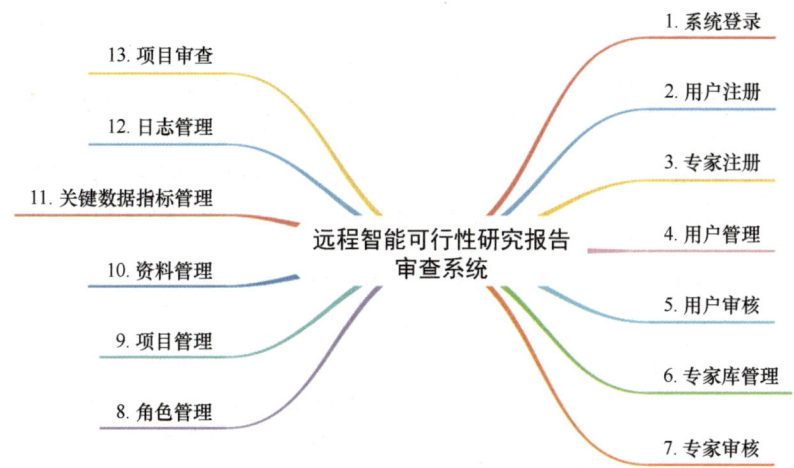

图 8-18　远程智能可行性研究报告审查系统整体架构

术语和释义

附 录

序号	术语	释义
风资源术语		
1	风速	空间特定点的风速为该点周围气体微团的移动速度
2	平均风速	给定时间内瞬时风速的平均值,给定时间从几秒到数年不等
3	最大风速	10min 平均风速的最大值
4	极大风速	瞬时风速的最大值
5	风速分布	用于描述连续时限内风速概率分布的分布函数
6	威布尔分布	经常用于风速的概率分布函数,分布函数取决于两个参数,控制分布宽度的形状参数和控制平均风速分布的尺度参数
7	日变化	以日为基数发生的变化。月或年的风速(或风功率密度)日变化是求出一个月或一年内,每日同一钟点风速的月平均值或年平均值,得到 0 点到 23 点的风速(或风功率密度)变化
8	年变化	以年为基数发生的变化。风速(或风功率密度)年变化是从 1 月到 12 月的月平均风速(或风功率密度)变化
9	年际变化	以 30 年为基数发生的变化。风速年际变化是从第 1 年到第 30 年的年平均风速变化
10	风切变	风速在垂直于风向平面内的变化
11	湍流强度	风速的标准偏差与平均风速的比率。用同一组测量数据和规定的周期进行计算

（续）

序号	术语	释义
风资源术语		
12	风向	风吹来的方向
13	风功率密度	与风向垂直的单位面积中风所具有的功率
14	风能密度	在设定时段与风向垂直的单位面积中风所具有的能量
光资源术语		
1	太阳能	太阳以电磁波的形式投射到地球的辐射量
2	太阳能资源	可转化成热能、电能、化学能等以供人类利用的太阳能
3	太阳辐射	太阳以电磁波或粒子形式发射的能量
4	直接辐射	从日面及其周围一小立方体角内发出的辐射
5	法向直接辐射	与太阳光线垂直的平面上接收到的直接辐射
6	水平面直接辐射	水平面上接收到的直接辐射
7	散射辐射	太阳辐射被空气分子、云和空气中的各种微粒分散成无方向性的，但不改变其单色组成的辐射
8	总辐射	水平面从上方 2π 立方体角范围内接收到的直接辐射和散射辐射之和
9	直射比	水平面直接辐射辐照量在总辐射量中所占的比例
10	太阳能资源稳定度	太阳能资源年内变化的状态和辐射
11	辐射量	在给定时间段内辐射照度的积分总量
12	日照时数	实际存在符合日照定义时段的总和
13	日照	大于或等于 $120W/m^2$ 的直射辐射照度
14	太阳能资源技术可开发量	通过技术手段可能开发或已经开发的太阳能资源总量
15	太阳能资源经济可开发量	在太阳能资源技术可开发量中，已经开发以及在目前和可预见时期内的当地经济条件下可能开发的部分

参 考 文 献

[1] 叶书明，李延罡．工程建设项目后评价研究［J］．价值工程，2023，42（1）：37-40.
[2] 刘俊．中国风电产业政策影响效应研究［D］．徐州：中国矿业大学，2022.
[3] 高伟，吴昌松，乔光辉，等．风电产业研发资助政策的传导效果实证研究［J］．中国软科学，2017（11）：54-65.
[4] 陈皓勇，席松涛．海上风电成本构成及价格机制［J］．风能，2022（1）：12-15.
[5] 周莹，张娜，董振，等．风电上网电价机制研究［J］．华北电力大学学报（自然科学版），2012，39（5）：97-104.
[6] 时璟丽．可再生能源电价附加补贴资金效率分析［J］．风能，2013（12）：50-52.
[7] 李钰．支持我国风电产业发展的税收政策研究［D］．北京：中国财政科学研究院，2021.
[8] 王晓珍，彭志刚，高伟，等．我国风电产业政策演进与效果评价［J］．科学学研究，2016，34（12）：1817-1829.
[9] 杨威．促进我国风电可持续发展的激励机制与产业政策研究［D］．北京：华北电力大学（北京），2011.
[10] 张梦瑶．我国风电产业财政补贴和税收优惠政策研究［D］．北京：中国地质大学（北京），2018.
[11] 裴哲义，范高锋．中国风电运行消纳相关问题研究［J］．中国电力，2014，47（4）：1-4.
[12] 中华人民共和国国务院新闻办公室．新时代的中国能源发展［M］．北京：人民出版社，2020.
[13] 韩世选．风电和光伏项目风险管理［J］．电力系统装备，2021（23）：143-144.
[14] 杨捷，李静．浅析平价阶段集中式风电、光伏电站项目投资回报［J］．通讯世界，2023，30（4）：76-78.
[15] 王相征．风电和光伏新能源发电项目并购风险管理简析［J］．百科论坛电子杂志，2021（23）：312-313.
[16] 孙颖，李楠，和旭，等．中国海上风电产业布局研究［J］．油气与新能源，2023，35（3）：17-23.
[17] 刘岚．风电工程项目后评价指标体系与评价方法研究［D］．北京：华北电力大学（北京），2008.
[18] 董士波，韩超，何佳．发电工程后评价［M］．北京：中国电力出版社，2019.
[19] 宋育红．浅谈风电项目投资后评价工作［J］．太阳能，2020（4）：12-17.
[20] 冯江涛．新能源项目的股权收购交易模式与风险应对策略［J］．能源，2023（1）：36-39.
[21] 樊荣．光伏、风电项目常用政策法规与典型案例全书［M］．北京：法律出版社，2023.
[22] 路珊珊．风力发电项目的投资风险评价方法分析［J］．现代国企研究，2018（4）：186.